大学问

始于问而终于明

守望学术的视界

维特根斯坦的《哲学研究》

〔英〕M. 麦金 著
李国山 译

The Routledge Guidebook to

Wittgenstein's *Philosophical Investigations*

GUANGXI NORMAL UNIVERSITY PRESS
广西师范大学出版社
·桂林·

维特根斯坦的《哲学研究》
WEITEGENSITAN DE ZHEXUE YANJIU

The Routledge Guidebook to Wittgenstein's Philosophical Investigations 1st Edition / by Marie McGinn / ISBN: 978-0-415-45256-4

著作权合同登记号桂图登字：20-2023-051 号

图书在版编目（CIP）数据

维特根斯坦的《哲学研究》 / （英）M.麦金著 ；李国山译. -- 桂林 ：广西师范大学出版社，2023.8
（劳特利奇哲学经典导读丛书）
书名原文：The Routledge Guidebook to Wittgenstein's Philosophical Investigations
ISBN 978-7-5598-6083-5

Ⅰ. ①维… Ⅱ. ①M… ②李… Ⅲ. ①逻辑实证主义－研究 Ⅳ. ①B085

中国国家版本馆 CIP 数据核字（2023）第 096908 号

广西师范大学出版社出版发行
（广西桂林市五里店路 9 号　邮政编码: 541004
网址: http://www.bbtpress.com）
出版人：黄轩庄
全国新华书店经销
广西民族印刷包装集团有限公司印刷
（南宁市高新区高新三路 1 号　邮政编码：530007）
开本：889 mm × 1 194 mm　1/32
印张：15.5　　字数：359 千
2023 年 8 月第 1 版　　2023 年 8 月第 1 次印刷
定价：108.00 元

出版说明

“劳特利奇哲学经典导读丛书”精选自劳特利奇出版社两个经典导读系列。其中《维特根斯坦的〈哲学研究〉》《海德格尔的〈存在与时间〉》《黑格尔的〈精神现象学〉》《笛卡尔的〈第一哲学的沉思〉》《克尔凯郭尔的〈恐惧与颤栗〉》等选自Routledge Guides to the Great Books系列，而《维特根斯坦与〈逻辑哲学论〉》《胡塞尔与〈笛卡尔式的沉思〉》《德里达的解构主义》《后期海德格尔》等著作出自稍早的Routledge Philosophy Guidebook系列。

本丛书书名并未做统一调整，均直译自原书书名，方便读者查找原文。

为统一体例、方便阅读，本丛书将原书尾注形式改为脚注，后索引页码也做出相应调整。

献给马克、山姆和盖伊

“愚蠢在于想下结论。我们是根线，却想知道整块布……自荷马以来，哪位真正智慧之士，曾得出过结论？接受这幅图景吧。事情本来如此。一切随缘……”

（居斯塔夫 · 福楼拜）

目　录

第二版前言

xi

为关于维特根斯坦《哲学研究》的这本导读准备第二版，主要目的是对第一版没有涵盖的那些评论做出解说。所增加的关于意向性概念——思考、想象、相信、期待、意图——的两章（第六章和第七章），将阐释扩展到涵盖《哲学研究》693（先前版本的第一部分）的评论。这样做的结果，并未形成对维特根斯坦的整个文本的一个评注——尤其是，探讨简单物和家族相似性观念的39—88未包括进来——但它确实提供了关于其大部分评论的解说，涵盖了他所研究的绝大多数概念。除了扩大覆盖面以纳入意向性概念之外，我又增加了关于**标准**概念的一节（第五章），还扩充了关于遵守规则的讨论，以便收入对随着索尔·克里普克（Saul Kripke）的著作《维特根斯坦论规则与私人语言》（*Wittgenstein on Rules and Private Language*）的出版而来的某些阐释性议题的一种解释（第三章）。

在做这些扩充时，我试图坚守第一版的研究进路。这一进路追踪维特根斯坦旨在澄清概念如何发挥作用的辩证过程的细节。我

xii 希望这一成果既更为清晰地呈现这项工作的深层统一性，又展现维特根斯坦旨在带来的、在理解语言发挥作用的方式以及（更一般的）我们运用心理学表达式的方式上的根本转变。尽管我所发展出的这种阐释强调对概念的语法研究的观念，并抵制这样的论断：维特根斯坦的目标是反驳哲学论点或证明必定为实情的东西，它依然致力于揭示出：他的评论的基本主题之一便是表明，以为心理学表达式作为关于发生在内在领域的事件和过程的描述而发挥作用的想法，乃是一个幻觉。我希望，将阐释扩展到涵盖意向性概念——包括《心理学哲学——一个片段》（先前版本的第二部分）第十节关于摩尔悖论的讨论以及那些关于第一人称代词用法的评论——会有助于呈现维特根斯坦哲学进路的持久意义。

我也利用这个机会，将我原来使用的《哲学研究》版本更新为由P.M.S.哈克尔（P.M.S. Hacker）和J.舒尔特（J. Schulte）修订的第四版。不仅这一版本显然注定会成为标准版本，而且经过他们修订的译文也消除了安斯康姆原译的某些晦涩难懂之处，从而让它更受青睐。

尽管本书是对1997年发表的文本的改写，但没有哪一个段落甚或哪一句话的改动，不是为了增进我所做阐释的清晰性的。阐释没有本质上的改变，但消除了我现在看出的有些引人误解或不够准确的表达方式。当然，这一成果仍然只是解读该文本的一种路径，尽管它大大受益于其他阐释者的工作，但我相信，无论细节还是主旨方面都还有很多争议之点或舛误之处。我希望，尽我所能清晰呈现一种解读文本方式的这本新导读，至少可为读者提供一个起点，由此出发去致力于《哲学研究》文本及对它的其他阐释的研究，并最终发展出他们自己对这部著作的解读。

我要感谢很多人为第二版问世所提供的帮助：瑞秋·怀斯曼对第六章和第七章中的新材料的相关论题的探讨；大卫·斯特恩和 xiii
一位匿名审阅者对第一稿的评论；塔玛拉·多布勒对与维特根斯坦方法相关的一般论题的讨论；奥斯卡·库塞拉对维特根斯坦著作的很多方面的非常有帮助的讨论。我还要感谢提姆·克瑞最初的委托；托尼·布鲁斯对出版第二版的委托；贝丝·萨维基对该导读第一版文字的录入工作。最后，我要感谢马克·罗韦，他对初版和再版的多个稿本给予了十分有益的评论。

维特根斯坦著作英文缩写

BB *The Blue and Brown Books*（《蓝皮书和棕皮书》）(Oxford: Wiley Blackwell), 1958

BT *The Big Typescript: TS 213*（《大打字稿：打字稿213》）, ed. and tr. C.G. Luckhardt and M.A.E. Aue (Oxford: Wiley Blackwell), 2005

CV *Culture and Value*（《文化和价值》）, revised edition, ed. G.H. von Wright (Oxford: Wiley Blackwell), 1998

LSDPE "The Language of Sense Data and Private Experience"（《关于感觉材料与私人经验的语言》）, notes taken by R. Rhees of Wittgenstein's lectures in 1936, published in *PO*, pp. 290–367

LWPP 1 *Last Writings on the Philosophy of Psychology,* vol. 1（《关于心理学哲学的最后著述》第一卷）, ed. G.H. von Wright and H. Nyman, tr. C.G. Luckhardt and M.A.E. Aue (Oxford: Wiley Blackwell), 1990

LWPP 2 *Last Writings on the Philosophy of Psychology,* vol. 2（《关于心理学哲学的最后著述》第二卷）, ed. G.H. von Wright and H. Nyman, tr. C.G. Luckhardt and M.A.E. Aue (Oxford: Wiley Blackwell), 1992

NB *Notebooks: 1914–16*（《1914—1916年笔记本》）, second edition, ed. G.H. von Wright and G.E.M. Anscombe, tr. G.E.M. Anscombe（Oxford: Blackwell）, 1979

PI *Philosophical Investigations*（《哲学研究》）, revised fourth edition, ed. P.M.S. Hacker and J. Schulte, tr. G.E.M. Anscombe, P.M.S. Hacker and J. Schulte（Oxford: WileyBlackwell）, 2009 xv

PPF *Philosophy of Psychology—A Fragment*（《心理学哲学——一个片段》）, second half of *PI*

PO *Philosophical Occasions: 1912–1951*（《哲学机缘：1912—1951》）, ed. J. Klagge and A. Nordmann（Indianapolis, Ind. and Cambridge: Hackett）, 1993

RFGB "Remarks on Frazer's *The Golden Bough*"（《关于弗雷泽〈金枝〉的评论》）, in *PO*, pp. 119–55

RFM *Remarks on the Foundation of Mathematics*（《关于数学基础的评论》）, ed. G.H. von Wright, R. Rhees and G.E.M. Anscombe, tr. G.E.M. Anscombe（Oxford: Wiley Blackwell）, 1978

RPP I *Remarks on the Philosophy of Psychology*, vol. I（《关于心理学哲学的评论》第一卷）, ed. G.E.M. Anscombe and R. Rhees, tr. G.E.M. Anscombe（Oxford: Wiley Blackwell）, 1980

RPP II *Remarks on the Philosophy of Psychology*, vol. II（《关于心理学哲学的评论》第二卷）, ed. G.H. von Wright and H. Nyman, tr. C.G. Luckhardt and M.A.E. Aue（Oxford: Wiley Blackwell）, 1980

TLP *Tractatus Logico-Philosophicus*（《逻辑哲学论》）, tr. D.F. Pears and B.F. McGuinness（London: Routledge）, 1961

WL "Wittgenstein's Lectures 1930–33"(《维特根斯坦1930—1933年讲演》), notes by G.E. Moore, in K.T. Fann, 1978:40–45

WLFM *Wittgenstein's Lectures on the Foundations of Mathematics, Cambridge, 1939*(《维特根斯坦1939年剑桥大学数学基础讲演》), notes by R.G. Bosanquet, N. Malcolm, R. Rhees and Y. Smythies, ed. C. Diamond(Chicago: Chicago University Press), 1976

WLPP *Wittgenstein's Lectures on Philosophical Psychology 1946–47*(《维特根斯坦1946—1947年哲学心理学讲演》), notes by P.T. Geach, K.J. Shah and A.C. Jackson, ed. P.T. Geach (Chicago: Chicago University Press), 1988

Z *Zettel*(《字条集》), ed. G.E.M. Anscombe and G.H. von Wright, tr. G.E.M. Anscombe(Oxford: Wiley Blackwell), 1967

导　论 1

路德维希·维特根斯坦1889年4月26日出生于维也纳，1951年4月29日在剑桥去世。如今，他已被公认为20世纪最杰出的哲学家之一。其思想富于力量和原创性，这表明他拥有独一无二的哲学头脑，许多人乐意称其为天才。无论是在他的哲学工作的启发下产生的众多研究文献，还是他的学生及了解他的人所写的大量回忆录，都表明他的为人和思想格外具有魅力。所有这些回忆均证实他不仅具备卓越的理智洞察力和一贯的道德诚实，而且拥有一些了不起的实际技能，同时也是一位给人鼓舞的、忠实的、时常有些苛刻的朋友。相较之下，由他的哲学工作所引起的反响却并非整齐划一，无论是阐释还是评价，均呈现出巨大差异。

维特根斯坦生长于维也纳一个富有的实业家家庭，这个家庭拥有广泛的文化兴趣。他于1908年首次来到英国，进入曼彻斯特技术学院，注册为工程学系研究生。在设计一款喷气式推进器的工
作过程中，他对由这种设计引出的数学难题越来越感兴趣。1911 2
年，他前往耶拿拜访弗雷格，并在他的建议下，到剑桥跟随哲学家

罗素学习数学哲学。到1912年，罗素便十分确信维特根斯坦的天赋，鼓励他放弃航空动力学，投身于哲学研究。这一年，他向剑桥道德科学俱乐部提交了第一篇论文，论文的主题叫“什么是哲学”。而这表明：维特根斯坦从一开始便认识到，重要的是理解哲学难题的本性并思考处理它们的适当方法。对诊断与方法的关注，始终是维特根斯坦哲学发展的一大特征。

第一次世界大战爆发前，维特根斯坦一直致力于逻辑学和数学基础的研究。他的工作大都在挪威完成。维特根斯坦到那里去工作，是为了躲避当时剑桥的学术讨论，因为他觉得这种讨论多半是自作聪明。这期间，他有了许多逻辑和语言方面的发现，这些发现后来成了他的第一部著作《逻辑哲学论》（1922年[1]）的主要基础。这是他有生之年出版的唯一一部哲学著作；他的第二部主要著作——《哲学研究》——于1953年作为遗著出版。后者由两部分组成：一是《哲学研究》本身（先前版本的“第一部分”），由维特根斯坦于1937—1945年为公开出版而创作完成；二是《心理学哲学——一个片段》（先前版本的“第二部分”），写于1947—1949年间，而维特根斯坦并没有为出版它做任何准备。维特根斯坦的这两部著作均为独一无二的杰作。二者的反差一眼便能看出来：虽说两本书都以语言为中心话题，可早期著作是高度抽象化、精确化和教条化的，而后期著作则是具体的、描述性的、带点散漫性的，其哲学目标闪烁不定、掩而不彰。它们显然是同一人的手笔，可此人

1 1921年，《逻辑哲学论》刊载于《自然哲学年鉴》（1921年第14卷第3—4期），并发行了德文单行本；1922年德英对照本出版。——编者注

对其哲学任务及如何完成这项任务的构想却发生了深刻变化。

第一次世界大战的爆发，打断了维特根斯坦在挪威的工作。他回到维也纳，加入奥地利军队。尽管亲历加拉蒂亚（Galatia）和 3
意大利的战事，维特根斯坦却没有停止关于逻辑和语言的思考。1918年，他在意大利被俘，背包里装着《逻辑哲学论》手稿。这场战争和这部哲学巨著的创作，让维特根斯坦心力交瘁。他觉得自己的哲学工作已然完成。他煞费苦心地将继承来的遗产全部分送出去，然后接受培训当一名小学老师。接下来的几年里，他经历了极度的孤独与焦虑。尽管他相信自己与哲学已有了了断，可他还是急于要把自己七年的心血之作公之于世。可是，由于《逻辑哲学论》行文方式怪异，再加上文字过于简略、晦涩，出版商生怕赔本而不愿出版它；即便是维特根斯坦最为赞赏的人士——弗雷格和罗素——也都感到理解它很困难。不过，罗素最终得以利用自己的影响力让基根·保罗（后来的劳特利奇和基根·保罗）出版了这部著作，前提是罗素须为该书撰写一篇导言。

1920年，维特根斯坦完成了小学教师培训，并前往下奥地利州的一所小学任教。这项工作一直持续到1926年。他接受的是“奥地利学校教育改革运动”的教学方法训练。这些教学方法拒绝死记硬背，着眼于开发儿童的好奇心，鼓励独立思考，并容许孩子在实际的练习中自己有所发现。维特根斯坦满怀热心，又极富创造性地应用这些原则，并相当成功地发挥了作为一名教师的才能。然而，由于维特根斯坦的背景、受教育程度和性情与学生家长们天差地远，这些奥地利农民对他的教育方法表现出极大的怀疑，而维特根斯坦也对他们产生了敌意，并感到自己的工作很失败。1926年，他彻底放弃教学工作，回到维也纳。他做了一段时间的园丁工作，后来担任一幢房屋的建筑师，这幢房屋是维特根斯坦的姐姐玛格丽特·斯托伯勒的，最初由保罗·恩格尔曼设计。

这段时期，维特根斯坦没有在哲学方面做新的工作。不过，
4 他仍同哲学家们保持着联系，同他们讨论《逻辑哲学论》的观点。剑桥大学的弗兰克·拉姆齐（Frank Ramsey）仔细研究了这部著作，并于1923和1924年间，多次前往奥地利同维特根斯坦一起讨论它。维也纳大学哲学教授、维也纳学派的主要成员莫里茨·石里克（Moritz Schlick）也研读了维特根斯坦的著作，并对之深表钦佩。1927年，石里克说服维特根斯坦参加同他及魏斯曼（Friedrich Waismann）、卡尔纳普（Rudolf Carnap）、费格尔（Herbert Feigl）等其他学派成员的定期会面。相互的讨论并不完全成功，因为大家逐步意识到：维也纳学派的成员们错误地认为,《逻辑哲学论》提出的是类似于他们的实证主义哲学的学说。而事实上，维特根斯坦并不赞同他们对形而上学的态度、他们对科学的尊崇，或他们关于哲学和伦理学的观点，而他本人探讨哲学的方式——卡尔纳普认为，这种方式更接近于艺术创作，而非科学研究——意味着彼此的合作是有限的。最富于成果的讨论是关于逻辑学和数学基础的，而这些讨论既标志着维特根斯坦再次全身心地回归哲学工作，也标志着他首次对《逻辑哲学论》的观点做了改变与发展。

1929年，拉姆齐劝说维特根斯坦重返剑桥，同他一起展开关于数学基础的研究，而《逻辑哲学论》只不过概要地表达了这方面的一些想法。十六年后，维特根斯坦在《哲学研究》序言中这样写道：

> 十六年前，我重新开始了哲学探讨。打那以后，我认识到我在第一本书中犯下了严重的错误。是弗兰克·拉姆齐——在他去世之前的两年中，我同他进行了无数次的讨论——对我的观点的批评，帮助我意识到了这些错误，而这种帮助到底有多大，是我自己难以估量的。
>
> （*PI*, p.4）

维特根斯坦相信，这些错误不只出在他提出的逻辑和语言理论的细节方面，而且也出在他处理有关理解语言如何发挥作用的难题的整体进路上。尽管在其前期和后期工作之间无疑存在根本的 5 连续性——尤其是这种信念：“哲学家们的命题和问题大都源自未能理解我们语言的逻辑”（*TLP* 4.003）；“哲学不是一门自然科学”（*TLP* 4.111）；“哲学并不产生‘哲学命题’”（*TLP* 4.112）——但维特根斯坦关于其哲学任务的构想以及他应对这项任务的方式，还是逐步经历了一次深刻的转变。他意识到，存在着由语言自身造成的一些思考语言的自然方式，它们是误识（misconceptions）和误解产生的根源。在其早期著作中，他深受一大堆误识的危害，而这些误识合在一起形成了将语言视作一套依严格规则进行操作的精确算法的先入之见，同时也形成了将思想视作“心灵的引人注目的动作”的一幅图像，亦即如此这般的一种表象。在《哲学研究》中，维特根斯坦费了些工夫去澄清他认准的一系列幻象，正是这些幻象构成了其早期工作的框架，而他此时相信，正是它们将他引向了某种形式的独断论，并阻止他实际地观察语言，以看出它是如何发挥作用的。

在重新投入哲学研究之后，维特根斯坦很快便认识到，一旦将其早期工作中所体现的那种理想化语言图像同我们实际使用表达式的实践相比照，这幅图像便无法维持下去了。他一步步地被迫承认，其早年的语言研究认为乃是语言表达之本质的那种严格的逻辑次序，只不过是他本人关于语言作为一种精确算法的先入之见。他过去以为支撑着我们对日常语句的使用的那种严格逻辑次序，现在却被视作并非属于语言自身，而属于他关于语言的先入为主的看法。他先前致力于考察语言，想看看它是如何发挥作用的，但最终却将他本人关于语言的理想化表象的那些属性归到了语言头上。

将其前期与后期哲学区分开来的那种深刻转变，乃是从关于语言作为精确算法的理想化表象，朝着我们于活生生的日常生活中
6 使用语言的实际而具体的实践的转向；这种将其关于语言如何发挥作用的探究转向使用中语言的具体现象的做法，正是其后期工作开启的标志。他不再试图通过聚焦于命题作为事态之图像这样一种纯抽象的构想以及符号间纯形式的区分，来弄清语言如何发挥作用，而是逐步发展出了各式各样的技艺，以便我们在语言于其他活动的背景之中发挥作用时**就地**（***in situ***）对它进行观察。他试图以此抵御那些当我们对语言进行反思便会自然生出的误识与误解，并以此得到关于语言在被用于说话者活生生的日常生活中时如何实际发挥作用的一种清晰观点。

维特根斯坦刚回剑桥时的身份是研究生。不过，在被授予哲学博士学位之后——他提交的学位论文就是《逻辑哲学论》——他便被任命为大学讲师。他开了一系列讲演课程，并利用开课机

会发展出构成其随后工作之基础的那些见解。诺尔曼·马尔康姆（Norman Malcolm）于1939年第一次参加维特根斯坦的讲演，他这样描述讲演的情况：

> 他的讲演没有事先准备，也不借助备课笔记。他对我说，他曾试过按笔记讲，但效果令他极不满意；这样讲出来的思想“陈腐不堪”，或者，像他对另一位朋友说的，当他读出那些字句时，它们就宛如一具具“僵尸”。他告诉我，采用这种方法后，他准备讲演，就只是在开讲前花上几分钟回想一下前几次课的探讨进程。讲演开始时，他会简要总结一下这一进程，随后便往下进行，试图用新鲜的思想把研究向前推进。他告诉我，他之所以能以这种即席的方式授课，完全仰仗于这样的事实，即他对所讨论的每个问题都做过，而且一直在做大量的思考和写作。这无疑是真的；尽管如此，课堂上所进行的大都是新的研究。
>
> （Malcolm, 1984:23–24）

在剑桥的这些岁月里——他于1939年当选为这里的讲席教 7
授——维特根斯坦讲过语言、逻辑、数学基础及心理学哲学的课程。其中有些讲演材料现已出版，或以维特根斯坦本人的讲课笔记形式，或以学生课堂笔记的形式。其间，维特根斯坦不断地以手稿的形式记下自己的见解，这些手稿构成了记录其思想发展的几乎一天不落的日记。这些材料大都以书的形式出版了。维特根斯坦用这些手稿准备了多部打字稿，其中包括《大打字稿》（1933—

1937）、一份《哲学研究》（1937—1945）的打字稿和一本《字条集》（1945—1948）。此外，他还向学生口述了两个系列评论，分别以《蓝皮书》（1933—1934）和《棕皮书》（1934—1935）为书名出版。所有这些遗著现在都收入了由牛津大学出版社以电子版形式出版的《卑尔根电子版》（*Bergen Electronic Edition*）。1947年，维特根斯坦从剑桥的教授席位上退下来，到爱尔兰西部的戈尔韦海岸，住进一间对外隔绝的小屋，在那里继续研究哲学。在其生命的最后两年里，由于身体太过虚弱以至无法忍受爱尔兰的艰辛生活，又先后到美国、牛津和剑桥，在朋友和以前的学生们的陪伴下度过了这段时光。他生命的最后几个月住在位于剑桥的他的医生家中，于1951年4月29日因前列腺癌去世。

在生命的最后时光里，维特根斯坦的思想仍完全保持着力量与原创性，他在心理学哲学、知识论和怀疑论以及颜色理论方面，依然做着重要的全新工作；而且，尽管他有时由于病重而无法工作，可他在去世前两天仍在产生原创的思想。这些成果也经过编辑以图书形式出版（包括《论确定性》［*On Certainty*］和《关于颜色的评论》［*Remarks on Colour*］），而且也被收入卑尔根电子版《遗著》（*Nachlass*）。

在述及维特根斯坦的影响时，他的学生冯·赖特（G.H. von Wright）指出：

> 维特根斯坦认为，总体来看，他作为教师的影响有害于学生个人心智的发展。他这样说恐怕是对的。我相信，我能部分地理解为什么是这样。维特根斯坦的思考深刻而富于原

8

创性，所以，要理解他的见解很难，而要把它们融入个人思考就更难了。同时，他的个性和风格的魔力，又是最难抵御的。跟着维特根斯坦学习，几乎不可避免地要采用他的表述方式和惯用语，甚至去模仿他的声调、神采和姿势。这样做的危险是，思想会蜕变为行话隐语。伟人们的教导通常简单而自然，而这会让困难的东西看似易于把握。因此，他们的学生往往会变成不足称道的模仿者。这类人物的历史价值，并不在他们的学生身上表现出来，而是要通过更为间接、微妙、通常意料不到的影响展现出来。

（引自 Malcolm, 1984:17）

或许，维特根斯坦所造成的影响真的存在这样的问题。像安斯康姆、冯·赖特、彼特·温奇、安东尼·肯尼、斯坦利·卡维尔和约翰·麦克道尔这样的哲学家，都是沿着维特根斯坦式的独特思路去发展他们的思想的。1982年，索尔·克里普克发表了他对维特根斯坦关于遵守规则的评论的阐释，他的论著引发了研究者对维特根斯坦后期工作的巨大解读兴趣，并由此产生出关于遵守规则和规范性的卷帙浩繁的研究文献。对维特根斯坦其人和其著作的引证，充斥于所有哲学文献，无论是英美的还是欧洲大陆的，而这清楚地表明了他对当代哲学思潮所产生的影响。此外，还有大量关于他前期和后期工作的学术阐释，这不仅带来多不胜数的专著和论文，还催生了至少一本专刊。不过，人们的总体感觉依然是：他是一位遗世独立的思想者，他那与众不同而又鲜明强烈的声音，根本就是无法模仿的。这似乎也印证了维特根斯坦本人对此事的看法：

> 到底是只有我才不能创立一个学派，还是说，没有哪个
> 哲学家可以做到？我无法创立一个学派，因为我真的不想被
> 9 人模仿。至少，不想被那些在哲学期刊上发表文章的人模仿。
> （*CV*, p.69）

即便在受其影响最大的心灵哲学领域，仍可以说，他的见解一旦被从其原生土壤中移植出去，就会失掉某种东西。尽管他的著述一直是为每一位哲学研究者所熟悉的众多哲学洞见的源泉之一，可最终施展强大影响的，不只是从他的工作中得来的那些见解，还有他的著述展现出的那独一无二的思想风格以及那与众不同的哲学观。

在接下来对《哲学研究》的阐释中，我并未想着模仿这种思想风格，而只是尽量清晰地记录下该著作用于诊断和预防维特根斯坦眼中的那些哲学误解的特有方式。这样来追寻他的思想路线，我想要传达的，不光是这种思想的独特韵律，还有它特有的准确性和完整性。我相信，不单维特根斯坦一人从自己的研究工作中得出了一些教训，以下所有这些观念也是胡塞尔、海德格尔和梅洛·庞蒂的现象学传统所熟知的：从使用中的语言的视角才能真正理解语言；不存在私人的内在现象领域；强调身体作为人的灵魂的客体化；以生命体与非生命体的区分取代心与物的区分；强调行动；语言的根源在于自然反应；诉诸同其他人类主体的前认识关系，这种关系植根于我们对他们的直接应答性。维特根斯坦的独特之处，既表现为他以为上述这些洞见切不可充作某种正面哲学立场的基础，

同时也表现为他应对并克服哲学难题的整条路径——而这正是他对哲学的原创性贡献。我对文本的解说所要揭示的，正是维特根斯坦处理哲学难题的独特方式，而不只是从中可得到的那些教训。

参考文献及进一步阅读材料 10

Bartley, W. W., 1977, *Wittgenstein*（《维特根斯坦》）（London: Quartet）

Edmonds, D. and Eidinow, J., 2001, *Wittgenstein's Poker*（《维特根斯坦的火钳》）（London: Faber and Faber）

Engelmann, P., 1967, *Letters from Ludwig Wittgenstein with a Memoir*（《维特根斯坦来函，附回忆录》）（Oxford: Blackwell）

Fann, K. T., ed., 1978, *Ludwig Wittgenstein: The Man and His Philosophy*（《维特根斯坦：其人及其哲学》）（Hassocks: Harvester Press）

Janik, A. and Toulmin, S., 1973, *Wittgenstein's Vienna*（《维特根斯坦的维也纳》）（London: Weidenfeld and Nicolson）

Klagge, J., ed., 2001, *Wittgenstein: Biography and Philosophy*（《维特根斯坦：传记与哲学》）（Cambridge: Cambridge University Press）

Klagge, J., ed., 2011, *Wittgenstein in Exile*（《流亡中的维特根斯坦》）（Cambridge, Mass.: MIT Press）

Larsen, R., 1994, *Wittgenstein and Norway*（《维特根斯坦与挪威》）（Norway: Solum Farlag）

Malcolm, N., 1984, *Ludwig Wittgenstein: A memoir with a Biographical Sketch by George Henrik Von Wright*（《回忆维特根斯坦，附冯·赖特撰写的小传》）（Oxford: Oxford University press）

McGuiness, B., 1988, *Wittgenstein: A life. Young Ludwig 1889–1921*（《维

特根斯坦生平：1889—1921年的青年路德维希》)（London: Duckworth）

McGuiness, B., ed., 2012, *Wittgenstein in Cambridge: Letters and Documents 1911–1951*（《维特根斯坦在剑桥：1911—1951年书信与文件》）, fourth edition（Oxford: Wiley Blackwell）

Monk, R., 1990, *Ludwig Wittgenstein: The Duty of Genius*（《维特根斯坦：天才的责任》）（London: Jonathan Cape）

Redpath, T., 1990, *Ludwig Wittgenstein: A Student's Memoir*（《路德维希·维特根斯坦：一个学生的回忆》）（London: Duckworth）

Rhees, R., ed., 1981, *Ludwig Wittgenstein: Personal Recollections*（《路德维希·维特根斯坦：个人回忆录》）（Oxford: Blackwell）

Wall, R. and Matthews, T., 2000, *Wittgenstein in Ireland*（《维特根斯坦在爱尔兰》）（London: Reaktion Books）

Waugh, A., 2008, *The House of Wittgenstein: A Family at War*（《维特根斯坦的房屋：战争中的一家人》）（London: Bloomsbury）

Wittgenstein, L., 2003, *Public and Private Occasions*（《公共与私人场合》）, ed. J.C. Klagge and A. Nordmann（Lanham: Rowman & Littlefield）

第一章

风格与方法

《哲学研究》89—133

导　言

维特根斯坦的《哲学研究》关注两个主要论题：语言哲学和哲学心理学。开卷便可看出，维特根斯坦处理这些论题的方式完全不同于其他任何哲学家。首先，这本书在形式上非常独特。没有通常用于指明论题的章节标题，仅由单独标号的评论构成，篇幅由一行到数段参差不齐。此外，这些评论没有给出论证和清晰的结论，涉及广泛的论题——其中许多论题在全书中反复出现——却没有就其中的任何论题做出清晰的最终陈述。维特根斯坦用的标点很复杂，也很独特；许多评论是维特根斯坦同一名对话者的交谈，读者并不是总能弄明白，纸面上的话到底是维特根斯坦的断言，还是其
对话者的断言，抑或是表达了欲行探讨的某个思想。评论经常含着 12
一些问题，而维特根斯坦似乎并未给出回答；评论中还时常用到一些类比，而这些类比到底要说明什么，又无法直接看出来。更多的评论包含具体事例的描述，有实际的事例，也有虚构的事例，全然不同于其他哲学著作用到的例子，而维特根斯坦似乎从未想过以它们作为概括的基础。

正是维特根斯坦处理这些论题的独特方式，让《哲学研究》

理解起来很困难。倒不是说，他的风格是技术性的或抽象化的；而是说，难以看清在这样一种行文风格之下，维特根斯坦的方法到底是什么，或者，它到底是如何发挥作用的。虽说如此，理解维特根斯坦的方法及其与文本形式的关联，仍是理解《哲学研究》的关键。原因有两个：其一，只有通过这种理解，我们才知道如何解读书中的评论；其二，维特根斯坦本人反复强调，他的后期哲学看重的是一种方法或一种思想风格，而非现成的理论学说。此外，正因为他坚持认为其哲学目标并不会促使他提出“任何一种理论”（*PI* §109），所以，方法问题及如何解读他的评论的问题才显得困难起来，因为这表明：我们无法以寻常的方式看待这本书，想着怎么去找出并提炼其中的观点。

维特根斯坦本人也意识到，要理解《哲学研究》中的评论很困难。在序言中，他对该书能否被理解表示悲观。他也时常谈道，我们对他倡导的思考或处理问题的方式会产生抵触：

> 我力主一种研究的方式……这种研究极为重要，却与你们有些人的研究格格不入。
>
> （*WL*, p.103）

> 有这样一个困难:（他的方法）要求“一种思考方式”，而我们适应不了这种思考方式，我们没有经过它的训练——
> 13 这种思考方式完全不同于科学所要求的那种。
>
> （*WLFM*, p.44）

因此，要是初读此书时，弄不懂维特根斯坦要表达的意思，或者不知道该如何利用他给的例子，不必大惊小怪。初看之下，这本书零散而冗长，所以很难弄清楚，到底怎样才能将维特根斯坦的见解同我们在传统哲学中常见的那类关于语言和主体性的问题勾连上。参加维特根斯坦讲演的学生们道出了同样的困惑，这些讲演的讨论方式也反映出维特根斯坦的写作方式：

> 要跟上这些讲演的思路相当困难，因为事实上很难弄明白，这种翻来覆去而又具体详尽的谈论，到底要表达什么——所举的例子如何相互关联起来，所有这些，又如何同我们惯于以抽象术语表达的问题联系上。
>
> （Gasking and Jackson, 1978:51）

面对这些困难，我们禁不住会把文本表面上的散乱视作必须加以克服的缺陷，于是便对这些单个的评论刨根问底，看看其背后有没有隐而不露的或正待生成的关于语言如何发挥作用或我们的心理学概念如何起作用的理论。这样做的代价是：我们必须假定，维特根斯坦为其作品精心打造的形式对于他的哲学目标是无关紧要的，而只是表明了一种风格倾向，甚至表明了他没有能力按惯常的格式表达自己的观点。这种探究方式还意味着，我们理解不了维特根斯坦的这样一些评论："我们提不出任何一种理论"（*PI* §109）；"哲学既不解释也不演绎任何东西"（*PI* §126）；"我们必须废弃所有解释，只以描述取而代之"（*PI* §109）。

有些阐释者显然宁愿付此代价。例如，格雷林（A.C. Grayling） 14

就表达了如下的观点：

> 依我看，维特根斯坦的著述不仅是可概括的，而且确实需要概括……说维特根斯坦的著述不包含系统可表达的理论，这也不对，因为它们确实包含理论。重要的是，要区分开维特根斯坦说了什么与他说出它的方式；他的后期著述从风格上讲是非系统性的，但这并不意味着，它们在内容上是非系统性的。
>
> （Grayling, 1988:v–vi）

不过，我依然坚持相反的观点，并假定任何令人信服的阐释都必须既要弄懂《哲学研究》的形式，又要弄懂维特根斯坦关于他的哲学方法的性质的那些评论；任何别的态度，都不仅有悖于他关于其研究之性质的那些评论，而且有悖于他写作和编排评论时的良苦用心。

关于语法研究的观念

如前所述，维特根斯坦本人完全意识到了我们理解他的作品时面临的困难，甚至也意识到了我们会对他的思考方式产生抵触。他认为这种困难“不是具体科学的理智困难，而是实现态度转变的困难”（*BT*, p.300）。他要我们从事一种新的研究，这种研究不是要建构令人称奇的新理论或新说明，而是要考察我们凭语言而过的生活。因为他相信，我们遭遇的哲学难题根植于“对我们语言的逻辑的误解”（*PI* §93）；它们“不是经验难题”，而是这样一些误解，“消除它们的办法……是探寻我们语言的运作过程，使我们识别出这些过程——尽管有误解它们的强烈冲动”（*PI* §109）。

在维特根斯坦看来，语言既是哲学难题的根源，又是克服它们的手段：

> 哲学是一场反对借语言迷惑我们的理智的战斗。 15
>
> （*PI* §109）

我们正与语言相抗争。

我们致力于同语言的抗争。

（*CV*, p.11）

我们使用的“哲学”这个词，指的是一场反对由语言表达方式施与我们的魔力的战斗。

（*BB*, p.27）

既然语言有这种通过错误类比和诱惑进行误导的威力，那么表面的相似性就必须被识破。而要做到这一点，就只有通过更清楚地了解语言的实际运作过程，亦即了解构成我们语言不同区域的那些概念实际是如何发挥作用的。他特别指出，我们拥有关于一个词的意义的一般观念：它是与之关联在一起的某个东西，它是我们实指地定义一个词时可将注意力集中于其上的东西，而这幅关于意义的图像“将语言的运作笼罩在看不透的迷雾中”（*PI* §5）。他相信，要驱散这团“迷雾”，我们就得拥有关于我们的概念如何发挥作用的一种清晰观点，而唯有通过仔细考察语词在我们日常生活背景中的实际用法，方可获致这种观点。

在《哲学研究》90中，他将自己从事的这种研究描述为“一种语法研究”，这种研究通过澄清我们语言的用法来解决哲学难题。“一种语法研究”的观念在维特根斯坦后期哲学思想中居于中心地位，也是理解其作品的关键。《哲学研究》可被视作特殊语法研究的大汇总，其中的每一项研究都考察我们语言某个区域的详细运作情况，这个区域一度成为哲学神话和混乱的聚集点。这些关于我们语言某个部分如何运作的研究，总是微妙而复杂的。而维特根斯坦到底如何以它们为手段来揭示哲学难题，则只有通过查看他的方法实际是怎样工作的，才能正确地加以理解。我解读《哲学研 16
究》的一个主要目的，是密切跟随维特根斯坦的特殊语法研究思路，力图准确表明：他的语法研究方法如何通过把握一种关于我们使用语词的清晰观点去诊断和预防哲学混乱。因此，如下有关语法研究方法的一般评论只是想概括地指出，维特根斯坦是如何处理哲学难题的，以及他的处理方法是怎样面对传统哲学的。

维特根斯坦把语法研究描述为：在这种研究中，“我们提醒自己……注意我们就现象所做出的**陈述的类型**”（*PI* §90）。然而，这并不意味着维特根斯坦对他所说的“句子的构造”或“语词用法中……可由耳朵听见的部分”（*PI* §664）感兴趣。他对语法这个概念的使用，同作为合式句子构造的记号系统的语言没有关系，而只关乎表达式的实际使用或应用，只关乎语词在我们凭语言而过的生活中如何被使用。他将这种用法称作语词的“深层语法”（*PI* §664），而要识别出它来，只有通过查看我们是如何凭语词行事的；不只是要查看一个表达式与另一个表达式之间的关联，而且还要查看我们于其间使用表达式的环境、我们于其间学会使用它们的环境，还要查看它们的用法如何同其他活动交织在一起，还要查看我们借以判定某人是否理解它们的那些标准。

关于一种语法研究的观念，是想把我们的注意力引向维特根斯坦所称的“语言游戏”上，他将其描述为“由语言和语言被交织于其中的那些活动构成的整体”（*PI* §7）。维特根斯坦的语法研究方法是这样的：“我们据之提醒自己注意”那些各别的用法——

语法——型式（patterns）的细节，这便构成它们在我们凭语言而过的生活中所起到的作用。维特根斯坦用于描述我们概念之语法的技艺多种多样。主要有：设想我们使用某一概念或表达式的多种情境；追问我们如何把它教给一个孩子；追问我们据以判定它适用于
17 一个特定的具体情形的标准；查看它如何同其他表达式相联系；询问如若某些自然事实变了，它是否依然可用；设想我们在许多独特情形下会怎么说；把我们对某个表达式的使用同维特根斯坦虚构的例子相比较；如此等等。他应用这些技艺并不是想将主导语词使用的规则系统化，而是要唤起我们凭记号而过的生活；正是通过让我们自己意识到在凭语言而过的生活中揭示出的这些各别的用法型式，我们才得以澄清维特根斯坦所称的“概念的语法”。

维特根斯坦唤起我们使用不同语言表达式的实践细节，带着两重目的。一方面，他要让我们意识到，关于某个概念如何起作用的哲学反思观念，同这个概念实际发挥作用的方式相互冲突；另一方面，他想让我们注意，表征着我们语言不同区域的那些用法型式之间有着深层差别。维特根斯坦称后一类用法差别为“语法差别”（*PPF* §62）；他的语法研究方法的核心，就是让我们意识到这些差别。他谈及我们需要“把握一种关于我们语词用法的清晰观点”（*PI* §122）时，既想到了我们需要揭示我们的哲学观念与我们的概念实际发挥作用的方式之间的冲突，也想到了我们需要意识到概念间的语法差别。

不过，尽管他相信，只有通过达到这种关于表达式用法的清晰性才能诊断并克服哲学难题，可他同时也认识到，难以让我们心甘情愿地将注意力从理论建构或对说明的关切，转向描述我们使用

语言的日常实践细节。我们的有些理智习惯，妨碍着我们去做他所倡导的那些琐细的语法研究，因为我们就是看不出，描述我们语言的语词如何被使用，能有什么意义：

> 我们完全没准备好，去承担描述“思考”一词的用法这项任务。（我们又为什么要做这种准备呢？这样的描述能有什么用处呢？）
>
> （*Z* §111）

> 我们不能凭空猜测一个词如何发挥作用。我们必须看它 18
> 的用法，并从中学到点什么。
>
> 但困难在于，如何将挡道的偏见移开。这可不是什么**愚蠢的**偏见。
>
> （*PI* §340）

维特根斯坦还意识到，他关于“我们无法提出任何理论”（*PI* §109）的看法，以及他对于我们只能关注语词用法的澄清与描述的坚持，会导致一种不满与挫败感：

> 我们的研究既然只是摧毁每一种有趣的东西，亦即，所有那些伟大而重要的东西，那它的价值又从何而来呢？（仿佛大厦都已倾倒，只留下碎石乱瓦。）
>
> （*PI* §118）

所谓“我们必须废弃一切解释，而只以描述取而代之”（*PI* §109），或者“哲学让一切如其所是”（*PI* §124），似乎将一种完全没有根据的理智压抑强加给了我们。我们肯定会觉得，这种压抑是不让人满意的、毫无价值的，起码一开始会有这种印象。我们确切地感到，语言和心灵状态是迫切要求哲学说明的现象。例如，语言表象世界的能力在于什么，我们对语言的理解在于什么，思考是什么，一种意图或一种感觉是什么，凡此种种，总该有个说明吧。试着去提供关于这些现象之本性的解释，去说它们在于什么，或者去提出关于它们的某种说明，怎么可能就是错误的或不恰当的呢？

这便是我们不情愿进入并理解维特根斯坦要我们从事的那种研究的根由之所在；我们碰到了其思想风格中与我们“格格不入”的那个关节点。因为我们就是弄不明白，这些似乎毫无例外的问题——“什么是意义？”“理解在于什么？”“什么是思想？”“什么是意图？”——怎么可能不用一种说明或阐明这些现象的理论加以回
19 答呢？我们觉得，只有借助于对这些现象的本性做出说明，并表明它们如何融入了自然世界的某种解释，我们欲更清晰地理解它们的强烈愿望才能得到满足。说无法给出或不该给出这种说明性的解释，或者说哲学的任务不是提供解释，照我们看来，就等于在说这些现象无从说明，甚至神秘莫测，而这听起来真是荒唐透顶。

维特根斯坦承认，正是这种对于某种形式的说明性解释的可以理解的渴望，使我们对于如下想法怀有抵触情绪：我们的难题“要通过对语言的运行情况的洞察加以解决”（*PI* §109）。当维特根斯坦说“我们感到仿佛必须**看透**现象”（*PI* §90）时，他想要刻画

的正是这种渴望。要理解维特根斯坦后期哲学，关键是要理解他是如何努力克服这种对说明的渴望的，又是如何努力说服我们“由于一切都明摆在眼前，所以没有什么要加以说明的”（*PI* §126）。

拒斥哲学理论

维特根斯坦本人，显然将这种同我们关于科学方法和目标的观念相关联的对说明的关切，视作了这样一种主要的障碍：当我们提出诸如“什么是意义?”“什么是思想?”“我们对语言的理解在于什么?”之类的问题时，它会妨碍我们获得所寻求的那种理解。他写道：

> 哲学家们总是觉得科学的方法就在眼前，禁不住要以科学的方式提出问题、回答问题。这种倾向实际成了形而上学的根源，并引领哲学家们进入完全的黑暗。
>
> （*BB*, p.18）

> （心理学中的）实验方法的存在，促使我们认为，我们拥有解决困扰着我们的难题的手段；尽管难题和方法互不搭界。
>
> （*PPF* §371）

20 （哲学的最大障碍之一，就是对新的、闻所未闻的阐明的期望。)

(*BT*, p.309)

维特根斯坦这里并不是想表达对科学的任何总体上的反对。他想说的是，科学方法，或者更具体些讲，科学中的提问和回答方式，要是被应用到诸如“什么是意义?”“什么是思想?”之类的问题上，就是引人误解的、不合适的。他这样提醒我们：当我们把这些问题阐释为对说明性解释的要求，或者阐释为需要像回答“黄金的比重是多少?”这类问题那样去发现某种东西时，我们便走上了一条不是通向对这些现象的理解，而是通向“完全黑暗”的道路。

在《哲学研究》89中，维特根斯坦区辨出了一旦被视为对说明的要求，便会引起误解的那些问题：

> 奥古斯丁在《忏悔录》XI.14中说：“那么，什么是时间呢？如果没有谁问我，我倒还知道它是什么；可是，当我被问及它是什么，并试着说明时，我却糊涂了。”——对自然科学问题可不能这么说(比如，“氢的比重是多少?”)。没有谁问我们时我们还知道，可是要给它一个说明时又不知道了的东西，正是我们需要**提醒自己注意**的东西。(而这显然是我们由于某种原因难以提醒自己注意的东西。)

这些哲学难题——“什么是时间?”“什么是意义?”“什么是知识?”——典型地聚焦于这样一些概念：在日常生活中我们经常不加反思地、毫无困难地一直这么用着它们。它们所聚焦的正是“没有谁问我们时我们还知道，可是要给它们一个说明时又不知道了的”那些东西。维特根斯坦指出，这些典型的哲学难题属于一个特别的类型：

> 我们会面对各种各样的问题，例如，“这一物体的比重是
> 21 多少?”“今天的天气会一直好下去吗?”“下一个穿过这道门的会是谁?”等等。可是，我们的问题中，有一类显得很特别。面对它们时，我们会有一种不同的体验。这些问题似乎是根本性的。而我要说：假如我们真有这种体验的话，我们便抵达了语言的界限。
>
> （*BT*, p.304）

我们在问“什么是时间?”“什么是意义?”“什么是思想?”这种形式的问题时，所关注的是构成我们世界的现象的本质。然而，就在我们拟出这些问题时，我们会被引诱去对这些现象采取一种态度，而维特根斯坦认为，正是这种态度让我们以一种错误的方式处理它们，这种方式假定我们必须揭示或说明某种东西。当我们问自己这些问题时，我们会对这些现象采取一种姿态，在这种姿态中，它们会突然变得神秘莫测，因为一旦我们以我们的问题似乎要求采取的方式试图去抓住它们时，我们就会发现无法做到：我们发现“不再知道了”。

这就将我们愈来愈深地引入一种失意和哲学混乱的状态。我们觉得错误出在我们的说明上，我们需要不断构建更微妙、更令人称奇的解释。这样，我们便“走入歧途并想着一定得探出个究竟，

可是，以现有的手段却又完全不可能描述出至精至微的东西。我们感到，仿佛不得不用手指去修复一张残破的蜘蛛网”（*PI* §106）。维特根斯坦相信，真正的错误不在于我们的说明，而恰在于这样的想法：我们感到的困惑可通过做出一个发现来消除。我们真正需要的，是扭转我们的整个探讨方向，不去关注说明或理论建构而只关注描述。构成我们世界的那些现象的本质，并不是通过“挖掘”而发现的东西，而是在“我们就现象做出的**各类陈述**”中展现出来的东西，这种展现靠的是表征着我们语言不同区域的那些各别的语言使用方式。

维特根斯坦相信，我们面对的难题是关乎概念的，而我们真 22
正需要的是语法研究方法：仔细关注语词的实际用法。正是通过注意到明摆在我们语言用法中的东西的那些独特结构，我们才得以克服哲学困惑感，并达到我们所寻求的理解。他指出，困难不在于方法本身，而只在于这样的事实：我们极不情愿承担这种描述任务，也没有做好准备。真正的困难，不是同做出发现和给出说明的任务相关的困难，而是如何认识到眼前事物的重要性的困难：

> 事物的最为我们所看重的面相（aspects），由于既简单又熟悉而被隐匿起来。（我们无法注意到某种东西——因为它总在我们眼前。）
>
> （*PI* §129）

理解《哲学研究》的一个主要障碍是：我们很难接受从对说明的关切转向只关注我们日常语言实践的特殊情形的细节，而维特根斯坦则反复不断地做出这种转向。语法研究所蕴含的思想风格，似乎行进在完全错误的方向上，因为，这一方向同我们想要选取的方向截然相反。我们觉得，我们的问题只能通过构建一种说明某一给定现象在于什么的解释才能得到回答。而维特根斯坦却要求我们只去看我们使用表达式的具体事例的复杂细节，或者去考虑各种想象的情形，抑或去设想在各种情境下我们会说些什么，等等；而不要试图得出任何一般性的结论，或者就什么构成了现象之本质做出任何一般性的陈述。

维特根斯坦表示，他的方法试图将我们拧向一个方向，而我们在很多关节点上，都不愿顺从这个方向：

> 就像这么一个人，他在一个房间里面对一面墙站着，墙
> 23 上画着一扇扇假门。他想出去，笨手笨脚地想打开这些门，
> 挨个儿地试，一遍又一遍地在那里瞎忙乎。这自然都是白费力气。他没有意识到，在他背后的那面墙上，就有一扇真正的门，他需要做的只是转过身来打开它。要帮助他走出这个房间，我们只需让他朝着另一个方向看。但这样做很难，因为他既然想走出去，就听不进我们的劝告，不会把头从他认定出口所在的方向转开。
>
> （Gasking and Jackson, 1978:52）

一个人会**被困**在一个有门、没上锁、向内开的房间中；

只要他没有想到去拉门，而只是一个劲儿地推它。

（*CV*, p.42）

说维特根斯坦的研究风格是反对构建哲学理论，这显然是指，我们不应当在他的文本中寻找关于（比如）意义或心灵状态的哲学解释。从某种意义上说，这本书在哲学上还要激进得多。它不是想着用一种哲学解释取代另一种，而是要改变我们看待哲学问题的方式以及这些问题所要求的研究的类型。不要将维特根斯坦所研究的有关意义之本性或心灵状态之本性的那些哲学观点，视作对真正问题的错误回答，而要视作关于我们对表达式的使用的图像。而在我们对说明的关切中，这些图像被用作某种一般化的说明性解释之基础。他的目标是让我们认识到由这些追求说明的企图所造成的幻象与悖谬，并看清它们并没有说明任何东西，尽管乍看之下它们仿佛说明了什么似的。

因此，维特根斯坦所关注的，是这些哲学观念如何源自主导我们的哲学反思的那些图像，那些图像又如何源自我们使用表达式的那些方式，而我们对说明的关切又如何诱使我们错误地应用这些图像。通过仔细考察我们被引诱去对那些主导着我们的哲学想象的图像所做的应用，维特根斯坦希望逐步揭示出由“**看透**现象”的要求引导我们去构建的那些解释的空洞性。他用于反对他所考察的那些误解和错误图像的，并不是一种关于意义或理解在于什么的替代 24
性说明或理论，而是一种不同的研究方式。这种研究力图通过仔细关注我们使用表达式的事实，去消除主导我们思想的那些图像所造成的灾难性影响。维特根斯坦正是希望通过获致一种关于我们如何使用表达式的清晰观点，逐步将我们从那些疑难和悖谬中解救出来，这些疑难和悖谬根植于我们对说明的关切所导致的对图像的误用。其最终目标是揭示出“这里不涉及任何超乎寻常的东西”（*PI* §94），“每样东西都明摆在眼前，没什么要说明的”（*PI* §126）。

于是我们看到，维特根斯坦的批判性反思着力考察的那些特别的难题和图像中，包括关于我们语言中特定的表达式如何发挥作用的看法，以及一些幻想、神话、迷信和神怪故事。而在他看来，这些玩意儿滋生出来，全怪我们以为像“什么是意义?”“理解在于什么?”“什么是感觉?”之类的问题，所要求的是某种哲学解释。他并不认为，令我们误解这些问题所要求的探究之本性的那种诱惑，或令我们误用表达形式所造成的图像的那种诱惑，反映出了理智上的缺陷。被维特根斯坦视作困扰着我们的哲学难题之根源的那些误解植根于我们语言的形式。正是语言本身促使我们从不自觉地使用它，转向对它持一种反思态度，而一旦我们采取了这种反思态度，语言便为理解设置了一系列陷阱：

> 对每一个人而言，语言都包含着同样一些陷阱，亦即由容易误入的歧途构成的巨大网络。于是我们看到，一个又一个人行走在同样的道路上，我们早已知道，他会在哪儿转弯，又会在哪儿一直往前走，不理会那道弯儿，如此等等。
>
> （*BT*, p.312）

因此，一旦我们开始反思意义、理解或思想的本性时便会生
25 出的那些哲学混乱，就不仅仅是错误。它们是这样一些误解，我们

只要反思语言，语言本身就有将我们拖入其中的力量。维特根斯坦有时暗示，语言既是导致哲学混乱的根源，也是导致人类的各种心理失调和各种原始思想风格的根源。由语言引发的乃是**深层次的**难题，它们产生于这样的情境：我们想着去反思或者企图退出人类生活实践，“当语言像一台发动机在空转，而不是正常工作时”（*PI* §132）：

> 由于错误阐释我们语言的形式而产生的问题，具有某种**深度**。它们是深层次的焦虑；它们的根源就像我们语言的形式一样，深植于我们之中，而其意义就像我们语言的意义一样重大。
>
> （*PI* §111）

在着手对抗我们所建构的图像以及我们被诱惑而对其所做的应用时，维特根斯坦并非一心想驳斥具体的学说，而是想把我们从某种特定的思想风格中解救出来，从而也从它所引出的那些悖论中解救出来。为实现这一目标，维特根斯坦并不是径直挑战这些图像或其应用，而是鼓励我们去探究这些图像以及我们被无情地拖入其中的那些应用，以使我们自己发现：它们代表的不过是“假门”，它们无力解决我们所面对的理解难题。在那些试图引导我们在这一过程中看出所构建的那些图像之空洞不实的评论中，维特根斯坦穿插进了这样的评论：它们提醒我们注意具体语言实践的被忽略的细节或方面。正是通过将这些细节以正确的方式放归一处，或者通过使用一种新的类比或对照以让我们重新看待我们的语言实践，我们才得以获得原以为只能通过构建说明性解释才能获得的那种理解：

> 我认为，寻求说明的企图之所以错了，原因之一是，我
> 26 们只需要以正确的方式将我们知道的东西放归一处，无须添
> 加任何东西，而我们试图于说明中获取的满足会自行到来。
>
> （*RFGB*, p.30）

作为疗法的哲学

维特根斯坦将上述过程描述为“疗法”（*PI* §133），并谈及像对待“某种病症”（*PI* §255）那样处理哲学家的问题。从如下几方面来看，这些描述都是贴切的。首先，它们传达了这样的观念：我们对构建说明性模型的关切，其本身就成了我们前进的障碍，成了束缚我们手脚的东西，阻止我们向前推进。其次，它们抓住了这一事实：维特根斯坦的方法并不是想提出新的、可陈述的结论，而是想促使我们改变整体思想风格或处理问题的方式。“疗法”或“治疗疾病”这个概念强调的是：维特根斯坦的哲学方法，旨在促使读者参与到说服自己的主动过程中。它还突出了这样的事实：读者对维特根斯坦关于哲学难题和悖论之来源的诊断的认可，乃是他的方法不可或缺的一部分，因为“我们要让另一个人相信自己犯了错误，只有在他本人（确实）承认这种表达乃是其感觉的正确表达的情况下才能做到”（*BT*, p.303）。读者要想从被维特根斯坦视作对源自我们的表达形式的那些图像的误用所导致的灾难性后果中解放出来，他首先就得承认，维特根斯坦找出了“他的思想之根源”（*BT*, p.303）。

最后，以上这些想法均承认，我们从哲学困惑中逃脱出来的过程，本来就是漫长的。治疗本质上是一个缓慢的过程，病人一点点地形成对困扰他的难题之本性的新理解，这种理解让他得以认识到他一直在以错误的方式寻求满足，从而令他平静下来。维特根斯坦援用了一个对话者的声音，这让他得以将这种治疗过程，不是表现为治疗者和病人之间的一系列交流，而是表现为一种内心对话的
27 形式。在这种对话中，维特根斯坦既表达出语言带给我们的那些导向误解的诱惑，又奋力抵制这些误解。于是，对话者的声音（这种声音，要么在以"我们想说……""我们会说……"开头的评论中，被间接地引入，要么就用双引号直接引入）表达出我们进行说明的愿望，并落入我们语言的陷阱；而治疗的声音则援用一系列方法来对抗这些倾向，例如，考察我们所构造出的那些图像究竟是什么，提供可选的类比或图像，检查我们使用表达式的具体事例，回想我们如何教孩子学习使用表达式，如此等等。维特根斯坦就这样致力于获取看事物的新方式，而若以这种新方式看事物，往常那些似乎无解的难题就不再困扰我们了。

要是前面说的没错，我们就不应当在维特根斯坦的文本中找寻"论点—反驳—反论点"这样一种惯用的论证结构（例如，我们不应当去寻找维特根斯坦正反对的某种关于语言如何进行表象的精确理论，去寻找他的反驳意见，或去寻找他关于语言如何发挥作用的替代理论）。我们应去识别出一种完全不同的韵律来。假如我们至少在一开始受制于对说明的关切，那么，我们对于诸如"什么是意义?""什么是思想?"之类问题的第一反应就会是：企图就意义、思想等实际在于什么，做出一个模型或给出一个说明。正如前文指

出的，维特根斯坦兴趣的焦点在于我们回应这些问题时最先做出的那些动作，在这些动作中，主导随后探讨的那些图像和观念已然确立下来，而接踵而至的一系列错误也就在所难免了。他要揭示出我们的错误哲学导向的起始点，从这里入手，可以更清晰地看出和诊断这些错误导向的根源。

他相信，我们用作哲学解释之基础的许多观念，早已在我们的日常言谈中作为隐喻或图像出现了。例如，我们很自然地便拥有如下这些观念：自然语言可与一种精确的算法相比照；意义可描画为以词代物；理解的状态是正确用法的源泉；疼痛是内在的，而疼痛行为是外在的。然而，当我们想要构建一种关于意义或理解在于 28
什么或者感觉是什么的说明性解释时，我们却试图赋予这些观念以一种字面意义（literalness）和解释力。而在日常生活中，我们从未想过赋予它们以这些东西；我们试图把实际不过是一种看事物方式的东西——一个“比较的对象”（*PI* §131）——转化为关于这些现象之本质的理论解释；我们的比较对象变成了“实在**必须**与之符合的先入为主的观念”（*PI* §131），即便我们根本无法直接看出实在如何与之相符合。

“……哲学难题应当完全消失”

在《哲学研究》122中，维特根斯坦引入了“*ubersichtliche Darstellung*”这个概念，用于描述其语法研究的目标。在安斯康姆（G.E.M. Anscombe）最初的英译本中，她将其译为“perspicuous representation”（清晰的表象），而哈克和舒尔特则将其译为“surveyable representation”（一目了然的表象）。我这里不讨论这种新译法是否准确。不过，这种译法对“surveyability”（一目了然）的强调或许想表达这层意思：为我们语言之语法提供一种系统的表象，而这种表象一眼就可看出来。这种想法同维特根斯坦的非系统思考相左，后者通常会关注特殊事例的研究，而不关注可恰当地描述为对某个词的用法的“一种综观”的任何东西。出于这些考虑，我决定依然采纳安斯康姆对《哲学研究》122的如下原本译法：

> 导致我们未能理解的主要根源之一是，我们没有获致关于语词用法的一种清晰观点——我们的语法缺少这种清晰性。一种清晰的表象正可产生在于“看见联系”的那种理解。这

> 也显出了寻找和发明中间情形的重要性。
>
> 关于一种清晰表象的概念对我们至关重要。它标示出我们所给解释的形式、我们看事物的方式。

这种译法让我们自然地将一种“清晰表象”理解为，旨在获 29
得关于我们使用语词的实践的“一种清晰观点”。我们不必将其视作这样一种要求：为表达式的使用规则提供一种系统的或一目了然的表象，而这些使用规则可拿来批评其他人的论断。毋宁说，我们可将其理解为，维特根斯坦之关注于清晰表象这一概念，目的在于揭示我们在实际应用表达式时所呈现出的一种次序。他将这种次序同“在于‘看见联系’的那种理解”（*PI* §122）联系起来，而这种理解可通过仔细研究某个特定事例或一系列事例而获得。

按这种阐释，维特根斯坦的语法探究的目的就是要达成这样一种理解：在我们对表达式的使用中看出一种次序，识别出一个主题的多重变奏，看出一事物乃是另一事物的并行者，意识到语境的重要性，或者，认识到事物如何在时间中展开，如此等等；亦即清楚地看到就在眼前的东西，而这些东西先前一直是被忽略的。正是通过慢慢意识到我们是如何在凭语言而过的生活中使用表达式的，我们才得以逐步揭示并理解语言、意义、理解、思考、意图等的本质。我们渐渐看清，“这里不涉及任何不同寻常的东西”（*PI* §94），无须更进一步的（更深刻的）说明，本质“就在眼前”（*PI* §126）。维特根斯坦所考察的那些特殊事例以及他所使用的那些特殊的类比和对照，并未被当作阐述一般主张或理论的基础；不是通过建构一般的解释，而是通过对我们概念语法的考察以及维特根斯坦的类比和对照投射到表达式的实际使用之上的光亮，我们才得以既克服了欲行理解的冲动，又渐渐获取了我们所寻求的那种理解。

显然，维特根斯坦并不认为，为我们语言的语法——我们日常对表达式的使用——提供清晰表象，乃是一项需要系统地进行的，甚至能够系统地进行的任务，或者，可以成为一种自在的理智
30 目标。此外，他显然也不认为，这样一种清晰表象，乃是可用对语词用法规则的系统描述的形式表达出的东西。不过，令人疑惑的是，维特根斯坦为什么要如此反对这种关于系统描述我们语言的语法的观念。假如语法研究是沿着同理论构建相反的方向进行的，它为何不应该系统地将我们引入那个方向呢？对这一问题的回答，首先在于这个事实：我们的语言作为按照精确规则运行的算法的观念，其本身就是一个哲学幻象，而关于一种清晰表象的这种构想恰恰预设了这种观念。维特根斯坦力图唤醒的使用表达式的实践，本质上是具体的、依赖语境的、动态的、不确定的和变动不居的。关于维特根斯坦所称的我们语言之语法的系统表象的观念——这种观念以关于表达式用法的一目了然的规则系统的形式呈现出来——其本身就是一个神话。

其次，维特根斯坦的本质上非系统的研究路径是同如下事实联系在一起的：他在《哲学研究》中使用的方法本质上是**应答性的**。因此，维特根斯坦哲学的反系统本性是与下述观念相关联的：一种语法研究是这样，它“从哲学难题中获得启悟，亦即从中获得其目的”（*PI* §109）。一种语法研究所引致的对我们使用语言的实践中的某种次序的自我意识，并不代表科学意义上的那类知识的增长；维特根斯坦对于“唤起”或促使我们看到语词使用的某个面相

的兴趣，是由他力图解决的那些难题和悖论所引发的，同时也从这些难题和悖论中得到启迪。澄清我们凭语言而过的生活的这些面相，可为我们带来一种“表现为‘看出联系’”的理解，而这种理解，一方面使我们摆脱了处于哲学悖论的源头处的那些错误图像的控制，另一方面也让我们不再盲目渴望对困扰着我们的现象进行说明。

在《哲学研究》132中，维特根斯坦这样评论道：“我们想要在关于语言用法的知识中确立一种次序”，但他明确指出，这种次序只是“为特定的目的而确立的；只是众多可能的次序之一；而非唯一的次序”。这表明，维特根斯坦承认，趣味不同的人或许会想 31
着确立不同的次序；此人所辨识出的次序只是看待现象的一种方式，而他之所以认为这种次序是有趣的，是因为他关注的乃是特定类型的难题。而维特根斯坦想引起我们注意的，则是这样的次序，它将使我们得以克服由关于概念如何发挥作用的误导性图像引起的哲学困惑。

维特根斯坦的目标是唤起我们使用表达式的特定具体情形，提出替代性的图像或对比，指出我们所忽略的关联，以帮助我们更清晰地看出概念实际是如何发挥作用的，以及我们在凭语言而过的生活中是如何应用相关的表达式的。他的语法研究所揭示出的那种次序，不仅使我们可以看出哲学理论或解释同它们欲加以说明的现象毫无联系，而且可以使我们看出这种对说明的需求消失不见了。维特根斯坦不断重复着这一语法研究过程，为的是逐步实现理解的转变和思想风格的转变。这样积少成多，我们便会改变看事物的方式。先前貌似一种说明的东西，现已被视作不过是空洞的构造；先前要求阐明的东西，现已不被看得那么神秘了；我们的语言游戏可以如其所是地接受下来，我们不再感到有什么必要为之提供辩护，或者赋予它进一步的基础或支撑了。

因此，若想从维特根斯坦的评论中提取一系列关于意义、理解、感觉等的哲学主张，我们便会错失其哲学方法的全部要点。不只是说，维特根斯坦对构建或阐发哲学理论并不关心，就连我们可从他的评论中提取出无论怎样的一般主张，也不能被当成其工作的**要点**。其工作的目标，是通过逐步获致关于语词用法的清晰观点，来摆脱哲学混乱。维特根斯坦本人也因此明确警告说，任何想要提取“论点”的企图，所得到的都不会是金玉良言，而只能是陈词滥调：“如果有人想在哲学中提出**论点**，那就绝不可能就它们展开争论，因为每个人都会同意它们。”（*PI* §128）

32 因此，要充分阐释《哲学研究》，就不得关注于这些论点，而是要努力表明，维特根斯坦用他所给出的那些图像和类比、他所描述的那些使用表达式的实践的具体事例，并不是要提供概括的来源，而是要提供一种手段，借以克服由说明的冲动所引出的误解和错误图像，进而让我们认识到，根本不存在需加以说明的东西。维特根斯坦的哲学目标，并不是得出结论，而是促使我们逐步接受这样的事实：我们进行说明的企图是空洞的，而且“由于每样东西都明摆在眼前，所以没什么需要说明的”（*PI* §126）。维特根斯坦据以让我接受这一事实的，正是这种辩证过程的具体运作程序，而他关于哲学方法的构想就展现于其中。所以，我们必须忍住不去概括，不去陈述令人兴奋的哲学结论，并转而容许进行一系列澄清活动，在这些活动中，“哲学难题……完全消失了”（*PI* §133）。

以这种方式，我们便永远不会忽略这样的事实：“哲学家的工作就是，**为某一特定目的**搜集回忆”（*PI* §127，我加的着重号）；这项工作的辩证结构——在维特根斯坦本人的不同声音的互动中表现出来——因此被认作他的方法的一个必不可少的构成部分，而不只是被视作一种行文手法，这种手法隐没了秘而不宣的一般观点，而我们的阐释必须在某种程度上将这些观点提取出来。

按这种阐释，《哲学研究》并非这样一部作品：它涉及大量分散的论题——名称、实指定义、意义、规则、理解、感觉等——并为我们关于其中每一论题的思考提供一种矫正方法。确切地说，该作品企图从总体上扭转我们处理哲学难题以及由这些问题体现出的理解愿望的方式。这意味着，一方面，这部作品具有深层的统一性，另一方面，只有将该书作为整体来阅读方可逐步达到强有力的效果。维特根斯坦提供给我们的那种理解，既不在于揭示特定的错误图像，也不在于描述一两个表明我们的语言片段如何起作用的具体事例。他意在引起我们理解上的一种转变，而这种转变无法 33
以“结果”或“结论”的形式传达给被动的受众。这倒不是说《哲学研究》有什么神秘之处；例如，这并不是暗示：维特根斯坦提供给读者个人的那种理解无法交流或共享。而只是说，它不能以关于系统学说或系统理论之陈述的形式加以交流。这种理解传达给其他任何人，都像传达给某位读者个人一样，所借助的是引导和劝说的过程，这一过程对那些难以避免的误解诱惑做出回应，并通过考察特殊的事例让当事人改变看事物的方式。并不是说，此人必须去揣测重要的事情，而是说，正是通过以新的方式看待特殊的事例，我们才实现了眼界的改变，而这也就构成了理解的转变。这种理解不体现为理论学说，而体现为一种态度的转变。随之而来的，是关注于明摆在我们使用表达式的实践的具体细节中的东西，关注于如何不去构建阐明或思辨解释。这便造成了如此的局面：理解《哲学研究》难，而要评说它，则难上加难。

参考文献及进一步阅读材料

Anscombe, G.E.M., 1969, "On the Form of Wittgenstein's Writing"(《论维特根斯坦的写作形式》), in R. Kiblansky, ed., *Contemporary Philosophy: A Survey*, vol. 3 (Florence: La Nuova Italia), pp. 373–78

Baker, G., 2006a "Philosophical Investigations section 122: neglected aspects"(《*PI* §122：被忽略的方面》), in G. Baker, 2006:22–51

——, 2006b, "Wittgenstein's 'Depth Grammar' "(《维特根斯坦的"深层语法"》), in G. Baker, 2006:73–91

——, 2006c, "Wittgenstein on Metaphysical/Everyday Use"(《维特根斯坦论形而上学/日常用法》), in G. Baker, 2006:92–107

Baker, G. and Hacker, P.M.S., 2009, *Wittgenstein: Understanding and Meaning*(《维特根斯坦：理解与意义》), second edition (Oxford: Wiley Blackwell)

Binkley, T., 1973, *Wittgenstein's Language* (《维特根斯坦的语言》) (The Hague: Martinus Nijhoff)

Bouveresse, J., 1992, " 'The Darkness of This Time' : Wittgenstein and the Modern World"(《"这个时代的黑暗"：维特根斯坦与现代

世界》）, in A. Phillips Griffiths, ed., 1992:11–40

Cavell, S., 1966, “The Availability of Wittgenstein’s Later Philosophy”（《维特根斯坦后期哲学的适用性》）, in G. Pitcher, ed., 1966: 151–85; reprinted in S. Cavell, 2002:44–72

34 ——, 1988, “Declining Decline: Wittgenstein as a Philosopher of Culture”（《正在衰落的衰落：作为文化哲学家的维特根斯坦》）, Inquiry, vol. 31:253–64

Connant, J., 2011, “Wittgenstein’s Methods”（《维特根斯坦的方法》）, in O. Kuusela and M. McGinn, eds, 2011:620–45

Fann, K.T., 1969, *Wittgenstein's Conception of Philosophy*（《维特根斯坦的哲学观》）（Oxford: Wiley Blackwell）

——, ed., 1978, *Ludwig Wittgenstein: The Man and His Philosophy*（《路德维希·维特根斯坦：其人及其哲学》）（Hassocks: Harvester Press）

Fogelin, R.J., 2009, *Taking Wittgenstein at His Word: A Textual Study*（《字斟句酌维特根斯坦：一项文本研究》）（Princeton:Princeton University Press）

Gasking, D.A.T. and Jackson, A.C., 1978, “Wittgenstein as Teacher”（《作为教师的维特根斯坦》）, in K.T. Fann, ed., 1978:49–55

Genova, J., 1995, *Wittgenstein: A Way of Seeing*（《维特根斯坦：一种看见的方式》）（London: Routledge）

Grayling, A., 1988, *Wittgenstein*（《维特根斯坦》）（Oxford: Oxford University Press）

Hacker, P.M.S., 1972, *Insight and Illusion*（《洞见与幻象》）（Oxford:

Clarendon Press)

Heal, J., 1995, "Wittgenstein and Dialogue"(《维特根斯坦与对话》), in T. Smiley, ed., *Philosophical Dialogues: Plato, Hume, Wittgenstein, Proceedings of the British Academy* (Oxford: Oxford University Press)

Heller, E., 1978, "Wittgenstein: Unphilosophical Notes"(《维特根斯坦：非哲学笔记》), in K.T. Fann, ed., 1978:89–106

Hilmy, S., 1987, *The Later Wittgenstein: The Emergence of a New Philosophical Method*(《后期维特根斯坦：一种新哲学方法的出现》)(Oxford: Wiley Blackwell)

——, 1991, " 'Tormenting Questions' in *Philosophical Investigations* section 133"(《〈哲学研究〉第133节中的"折磨人的问题"》), in R.L. Arrington and H.-J. Glock, eds, 1991:89–104

Hughes, J., 1989, "Philosophy and Style: Wittgenstein and Russell"(《哲学与风格：维特根斯坦和罗素》), *Philosophy and Literature*, vol. 13:332–39

Kenny, A., 1984, "Wittgenstein on the Nature of Philosophy"(《维特根斯坦论哲学之本性》), in *The Legacy of Wittgenstein* (Oxford: Wiley Blackwell), pp. 38–60

Kuusela, O., 2008, *The Struggle Against Dogmatism: Wittgenstein and the Concept of Philosophy*(《反抗独断论：维特根斯坦与哲学这个概念》)(Cambridge, Mass.: Harvard University Press)

McGinn, M., 2011, "Grammar in the *Philosophical Investigations*"(《〈哲学研究〉中的语法》), in O. Kuusela and M. McGinn, eds, 2011: 646–66

Minar, E., 1995, "Feeling at Home in the Language（what makes reading the *Philosophical Investigations* possible?）"（《以语言为家（是什么让解读〈哲学研究〉成为可能？）》）, Synthèse, vol. 102:413–52

Rowe, M.W, 1991, "Goethe and Wittgenstein"（《歌德与维特根斯坦》）, *Philosophy*, vol. 66:283–303; reprinted in M.W. Rowe, 2004:1–21

——, 1994, "Wittgenstein's Romantic Inheritance"（《维特根斯坦的浪漫遗产》）, *Philosophy*, vol. 69:327–51; reprinted in M.W. Rowe, 2004:46–72

——, 2007, "Wittgenstein, Plato, and the Historical Socrates"（《维特根斯坦、柏拉图与历史上的苏格拉底》）, *Philosophy*, vol.82:45–85

Savickey, B., 1990, "Voices in Wittgenstein's *Philosophical Investigations*"（《维特根斯坦〈哲学研究〉中的声音》）, MPhil thesis, Cambridge University

——, 1999, *Wittgenstein's Art of Grammatical Investigation*（《维特根斯坦的语法研究技艺》）（London: Routledge）

——, 2011, "Wittgenstein's Use of Examples"（《维特根斯坦对例子的使用》）, in O. Kuusela and M. McGinn, eds, 2011:667–96

Stern, D.G., 2004, *Wittgenstein's Philosophical Investigations*（《维特根斯坦的〈哲学研究〉》）（Cambridge: Cambridge University Press）

Wittgenstein, L., "Philosophy"（《哲学》）, in *BT*, pp. 299–318

第二章

35

维特根斯坦对奥古斯丁的批判

《哲学研究》1—38

导　言

维特根斯坦在《哲学研究》序言中说，他觉得把《逻辑哲学论》和《哲学研究》一起出版是有益的，依据是："只有同我的旧思想方式相对照并以其为背景，才能正确理解后者。"（*PI*, p.4）说其后期哲学应以其早期工作为背景来看待，意味着从某种意义上来说，他将前者视为由后者演化而来的。不过，这也清楚地表明，他在致力于理解语言如何发挥作用这项任务时，做出了一个根本性的改变。我认为，他撰写《逻辑哲学论》时就已经确信，他所关注的那些问题——"命题的本性是什么?""名称与命题之间的区别是什么?""逻辑命题的本性与地位是什么?"——需借助于对语言运作过程的研究加以回答。我们无须跳出语言之外以理解它是如何发 36
挥作用的："语言做出表达的方式，反映在其用法中。"（*NB*, p.82）我们需要做的就是查看语言的用法，并通过反映在其用法中的东西，看出它是如何以自己的方式进行表达的。语言进行表达的方式在其用法中反映或显示出来——这一想法在前期维特根斯坦的符号概念中体现出来：

为从其记号中识别出一个符号，我们必须观察其有意义的使用。

（*TLP* 3.326）

正是一个记号的用法向我们显示了它是如何进行表达的，也向我们显示了它是哪种类型的符号。

为了同维特根斯坦前后期哲学之间的这种重要的连续性形成对照，我们需要考虑这种意义观：一个词的意义就是与之相关联的那个对象。这种意义观出现在《逻辑哲学论》中，而它同如下这种观念之间存在着明显的张力：正是一个记号在有意思的命题中的使用使之成了它所是的符号。可将《哲学研究》开篇的对话视为根源于这种张力：一个可追溯到《逻辑哲学论》的、将意义和用法联系起来的声音进入了同另一个声音的对话中，这另一个声音想把一个词的意义视为该词所代表的那个对象。前一个声音被用来揭示源自将词的意义当作与之关联的对象的那幅图像的哲学幻象。

有阐释者将《逻辑哲学论》中出现的后一种观念视作意义实在论的一部分，而前期维特根斯坦是持有这种意义理论的，只是后来拒绝了它。根据实在论阐释，正是凭据语言的逻辑结构与独立形成的实在结构之间的同型同构，语言和实在之间的关联才得以确立
37 下来：这种同型同构说明了语言何以能够表象世界。事实性言谈的可能性依赖于简单对象——实在的简单成分——的存在，每一简单对象都拥有在事态中同其他对象结合的一整套固有的可能性。这些简单对象对应于充分分析的命题中的简单名称。一个名称同其他名称结合成命题的可能性必定反映出对象在事态中同其他对象相结合

的固有可能性。因此，语言的逻辑结构是由实在的终极结构从外部强加给它的。

其他的阐释者否认（我认为他们做得对）维特根斯坦持有过这种形式的实在论。他们认为，维特根斯坦一开始便认识到，没有任何可能去从外在的视角看待语言和世界，而这种形式的实在论却暗示这是可能的。不过，即便我们拒绝关于《逻辑哲学论》的实在论阐释，依然可以承认，维特根斯坦相信下述观念有着关键性作用：意义乃是超越一个词的用法的某种东西，是同一个词相关联的某种东西，是我们理解了它便可把握住的某种东西。因此，可将这种观念——词的意义就是与之关联的简单对象——视作是在如下的上下文中出现的：维特根斯坦将某个词的意义图示为我们可以把握到的东西，而这可以说明，我们何以能在其意思没有对我说明的情况下，理解该词出现于其中的那些新命题的意思。我觉得，正是以为词的意义**必定**是某种与之关联的东西——当我们说出并理解它时就出现在脑海中的东西——的这种诱惑，在《逻辑哲学论》中将维特根斯坦俘获了，而他在《哲学研究》的那些开篇段落里就是要对这种诱惑进行探讨。

维特根斯坦将这两种意义观——意义作为与一个词相关联的东西和意义作为用法——分别描述为**静态的**和**动态的**。这两种意义观共存于《逻辑哲学论》中，不过，后者好似其后期哲学由之而生的一粒种子，而前者则是同其关于哲学之本质描述性的早期确信（early conviction that philosophy is essentially descriptive）背道而驰的
一系列独断主张的源头。这种意义观促使他主张，比如，必定存在 38
原始的不可定义表达式，而这些表达式必定代表不可描述、只可命

名的简单对象。尽管他无法给出这类表达式的任何例子，他还是坚持认为，对日常命题的分析必定会得到其成分全是这类表达式的命题。因此，他又被引向这样的主张：必定有某种东西隐藏在需借分析才能达成的理解背后。他并不清楚如何才能给出这样的分析，但他依然坚持认为给出它**必定**是可能的。

维特根斯坦前后期哲学间的一个根本性转变，就是他想要避免这种形式的独断论，避免被一幅图像俘获而去这样说："'但**这**不是它所是的样子！'——我们说。'尽管如此，**这**是它**必定所是**的样子。'"（*PI* §112）因此，在《哲学研究》的开篇段落里，他并未通过独断地认定"意义就是用法"来反对将意义视作与一个词相关联的某种东西的观点。由《逻辑哲学论》中将意义同用法联系起来的那条线索演化而来的那个声音，按维特根斯坦的意愿做了转化，以实现一种真正反理论的、非独断的做哲学的方式。为理解维特根斯坦的反静态意义观此时所采取的形式，我们必须仔细追踪其评论的独特动态模式。

“五个红苹果”

维特根斯坦引用奥古斯丁《忏悔录》中的一段话作为全书的开篇之言，这一选择既表现了《哲学研究》的应答性，又表现了其目标的普遍性：

> 当他们（我的长辈们）说出某个对象的名称，并相应地走近某物时，我把这看在眼里，并寻思，这样东西就是他们想要指明它时所发出的声音所称谓的。他们的意向由他们的身体移动表现出来，所有人的自然语言仿佛都是如此：面部表情，眼睛的眨动，表达我们在寻找、拥有、拒绝或避开某物时的心境的声调。于是，在我听到词语在不同句子中被反 39
> 复用在适当的地方时，我渐渐弄懂它们指代什么对象；而在我的口齿练得足以发出这些记号之后，我便用它们来表达我自己的愿望。
>
> （*PI* §1）

维特根斯坦没有从罗素或弗雷格或他本人的前期著作中摘录

一段话作为开场白，却选择了这样一段引语，这看起来似乎令人困惑。不过，维特根斯坦之所以选择奥古斯丁的这段话，实际是想凸显他的哲学进路的某些重要方面。首先，通过援引写于公元4世纪的《忏悔录》中的一段话，维特根斯坦凸显了他所关注的那些诱惑的普遍性。毫无疑问，这些诱惑在他本人的早期工作及弗雷格和罗素的理论中均有表现。但是，维特根斯坦并不想把这些诱惑过分紧密地同任何一位哲学家联系在一起。这些诱惑植根于我们语言的形式，而维特根斯坦是要在其根源处研究它们。它们来源于此，并成为后续哲学探讨的基础。

奥古斯丁这段话的妙处在于，它呈现给我们的，乃是欲就语言构造理论、欲说明或模拟语言之功用的最初冲动。这种从关于意义的自然图像向关于语言本质的全面理论的过渡，在维特根斯坦如下用来概括奥古斯丁观点的话中表达了出来：

> 依我看，这些话为我们提供了一幅关于人类语言之本质的特殊图像。这便是：语言中的单词命名对象——句子是这些名称的组合。于这幅语言图像中，我们找到了下述观念的根源：每个词都具有一个意义。意义是与这个词关联在一起的。它就是这个词所代表的对象。
>
> （*PI* §1）

通过追踪这一观念的根源，维特根斯坦一方面得以更为明确
40 地关注它在我们语言形式中的由来，另一方面也得以更为明确地关注朝向抽象、概括和说明的过渡，以及他本人的探究路径，这一

路径促使我们在说话者的日常实践生活中当语言发挥作用时去观察它。

尽管维特根斯坦直接关注的是由奥古斯丁的图像所引出的关于语言本质的构想，但这并不意味着他只是对奥古斯丁语言思想中的这一个主题感兴趣，只对它做出了回应。事实上，奥古斯丁的反思中所包含的几个更进一步的主题与维特根斯坦所辨别出的这一主题渐渐地交织在了一起。如果看一下《忏悔录》中较前的另一段话，我们就会更清楚地看出，奥古斯丁的思考作为维特根斯坦对之做出回应的主题的一个来源的重要性：

> 我一点点地开始意识到我的处境，并寻思着把我的愿望让他人知道，这些人或许可以满足它们。但我却做不到这一点，因为我的愿望在我心内，他人却在我身外，而他们又没有什么本领穿透我的心灵。于是我便挥动四肢，弄出声音，指望以这些动作表明我的意思，尽管它们与我想用它们去模拟的东西相差甚远。
>
> （St Augustine, 1961:25）

就在维特根斯坦所引用的那一段话之前，奥古斯丁再次描述了他由于无法表达自己的愿望而感到沮丧，他还暗示：他用尽心思，才意识到他人是在用语词命名对象，才弄明白每一声音所命名的对象。

从奥古斯丁的这些论述中，我们可以分辨出维特根斯坦逐步论及的许多主要论题。比如，我们可以看出，奥古斯丁倾向于根据

一种私人本质或心灵——其中有愿望、思想、欲望等——以及同外
在世界的某种物理关联来设想人类主体。这种私人本质被视作已完
全人性化了的，却又缺乏同他人交流的能力的。其自身内部，已清
晰地分出了尚无法表达出来的特定的思想和愿望，就如同物理世界
41 被清楚地分割成了由语言中的名称轻易捕捉到的特殊对象一样。语
言的最初目的，就是去交流原被封锁在私人领域内的思想和愿望。
正是私人本质，让一个词同作为其意义的对象之间建立起了本质关
联，而理解则被视作心灵在一个声音和它所指代的对象之间确立了
适当的联系。我们阅读《哲学研究》前40个段落时会发现，上述
每一个观念均成了维特根斯坦语法探究关注的对象，而其中的一些
则是整部作品的中心话题。

维特根斯坦是这样开始评论《忏悔录》中的那段话的。他指出，奥古斯丁没有区分不同种类的词，而是以某一类词——“桌子”“椅子”“面包”以及人名——为模型，由此得出他关于语言功用的一般图像。维特根斯坦明确将这种先撷取一个核心事例然后由之得出一个一般模型的倾向，既视作我们做哲学时自然会陷入的那种独断论的一个例子，又视作错误图像的一个主要来源。我们一般会感到的那种“看透现象”的要求，促使我们忽略人类语言活动的广大范围，而将特定的语言要素，同整个语言领域及说话者对这一语言的实际使用剥离开来予以关注。我们对这些范例持这样一种态度：仔细研究它们，以洞悉其本质（例如，命名的本质）。于是，这种以狭隘的或简单化的目光看待语言现象的倾向，便同将之理想化或神圣化的倾向融合在了一起。

为反对这种倾向，维特根斯坦要我们设想使用一种简单语言

的人们在日常生活中碰到的一个具体事例：

> 我们来设想如下这种使用语言的情况：我让某人去买东西。我给他一张纸条，上面写着："五个红苹果"。他拿着这张纸条找到店员，店员拉开一个标着"苹果"的抽屉；他又在一张表格上查到"红的"这个词并找到与之对应的颜色样本；然后他按基数序列——我假定他记得这些数——一直数到五， 42
> 每数一个数，他就从抽屉里拿出一个与样本同色的苹果。
>
> （*PI* §1）

尽管这个例子表现的是一种简单语言，或者一种简单的语言用法，但它并不包含我们在奥古斯丁那里看到的那种过度简单化。首先，这个例子虽说简单，却在一种重要的意义上是完整的：它表现的是这种简单语言在其自然环境下实际起作用时的情况，而不是作为一个从其用法中抽离出来的词句系统。其次，维特根斯坦并不以这一特定的具体事例为基础，去得出任何关于语言之本质的主张，而只是以之为手段促使我们注意到语言是自然深植于说话者的实际生活中的，同时也注意到为奥古斯丁所忽略的语言现象的丰富性和复杂性，而这种丰富性和复杂性，只有在我们实际观察语言起作用的情况时才显现出来。

奥古斯丁将语言看作交流思想和愿望的媒介，而这些东西首先是存在于我们心内的。维特根斯坦给出的这个例子中，显然不涉及这样的问题。我们看到语言作为一种工具在特定的实践活动——买东西——中起作用。此时，使用语言的目的不是表达我们的心灵状态，而是在我们的对话者那里引起某种类型的反应。我们这样看语言的功用时，并不会想到去问“红的”或“五”这样的词指代什么对象。因为这里所涉及的，显然是店员如何用这些词**进行操作**，如何去行动，而不是这些词如何与对象相关联：

> 可是，“五”这个词的意义是什么呢？——这里不涉及这个问题，只涉及“五”这个词如何被使用。
>
> （*PI* §1）

这么一来，维特根斯坦的具体事例便开始了对如下两种奥古斯丁式的诱惑的抵制：其一是将语言从其用法中抽离出来加以思
43 考，其二是试图寻求意义的本质。当我们看到语言在说话者的积极生活中发挥作用的时候，不同的表达式起到不同的作用这一点就清楚起来了。维特根斯坦之所以发明这样一个简单语言事例——在这里，每个单词都拥有与之关联的清楚明白的操作技艺——一方面为的是凸显语言同非语言活动的相互交织，另一方面是想表明表达式的不同功用如何得以在**用法**中彰显出来。就这样，一个具体的事例被用来抵御将语言从其用法中抽离出来加以思考的哲学诱惑，或者将词的意义视作与之关联的某种东西的哲学诱惑，而其本身又未被当成某个关于语言之本质的对立哲学学说的来源。

《哲学研究》1中的例子为我们呈现了一个使用语言的场景。通过关注这一场景，我们开始注意到奥古斯丁式的图像完全忽略掉的那些语言面相：说话者应用词语的各种方式；他们应用语词的方式所拥有的各种各样的背景活动；应用语词的方式乃是这样一种训

练的结果，在这种训练中，语言的使用同别的非语言活动（比如买东西）交织在一起；如此等等。作为与词相关联的某种东西的意义概念，以及对思想与表象作为心理状态的关注，渐渐远离我们，而言谈主体及其凭语言而过的生活（life with language）愈益清晰地进入视野。尽管就像前面所指出的，意义作为用法的观点出现在了《逻辑哲学论》中，但它在那里受限于这样的观念：词在一个表象系统中发挥作用。《哲学研究》1中开始出现的用法观摆脱了这些早期的理智主义倾向；此时我们被要求关注凭语言而过的积极生活。

维特根斯坦用《哲学研究》1的例子让我们注意如下的事实：说话者逐步掌握不同的语言技艺，而且，经过训练之后，他们无须指导便可独立地在新情形中使用这些技艺。即便是店员所使用的那些费劲的技艺，最终也有赖于他只是知道如何去做： 44

> "但他怎么知道到哪里以及如何去查找'红的'这个词？又怎么知道要拿'五'这个词做什么？"——嗯，我假定他就像我所描述的那样去**行动**。说明总要在某个地方终止。
>
> （*PI* §1）

"说明会终止"——我们最终只是按照我们被训练的方式去**行动**——的观念，将是维特根斯坦贯穿于整部《哲学研究》的思考中的一个重要主题。

“砖!”“柱!”“板!”“梁!”

维特根斯坦用《哲学研究》1中提出的例子，是要我们注意到，即便是在一种简单语言中，也存在着许多语言技艺。在《哲学研究》2中，他则引入了一种不同的路径。他这里不是要我们注意那些否证奥古斯丁的简单化描述的语言要素，而是要我们“想象一种奥古斯丁的描述所适用的语言”（*PI* §2）。维特根斯坦表明，一个词的意义就是它所代表的对象的观念：它在“关于语言如何发挥作用的某种原始观念中”有其位置，或者，“它乃是关于一种比我们的语言更原始的语言的观念”（*PI* §2）。维特根斯坦现在所描述的这个例子，使这一点更加生动起来。

于是，我们被要求去想象一种由“砖”“柱”“板”“梁”这些词构成的语言，这些词的功用就像“桌”“椅”“面包”等一样，是要分辨出某种特殊类型的对象。我们要将这种语言设想为一个说话者共同体的全部语言。不过，我们被要求在其发挥作用时设想这种语言，这样就能看到它是同其使用者的实际生活交织在一起的。维特根斯坦用这个例子探讨奥古斯丁为我们提供的关于语言和语言习得的图像。他是这样开始的：要求我们仔细设想怎样教会一个孩子使用这种语言，以及如何判定他是否成功地掌握了它。

我们要设想这种“砖”“柱”“板”“梁”语言就是一个施工部 45
落的全部语言。这一部落的孩子们必须适应这种语言。维特根斯坦描述了这将如何让他们既必须学会干建筑，又必须学会使用并应答语言，因为语言是在这种建筑活动的场景中被使用的：

> 孩子们被引导去做出**这些**行动，去在这样做时使用**这些**词，并且去以**这种**方式对他人的言语做出反应。
>
> （*PI* §6）

作为这一训练过程的一部分，孩子们会被教会在一个词和某种特定形状的建筑石料之间建立关联。这显然是奥古斯丁所提供图像的一部分。奥古斯丁这样来描述这一过程：孩子天生就知道将名称赋予事物的技艺；在大人发出一种声音并指着一个对象时，孩子就已理解了他们在做什么。

相反，维特根斯坦则坚持认为，我们不应该称如下的过程为“实指定义”：教师“指着对象，把孩子的注意力引向它们，并同时说出一个词，例如，他在指着具有一定形状的东西时，说出
‘板’这个词”（*PI* §6）。维特根斯坦所说的“实指定义”，是指通 46
过指着一个范本而赋予一个词以意义的行动。教师一开始做出的指着一个特定形状的东西并发出适当声音的行动，并不能视作一个词的实指定义，因为孩子还无法将大人的所作所为理解为定义一个名称，他尚未掌握命名的技艺，他“还不能够去**追问**名称是什么”（*PI* §6）。所以，维特根斯坦才把我们刚才描述的过程称为“实指

教词”（*PI* §6）。

就让我们假定，这种实指教词最后确实在（例如）“板”这个词和某一特定形状的建筑石料之间建立起了关联。那么，这种关联是什么呢？维特根斯坦指出，我们首先想到的很可能是：“孩子听到这个词时，这一对象的图像就浮现在他心中了。”（*PI* §6）奥古斯丁说，他渐渐弄懂了他所用词语的指代对象，这种想法显然让人想起了这样一幅图像。维特根斯坦并不否认，这样的事情很可能会发生，但他要求我们去探究下面这两件事之间的关联：其一是，当一名学徒听到“板”这个词时，他得到一个关于板形石料的意象；其二是，在建筑活动过程中，有人发出“板！”这样的叫声时，他能听得懂。“板”这个词让这名学徒形成了关于一块板的意象，这一事实是不是意味着他理解了这个词，或者掌握了这种语言呢？维特根斯坦表明，要回答这一问题，我们需要问，在这一部落的语言中，“板”这个词的**目的**是什么。

我们看到，维特根斯坦这里对奥古斯丁的回应又是退让性的，而非直面性的。他并不声称，语言的目的不可能是在听者的心中引起意象。他指出，以这种语言说出一个词就宛如“在想象的键盘上敲出一个音符”（*PI* §6）。然而，这并**不是**使用这种假想的施工部落语言的目的之所在；他们使用“砖”“柱”“板”“梁”这些词的目的，并非在他们的听者心中引出意象来。维特根斯坦承认，形成这些意象会帮助听者达到说出这些词的实际目的，但是这种实际目的是在《哲学研究》2 中描述出来的：

> 甲正在用石材建房，材料有砖、柱、板和梁。乙得递送

> 这些石材，而且得按甲需要材料的顺序递过去。为实现这一目的，他们使用了由“砖”“柱”“板”“梁”这些词所构成的语言。甲叫出这些名称；乙便凭借他的所学，照如此这般的喊叫声，拿过来相应的石材。

假定这就是以这种语言说出这些词的目的，那么，孩子在听见“板”这个词时形成了关于一块板的意象这一事实，是否足以形成对该词的一种理解呢？维特根斯坦也未做出否定的回答，只是要我们注意为奥古斯丁式图像所忽略的语言训练的一个方面。我们一向只根据孩子心中所发生的事情去设想由实指教词所伴随的过程，却忽视了这种语言训练是如何在这一部落的施工实践中被嵌入一种 47
总体训练中的。我们一经关注语言实践之嵌入学习施工的更大背景，便能看到，这一过程被忽略的那一方面对于我们通常关于理解的观念，实际有多重要：“你若是以如此这般的方式，按照‘板！’这样一声呼叫行事了，你还能不理解它吗？”（*PI* §6）实指教词自然在中间发挥了作用，但这一语言中的词语的功用只是随着它被嵌入施工活动才被赋予的，而且，只有通过掌握这种功用——通过掌握这些词在这种活动中的用法——学徒才算是达到了我们通常用于判定理解这种语言与否的标准。

在《哲学研究》7中，维特根斯坦引入了**语言游戏**概念，以突出这个事实：语言是在说话者的活生生的实际生活中发挥作用的，其用法势必和构成其自然背景的非语言行为密不可分。他引入这一概念时，联系到了如下三种不同类型的活动：

1. 一方说出词语，另一方照它们做。

2. 师傅指着一块石头，学徒说出一个词语。

3. 学徒跟着师傅念这个词。

后两种活动发生在对学徒的语言教育中，而维特根斯坦指出，这些活动是“类似于说话的过程”。就其用到语词并将这种应用联系于指向特定种类石头的活动而言，这些活动类似于语言，但它们只构成在建筑活动中完整使用语言的前奏。维特根斯坦**既**把“语言游戏”这个术语同我们借以教孩子的活动联系起来使用，**又**把它同在非语言活动的背景下使用语言的活动联系起来使用：“我将把由语言和与之交织在一起的活动构成的整体，称为‘语言游戏’。”在《棕皮书》（1934—1935年口授）中，维特根斯坦主要是联系于前
48 一观念使用这一术语，但到了《哲学研究》时期，第二种观念就更显重要了。

维特根斯坦的语言游戏概念，迥然不同于作为一个有意义的记号系统，可从其实际使用中抽离出来考虑的那种语言。维特根斯坦不是要求我们把语言当作一个有意义的记号系统去探讨，而是力劝我们**就地**思考它，任其嵌入使用者的生活当中。这种试图析离语言，或者将其从它平常生存的背景中抽象出来的倾向，与下面两件事有关：一是我们说出语言的本质是什么的愿望，二是我们急于想解释，这些纯粹的记号（纯粹的标记）**何以**能获取意指或表象某物的非凡能力。维特根斯坦旨在使我们明白，在做这种抽象时，我们背离了对语言的实际功用至为重要的所有东西；恰恰就是我们将语言从其在日常生活中的使用中抽象出来的做法，让语言成了死的东

西，其表象能力这才迫切需要说明。

因此，感到需要说明语言（作为一个符号系统）何以具备这种表象世界的魔力，原来同我们未能在它实际发挥作用的地方观察它有关。维特根斯坦并不打算满足我们对一种表象理论（一种说明死记号何以获取意义的理论）的需求，而是要消除这种需求感，促使我们在语言实际发挥作用的地方，亦即我们可以看见其本质充分展现的地方去观察它。维特根斯坦借语言游戏概念将我们的目光引向“时空中的语言现象，而不是非空间、非时间的幻象”（*PI* §108），为的是让我们一步步看出，“这里不涉及任何超乎寻常的东西”（*PI* §94），我们为理解语言之本质所需的所有东西“都已明摆在眼前了”（*PI* §126）。

维特根斯坦要我们设想《哲学研究》2中的“板”“砖”语言的一种扩充形态，以便进一步探讨孩子掌握一种语言游戏所经历的过程。这种扩充后的语言加进了一些颜色样本，还有数字，以及表达“那儿”和“这个”的词，它们被使用时，总是伴随着一种指的姿势。他这样描述在这种扩充了的语言中的一种可能发生的交流：

> 甲发出一个类似这样的命令：“d——板——那儿。”与此 49
> 同时，他让助手看一个颜色样本，而在说出“那儿”的时候，他指着工地上的某个地点。乙则按字母表的顺序一直说到“d”，每说一个字母，就从板材堆里取一块与颜色样本同色的板，然后把它们搬到甲指定的地点。
>
> （*PI* §8）

这种经过扩充的语言所引入的，显然是一些以完全不同于“板”和“砖”的方式起作用的词语。我们在《哲学研究》1中已经看到，奥古斯丁提供的意义图像完全不适用于像“a”“b”之类的词。它显然也同样不适用于像“那儿”和“这个”这样的词。维特根斯坦现在要探讨的是，奥古斯丁对实指教学的强调，能否很好地描述孩子接受这些进一步的语言技艺训练的过程。

一个孩子在学这种扩充了的语言时，得背下一串数字，而且说出它们的时候，总得按同样的顺序，一个不漏。他还得学会，如何用这些数字下达命令、回应命令，于是，数字的使用便以适当的方式，同非语言行为绑在了一起。维特根斯坦承认，实指教学可以在这里派上用场。例如，师傅可以指着一些板，并这样来数：“a、b、c块板”，而且，他也可以只通过用手指并说出“b块板”“c块板”等等，来教前六个数字，这些数字所描述的是可一览无余的一组对象。可是，“那儿”和“这个”这些词，能否被实指地教会呢？假如孩子以为“那儿”和“这个”描述的，是一个地方或者被指着的一个东西，那么，他就没有理解这些词的功用。奥古斯丁的那幅过于简单的意义图像引出了这种观念：实指教学提供了语言习得过程的一个模型。然而，一旦意识到，即便在这种非常简单的语言游戏中也存在语言技艺的多样性，我们就可慢慢看到奥古斯丁是在以偏概全，而事实上，以语言进行的训练就像构成它的技艺一样纷繁复杂。

维特根斯坦现在问：“这种语言的词语指代什么？”（*PI* §10）
50 这类问题会促使我们将语言从其用法中抽象出来去思考，从而形成关于它如何起作用的错误图像。所以，维特根斯坦做出回应的方式是对这一问题提出质疑："如果不是它们的那种用法，还能有什么可以表明它们指代什么呢？而我们已经对此做了描述。"（*PI* §10）我们在问"这种语言的词语指代什么？"时，就有了关于所要求的回答之形式的一种特殊观念，这种观念与关于指着由一个词指代的对象的观念联系在一起。但我们看到，表明一个词的重要性的，是它的**用法**，而不是可被指着的一个对象。即便如此，欲行概括的愿望，仍会促使我们寻求用于说明表达式之意义的标准形式（canonical form）；这种标准形式，就因为是一般可应用的，才仍会让我们以为它抓住了意义的某种本质。于是，维特根斯坦接下来便要表明这种关于标准形式的观念是怎样地空洞无物。他并不说没有这样的标准形式，而是先假定，我们**可以**沿着"这个词指代**这个**"或者"××词指代××物"这样的思路来构建一种标准形式，然后再表明，这样做的所得是多么少。

首先，尽管"'板'指代**这个**对象"这句话，可以区别开"板"（相对于"砖"）所指称的建筑材料的形状，但它并不能指明关于"板"一词如何被实际使用的任何情况。使用该词的技艺，纯粹是在这种标准描述中预定下来的。因此，这种标准描述并不能让我们更接近意义的本质，因为在一个语言游戏中使用名称的整个参照系统，不是被描述出来的，而是被预定下来的。其次，尽管在某个特定的误解情形中，"'a''b''c'指代数字"这句话，会告诉我们这些词并不像"板"和"砖"那样起作用，但是，援用标准形式并不足以让这些不同类型的表达式在意义上更为接近。我们已经看到，这些词的功用完全不同，而将它们纳入同一模式，根本无助于确立一种可视作意义之本质的共同特征："如此将关于词的用法

的描述统一划齐，并不能让这些用法本身彼此更为类似。因为我们
51 都已看到它们绝对是不一样的。”（*PI* §10）想要构建一种标准形式去说明表达式的意义，结果是什么也得不到；实际上，这只会让完全不同的表达式看起来更为相似。

维特根斯坦拿工具箱里的工具的不同功用，来比喻语言中表达式的不同功用。这一比喻所强调的，乃是语言的实际用法、语言之嵌入更广的活动以及关于某一技艺的训练与掌握的观念，而这种强调对于维特根斯坦逐步置于我们眼前的那种语言景观而言，绝对是最为关键的。这一比喻凸显了语言的日常性，集中展现了它在我们生活中发挥的实际作用的平凡一面，从而也让语言看起来不那么“轻飘”了。这一比喻也极力反对我们寻求语言的表象本质的愿望，因为我们根本不觉得需要去说明一把工具何以成为一把工具，或者去描述工具的共同本质。让一把工具成为一把工具的，就是它**被用作**一把工具，而每一种工具以其特有的方式被使用。由工具比喻凸显出的那些语言侧面，之所以在我们做哲学时会不被注意，恰恰是因为，我们倾向于并非在语词被应用或被使用的时候去思考它，而是在它们被写下或被说出的时候，脱离开其实际用法或应用去思考它。但是，脱开其应用，所有语词都看似完全具有意义，而这便诱使我们认为，它们必定全都是以完全相同的方式被弄成有意义的。

维特根斯坦针对《哲学研究》8中的经过扩充了的语言，还提出了这样的问题：颜色样本是否应视作这种语言的一部分？显然，要说它们应被如此看待，肯定有违奥古斯丁式的图像，因为在那里，样本会被当成“红色的”一词所意指的东西，从而会被摆在“世界”或“意义”一边，而不是被摆在语言一边。维特根斯坦的

评论一直极力反对的就是这样的观念，即意义就在于词语和对象之间的关联，或者，就在于词语和意义之间的对立的一般观念。在考察《哲学研究》1、《哲学研究》2和《哲学研究》8中的简单语言游戏时，我们已开始根据说话者在他们活生生的日常生活中所援用的技艺来看待语言了。就颜色样本构成了说话者在做出指令的过程 52
中所使用的工具而言，维特根斯坦提出，把它们视作语言的部分是合适的："把样本算作语言工具，最自然不过了，也不会引起多少混乱。"（*PI* §16）

这么看来，维特根斯坦对奥古斯丁的批判，似乎不过是主张语言不只是由对象的名称构成，而是包含着种类繁多的表达式，其中的每一种都以不同的方式发挥作用。这会让人想起，维特根斯坦认为奥古斯丁的错误只在于太过片面，而他理解语言之结构和功用的总体路径并没有错。要是这样的话，维特根斯坦的批判就得看作是要促成这样一项计划，那便是：对我们语言表达式的不同范畴以及与之相关联的不同技艺进行系统分类。维特根斯坦在《哲学研究》17中清楚地表明，他拒绝任何这类计划。他说，我们可以心怀某个特定的目标，并为着某种特殊的目的把词语进行归类，但他又含蓄地说，任何这样的归类都不应视为揭示了语言的固有结构。所以，他对奥古斯丁的批判中，没有任何东西可被恰当地当成是要去表明，存在着关于不同种类表达式的正确分类。

维特根斯坦关注的那些表达式间的区分，亦即，仅当我们察看表达式的**用法**时才能看清的那些区分，之所以会被引入进来，是要实现一个非常独特的哲学目标，那便是将其树为一个对立面，以抵制那些企图通过将语言从其用法中抽象出来并将其运作过程理想化、简单化来思考语言的倾向。因此，不能把维特根斯坦构造的那些事例当作一种萌芽中的理论的草图，这种理论可本着他的研究的固有精神，发展成某种精确的或系统化的理论；他对这些特殊的具体事例的兴趣，全部倾注于它们对于克服特定的哲学混乱、抵制欲行概括的冲动所发挥的作用上了。因此，他一直努力警告我们避免陷入这种类型的独断论：一旦我们试图将本用于对使用语言的实践做出特定解释的那些例子和类比提升为关于语言本质的全面解释，这种独断论便会滋生出来。

53 维特根斯坦接着又表明了一系列重要看法，这些看法关乎他所描述的那些简单语言游戏与我们自己实际参与的语言游戏之间的对照。他指出，我们可能会觉得，《哲学研究》2中的语言游戏及其扩充版本不可能是完整的语言，因为它们仅由命令构成。维特根斯坦反问道：我们的语言是否就是完整的呢？在现代科学的高度专门化的新概念引入之前，我们的语言完整吗？这显然引出了许多重要的问题。首先，存在的一个问题是：完整语言的观念有没有意义？

在《逻辑哲学论》中，维特根斯坦坚持认为逻辑构成所有表象的本质：逻辑是所有表象系统共同拥有的东西，在这些系统中，我们表达出可通过将其同实在相比照而判断其真或假的命题。因此，“给出命题的本质意味着给出所有描述的本质”（*TLP* 5.4711）。一旦我们用于表达判断的某种语言被给定，逻辑也就被给定了。因此，“任何一种正确的记号语言都必定可翻译为任何别的记号语言”（*TLP* 3.343）。这反过来又引出这样的看法：“假如给定所有基本命题，则世界便被完全地描述了。”（*TLP* 4.26）维特根斯坦早期观点中的独断论是显而易见的。不过，我们可以将其追溯到一幅具有直观吸引力的语言图像，即这样的观念：所有语言必定包含着一种表象性的内核，因为正是这种内核构成了它们同世界的实质关联。

维特根斯坦早已放弃了《逻辑哲学论》的表象理论。他举出的例子为我们提供了这样一幅语言图像：语言就是说话者在日常生活进程中所使用的一套工具或技艺。这幅图像不是以一种新表象理论的形式提出的，而是被当作一种察看语言的方式——“一个比较的对象”（*PI* §131）——这种查看方式，抵御着独立于其在人类活动的背景中被使用而企图将语言视作一个表象世界的系统的诱惑。但是，就他将我们从语言作为一个必定同其他表象世界的系统拥有共同本质的表象系统的图像中解救出来，并转而将其视作由在我们 54
的实践活动中使用的不同技艺构成的混杂物而言，语言的完整性这一观念已没有什么意义了。

没有任何本质性的结构或功能，可作为界定完整性观念的参照物；说起一种完整语言，也就跟说起一个完整的工具箱差不多。构成一种语言的那些技艺，其要点源自语言使用者的生活中围绕它们而发生的一切，而并非源自关于表象**必定**在于什么的一种抽象的、理想化的构想。新的技艺出现了，别的一些技艺消失了，而这一切的发生，不是由于语言本质所加的任何强制，而是出于使用这些技艺的人们的目的和需要。维特根斯坦把作为变动中的技艺混合物的语言比作一座城市（*PI* §18），在这里，古老的街道不断被扩建，现有的东西也在不停地变动；完整性观念在这里根本就不适用。

其次，说维特根斯坦所描述的简单语言游戏是不完整的，这恰恰表明，我们多么想从自身语言的视角去判定这些语言游戏。从我们语言的视角来看，这些简单语言游戏似乎确实是不完整的。然而，我们从不会认为我们自身的语言是不完整的，尽管其符号系统会以各种不同的方式发生变化。在现代化学和其他科学的符号系统被引入之前，我们的语言也不会让使用者感到它是不完整的。由于无论说语言完整还是说它不完整，都没有意义，所以，说一种语言比另一种更完整或更不完整，也没有什么意思。我们的语言不是因为更加接近某个理想的或完备的符号系统，而优于维特根斯坦所描述的那些语言游戏；它只是更丰富、更复杂一些而已。像完整性概念一样，不完整性概念也归属于关于表象之本质的观念，归属于语言**必定**会做的某种事情的观念。

正是在这里，维特根斯坦引入了生活形式的概念："想象一种语言，就意味着想象一种生活形式。"（*PI* §19）语言作为生活形式
55 的观念，就像语言游戏观念一样，是要同作为抽象记号系统的语言观念形成对照；它也是要凸显这一事实：语言被嵌入了一个重要的非语言行为的视域中。因此，正如"语言游戏"这一术语是要激起关于在说话者的非语言活动中被使用的语言的观念，"生活形式"这一术语是要激起这样的观念：语言和语言交流被嵌入了活生生的人类主体的群体生活中，这些生活具备意味深长的结构。维特根斯坦这里所使用的生活概念，不是指生物学意义上的生活，也不是指一个特定种群的、非历史意义上的生活。确切地说，生活形式的观念适用于由个体组成的历史群体，这些个体由于一套复杂的、融入语言的共同实践而组合成一个共同体："下命令、问问题、讲故事、聊天，就像走路、吃饭、喝水、玩耍一样，是我们自然史的

一部分”（*PI* §25）。这些实践基于生物学意义上的需求和能力。然而，就这些需求和能力需借助一套错综复杂而又具有历史特殊性的语言游戏才能满足和施展、才能改变其形态而言，我们人类的生活形式，本性上乃是**文化的**（而非生物学的）。去分享或理解由单个人组成的某个群体的生活形式，就意味着掌握或理解对其独特实践必不可少的那些错综复杂的语言游戏。维特根斯坦以“生活形式”概念所强调的，正是语言和将一个共同体维系起来的那套复杂的实践和活动系统之间的至关重要的联系。

在奥古斯丁关于我们何以掌握语言的解释中，包含着这样的观念：孩子内在地拥有一种完整的或结构化的人类意识，这种意识在孩子习得语言之先就已存在。奥古斯丁认为，孩子习得语言是要表达内心已有的思想和愿望。相反，维特根斯坦之主张语言概念内在地关联于生活形式概念，则向我们表明：成熟的人类主体，是随着其生活在不断获得更复杂的新语言游戏的过程中被结构化，才慢慢出现的。在掌握一种语言的同时，孩子进入了一个社会性的实践世界，这一世界的结构不只是基于一些概念，而且还基于必定会涉及语言之用法的那些行动和反应方式。人类主体无论作为意识还是 56
作为躯体，都不是绝对的存在，而是发展或进化的结果。在这一过程中，人类主体获取愈益复杂的生活形式，而构成其生活世界的现象，也因此变得更为丰富、更加复杂。维特根斯坦在下一个话题中会进一步探讨这样的诱惑：无视我们生活形式的可辨识结构，反倒要诉求于被当作构成语言之本质的内在状态。

意义与用法

维特根斯坦接下来在《哲学研究》19中提出这样一个问题：《哲学研究》2语言中的“板!”的意义，是不是和我们的“板”这个词或者“板!”这个**省略句**的意义一样？他指出，它不可能与我们的“板”一词的意义相同，因为《哲学研究》2语言中的“板!”是一个完整的呼叫。但是，如果“板!”必须被看作一个完整句，它肯定不可能等于我们的省略句“板!”，因为后者乃是我们的句子“递给我一块板”的**缩略**，而《哲学研究》2的语言，并不包含任何与这个较长句子对等的东西。于是便出现了这样的问题：既然“递给我一块板”这个句子从未被涉及，而且在“板!”作为其一部分的语言游戏中根本就不存在，我们又有什么理由把《哲学研究》2中的“板!”看作它的缩略呢？他反问道：我们为什么不应当把“递给我一块板”看作“板!”这个句子的**拉长**呢？

这里，诉求于某种固有的内在结构——真正由“板!”表达出的思想——的诱惑是非常强烈的。因为我们想说，《哲学研究》2语言的使用者在发出“板!”这声呼叫时，**真正要表达的意义**是：“递给我一块板。”我们觉得，隐藏在说话者话语背后的思想或意义或意图，只有用更完整的句子才能适当地或者合乎标准地表达出来。正是出于这种考虑，我们才会说“板!”乃是“递给我一块板”的缩略，即便这个较长的句子在《哲学研究》2语言中并不存在。“板!”的缩略被认为是**绝对的**，因为，存在于说话者心灵中的意义本身具有某种只能由较长句子表达出的复杂性。这种思想肯定包含着对《逻辑哲学论》的回响，在那部著作里，命题的逻辑形式是某种必须经过分析揭示出来的东西，分析则被视作揭示由一个句子表 57
达的命题（思想）的固有逻辑形式，而这种逻辑形式必定已经呈现在把握到这种思想的人的理解中了。但是，更一般地说，上述思想透露出的是这样一种诱惑，即把意指和意图看作带有某种表象内容的内在状态，而这种表象内容可以只是松散地同语言表达相关联。

现在，维特根斯坦开始质疑这种关于隐藏在表达式的实际使用背后的、带着表象内容的内在状态的观念。于是，当对话者声称“如果你喊‘板!’你的真实意思是‘递给我一块板’”时，维特根斯坦问道：“可是，你是怎样做到这一点的呢？你是怎么在**说**‘板!’时**意指那种东西**的?”“递给我一块板”，在什么意义上，揭示出了一名说话者说“板!”时所意指的东西的真实形式呢？说话者在说出一个简单的句子时，何以能意指更复杂的句子呢？他所具有的思想，或者他说“板!”时所意指的东西，怎么就具备了这种额外的复杂性呢？维特根斯坦问道：“你对自己说那个未经缩略的句子了吗?”答案很明显：并非如此。那么，我们为什么会觉得，必须把“板!”翻译成另一个句子，以说出某人用它表达的意义呢？为什么说某人在说“递给我一块板”时，实际意指的是“板!”，不可能是同样正确的呢？对话者回应道：“可是，我在呼叫‘板！’时，我想要的就是，**他应递给我一块板！**”维特根斯坦回答说：“当然，但是，‘想要这个’就在于，以这种或别种形式思考一个不同于你说出的句子吗？”（*PI* §19）

维特根斯坦又提出这样的问题：是什么让“递给我一块板”这个句子比“板！”这个句子更复杂？难道不能把“递给我一块板”这个句子，作为一个长单词说出来吗？例如，一个外来人难道不可能在听见这个命令时把它当成一个长单词吗？是什么东西表明了这个句子（“Bring me a slab”）由四个词而不是一个词组成？维特根斯坦指出，我们把这个句子当成是由四个词组成，只在于我们把它同我们语言中其他可能出现的句子**相比照**来使用，例如，“递给**他**一块板”（“Bring *him* a slab”），或者“递给我**两块**板”（“Bring me *two* slabs”），等等。他接着问，把这个句子同这些其他句子“相比
58 照”使用是什么意思。在我呼叫“递给我一块板”时，这些句子肯定并没有盘旋于我的心灵中。他接着写道：

> 不。即使这种解释十分吸引我们，我们还是要停下来想一想实际发生了什么，以便看清我们这里已走上了歧途。我们说，我们是参照其他句子来使用这一命令的，因为**我们的语言**包含着这些其他句子的可能性。
>
> （*PI* §20）

因此，并不是他说出这句话时发生在他心灵中的事情让他有理由将其当成由四个词组成的。令他将其当成四个词成立的，乃是他熟练掌握的那种语言的语法可能性。维特根斯坦接着这样写道：

> 你下这个命令时，内心里发生了什么？你说出它的**同时**意识到了它是由四个词组成的吗？当然，你对这种语言——它也包含这些其他句子——**有一种掌握**，可是，“有一种掌握”是在你说出这个句子时所“**发生**”的事情吗？
>
> （*PI* §20）

这一问题触及我们所面对的这种诱惑：以为将我们以一种方式而不是以另一种方式意指（或理解）我所发出的声音——比如，将“递给我一块板”当成四个单词或者当成一个单词——区分开来的，必定是当时出现在心灵中的某种东西。于是，对这两种意指的心灵状态的区别进行说明，便被视作这样一件事情：识别在心灵中出现的某种东西并为这种区分提供依据。参照出现于主体心灵（或大脑）中的东西去说明意指或理解的区别的诱惑，构成了维特根斯坦的研究所针对的主要目标之一，而他是这样引入对这种诱惑的反对的：

> 我承认这位外来人要是以不同的方式设想这句话（是一个词而不是四个），或许他会说得不一样；但是，我们说他的 59
> 构想错了，而这种错误并不在于伴随着这一命令的发出的任何东西。
>
> （*PI* §20）

维特根斯坦这里是想引导我们不在**伴随着**这句话的说出的

东西中，而在**环绕着**它的东西中，去找寻为把“递给我一块板”（“Bring me a slab”）这个句子当成四个而不是一个单词提供根据的东西。

于是，他引入了这样的观念：并不是任何在那一刻出现的东西，或者存在于说话者心灵中的东西，决定了他把它看作四个而不是一个词。例如，我们可以设想在把这个句子看作一个词的外来人的心灵中，与在把它看作四个词的本地人的心灵中所发生的恰恰是同样的事情。为理解本地人和外来人之间的这种区别，我们不应当察看出现在说话者心灵中的东西，而应当察看说出这些词的背景，也就是察看并非伴随着它们的说出，而是构成其上下文的某种东西。例如，就是这样的事实：本地人经过了某种训练，而由于这种训练，他掌握了用英语发出并服从命令的实践操作，而且在这项实践中，存在着“递给我一块板”“递给我两块板”“递给他一块板”这些命令之间的区分，如此等等。本地人与外来人之间的差别不在于说出这句话时出现在心灵中的东西，而在于构成其背景的实践训练。因此，他试图表明，像意指、理解、意图等这样一些心理学概念并不描述出现在主体心灵中的状态或过程，而是同在训练过程中获得的，并在说话者复杂的生活形式中表现出来的那些能力关联在一起。

维特根斯坦接下来又重提缩略问题。是什么东西让我们说“板!”乃是“递给我一块板”的缩略？他表明，并不是因为它是伴随着“板!”的说出的那种思想的缩略形式，而是因为，**在我们的语言中**，“递给我一块板”代表着一种范式。对话者当时提出如下问题：“你同意缩略句和未缩略句具有同样的意思。——那么，这一意思是什么？这种意思难道不能用口语表达出来吗?”（*PI* §20）但这又一次将意义当成了不同于表达式用法的东西，当成了静态的东西，当成了类似于出现在说话者心灵中的某个句子的东西。维特根斯坦以这样的方式做出回应：将我们的注意力从说意义在于什么的企图上挪开，并转到说话者的言语在更广的建筑活动背景中的用法上来。因此，只要“板!”和“递给我一块板”这两个句子在一个更广的语言游戏中共有一种用法，或者发挥同样的作用，就可以说它们具有相同的意思。我们不再将这种意思当成伴随着言语的说出的某种内容，而是被引导去关注在人类活动的背景下、在特定的场合中，这些句子在我们的语言实践中所发挥的功用。

在《哲学研究》21中，维特根斯坦进一步探讨了某个陈说（an utterance）的背景在确定它所意指的东西时所发挥的作用。具体做法是考虑这样的问题：是什么东西使得说出“五块板”这组词的人是想发出一个命令，而不是做出一个报告？他再次表明，使得说出这组词是想做某件事而不是另一件事的，既不是伴随着这组词的陈说的任何东西，也不是为这组词被说出的方式所固有的任何东西（尽管这种方式在每一情形下会各不相同）。我们可以设想，命令和报告是以完全相同的语调做出的，而“对这些词的使用”仍然是不同的。使用这组词的“用法”这一概念，是想唤起“五块板”的这次陈说嵌入其中的整个行为背景，而维特根斯坦也是想把这一概念同这组词被说出的那一刻说话者心灵中所发生的任何事情相对照。因此，说“五块板”被当作一个命令和被当作一个报告之间的区别有赖于背景，或者依赖于这组词被交织于说话者所做的其他事情中的方式，就是要表明：并不是说话者心灵中伴随这组词的说出的某种东西，决定了这组词被用于意指什么。宁可说，是环绕着这组词的说出——对这组词的使用——的东西，让它们的说出成为一道命令或一个报告。正是“说出这些词在语言游戏中所起到的作
61 用”（*PI* §21）——语言的用法嵌入其中的独特活动型式——而不是这些词的说出所固有的东西，或者伴随着它们的说出的东西，为命令和报告的区分提供了依据。

主张正是说出一个句子在语言游戏中起到的作用，决定了它的说出构成了一道命令还是一个报告，这显然有悖于如下这个观念：命令与报告之间的区分基于该句子的如此这般的形式特性，或者，一个句子所具有的那种意义以某种方式为它所固有。我们对句子间的这种形式的、表层语法的差别的强调，导致哲学家们假定，存在着对应于三种基本句型的三种基本语言活动——断言、疑问和命令。维特根斯坦如此回应这种分类法：他要求我们查看我们使用句子的无限多种不同的方式。当我们察看句子如何被使用时——察看我们用句子玩的那些语言游戏时——我们所面对的可不止三种用法类型，而是无限多种：

> 有无数种（句子）：有无数种我们称之为“符号”“词语”“句子”的不同用法。而且，这种多样性并非一成不变的；我们说，新的语言类型、新的语言游戏不断涌现，而其余的一些则过时了，被遗忘了。
>
> （*PI* §23）

维特根斯坦强调，要从将语言视作一种算法或一个有意义

的句子系统，转向对语言在我们生活中所起的作用的思考，作如是观：

> 这里用“语言游戏”这一术语是想凸显这样的事实：**说**一种语言，乃是一种活动或者一种生活形式的组成部分。
>
> （*PI* §23）

语言被编织进了无数活动之中，而这些活动构成了我们的“生活形式”。人类所从事的几乎所有活动都同语言的使用相关，或者，都奠基于其中；我们的生活形式处处打满了语言用法的烙 62
印。我前面说我们的生活形式根本上是文化的，所表达的正是这个意思。学会我们的语言，或者参与进我们的生活形式，同掌握无数种语言游戏密不可分。在《哲学研究》23中，维特根斯坦给出了构成我们生活形式的这串长长的、显然并不完整的各具特色的语言游戏清单：

> 发布命令，和服从命令——
> 描述一个对象的外观，或者提供有关它的测量结果——
> 由一种描述（一幅画）构思一个对象——
> 报告一个事件——
> 思索一个事件——
> 构造并检验一个假说——
> 将一次实验的结果用表格和图形表示出来——
> 编写一段故事；并把它读出来——

演戏——

唱歌——

猜谜——

编个笑话；把它讲出来——

解一道数学应用题——

把一种语言翻译成另一种——

提问，致谢，诅咒，问候，祈祷。

这些便是我们学习语言时学会做的事情；学会我们的语言就意味着被同化，亦即，参与进由使用语言的活动构成的一张巨大网络。这种关于语言习得过程的丰富构想，迥然不同于奥古斯丁关于语言学习的贫乏观念，而正是他关于语言作为有意义的记号系统的构想，使得这种观念几乎难以避免。将语言从其用法中抽象出来加以探讨，导致我们忽略或误解我们在掌握语言时所参与进去的语言游戏的丰富多样性。哲学家们以为，使用语言时表现出的这种多样性，对于其本质而言是附属性的；他们并不认为，语言的结构和功用是同它在其用法嵌入其中的那些复杂活动中的作用密切联系在一
63 起的，或者，理解语言是同参与这些活动的能力紧密联系在一起的。维特根斯坦认为，语言的结构和功用，只能在它嵌入说话者的活生生的生活时被**就地**揭示出来，而这便承认了语言的这些不同用法乃是它不可或缺的构成部分。我们所关注的是语言的实际用法所揭示出来的东西，而不是我们将它从其应用中抽离出来加以思考时会倾向于说的东西；正是我们实际用语言所做的事情，向我们表明了它是如何发挥作用的。

在《哲学研究》24中，维特根斯坦明白告诫我们要警惕这样的危险，即对语言采取一种过于狭隘的观点，忽视它们表现出的大量文化景观。他指出，就是因为忽略了语言游戏的丰富多样性，我们才被引诱去问类似“什么是一个问句?”这样的问题。我们被引导去寻求作为一种单一的、可辨识的语言形式的问句的本质，以为可尝试着去模拟或表达这种本质。那么，我们就来考虑一下各种涉及疑问的语言游戏：

测试一名学童的历史知识。

玩“二十问”游戏（playing twenty questions）。

审讯一名杀人嫌疑犯。

对一个熟人说“你好吗”。

向某人求婚。

请求涨工资。

心理分析师的问诊。

婚礼上的问语。

我们这里看到的是极为不同的实践或语言游戏，其中每一个都会唤起一种复杂的文化场景。维特根斯坦就是要把我们的注意力引向存在于这些复杂的文化现象之间的区分，因为人类语言现象的真实复杂性就是在这些区分中揭示出来的。上述每一个语言游戏均用到同一种表面语法结构——这一事实并不能把这些悬殊的实践彼此拉得更近一些。关注这种表面的相似性，反倒会让我们看不清实际揭示出语言现象之本质的那些差别。我们不是去观察那些在我们 64

的各种语言实践中明摆在眼前的差别，而是去搜罗这么一头怪物：问句的本质。

维特根斯坦要我们关注的这些差别，并不是附属于语言的，因为我们对语言的理解密切相关于我们理解并参与所有这些复杂语言游戏的能力。只有在把语言从其用法中抽象出来之后，我们才会被引诱去忽略我们实践中的差别，去追寻断言、疑问、命名等的本质；因为一旦把注意力放在时空中的语言现象上，我们就能看出所观察到的语言游戏间的区分跟我们构造出的抽象范畴根本搭不上关系。哲学家想着去构建关于意指、命名、断言、疑问等的本质的解释，这不只是“让我们去搜罗怪物”（*PI* §94），而且也让我们忽略了真正的区分和复杂性，而只有当我们在语言于平常使用它的实践中发挥作用时观察它，这些区分和复杂性才能被揭示出来。

实指定义

维特根斯坦再次捡起早先那个奥古斯丁式主题：学习语言，本质上就是学习把名称赋予对象。我们前面所进行的这种研究，已渐渐促使我们不再把命名看作在记号和对象之间建立心理关联，而是从语言游戏中所用到的一种语言技艺的角度去看待命名活动。理解“板”“砖”之类的名称，就是掌握在建筑活动中使用它们的语言技艺。在《哲学研究》26中，维特根斯坦这样问道：

> 再说一遍——命名就仿佛是给一样东西贴上标签。可以说，这是为使用一个词做准备。可是，它是**什么东西**的准备呢？

这一问题更为切近地关注了使用一个名称、将其应用于一个 65
语言游戏的那种特定的语言技艺，同最初的命名活动（或者，给一样东西贴标签）之间的关系。在接下来的讨论中，维特根斯坦不仅想要表明我们关于命名的图像过于简单化了，而且想让我们看清，我们把它看作本质上的理智或精神活动是错误的。

在《哲学研究》27中，维特根斯坦写道：“‘我们给事物命名，然后我们便可以谈论它们：可以在谈论中指称它们。’”这句话表达了我们的这种倾向，即用非常简单的或原始的术语去设想命名活动。这还不容易？我们就这么给事物命名，然后便可以用这个名称去谈论它们。使用这个名称所起到的作用，或者使用这个名称所用到的技艺，被描画为是由简单的指物与重复名称的活动清楚地表现出来的。可是，这一名称的作用、使用它所需的技艺，是在命名活动中被给予的吗？假如我们想通过指着一个适当的对象并重复这个名称来定义“NN”“三”“桌子”“红的”“正方形”之类的词，那么，所谓“接下来谈论”这些事物——使用这一名称的技艺——在每一情形下显然是大为不同的。

在一种情形下，这一名称只被用于指代一个特定对象；在另一情形下，它可同任何一类对象关联起来使用，只要它属于一个有特定数目成员的组群。在一种情形下，它被同某类对象关联起来使用；在另一种情形下，它又在同某个对象的可被不同种类对象共同拥有的一种性质的联系中被使用。如此等等。那么，最初那个实指地定义一个名称的活动——在指着一个对象时说出这个名称——如何同这些极为不同的语言技艺关联起来呢？在把命名描画为类似于给事物贴标签时，我们是在集中关注一个核心情形——给人或事物命名的情形——却忽略了我们的各种语言游戏的复杂性；只有将注意力转向使用中的语言、转向应用语言表达式的不同方式，我们才开始把最初形成的、关于单纯命名活动的图像，视作让人误入歧途的过于简单化。

维特根斯坦并不怀疑我们可以实指地定义“一个专名、一种颜色的名称、一种材料的名称、一个数字、罗盘上的一个点的名称等等”（*PI* §28）。可是，一旦给定每一情形中所涉及的语言技艺——应用的类型——之间的明显差别，便会出现这样一个问题：实指定义（表现为：在所有情形中指物并说出一个词）同使用被定义词的技艺之间如何建立关联？维特根斯坦并不是想表明实指定义在哪一点上出了毛病：“‘那就是“2”’——指着两个坚果——这一关于数字2的定义是完全准确的。”（*PI* §28）但是，他要求我们更仔细地察看在以此种方式定义数字2时实际涉及的是什么，并以此为手段，去对抗我们形成关于命名过程的过于简单化图像的倾向： 66

> 可是，怎么可以这么来定义2呢？我们为其提供了这个定义的那个人，并不知道我们要称之为“2”的是**什么**东西；他会以为“2”是赋予**这**组坚果的名称！——他**会**这么以为；但他或许也会不这么以为。他也会犯相反的错误；在我想赋予这组坚果以名称的时候，他会把它理解为一个数字。他同样还会把我以实指定义的方式赋予某个人的名字，当成一种颜色的名称，一个种族的名称，甚至罗盘上一个点的名称。
>
> （*PI* §28）

指物并说出一个词的动作，让使用这个词的技艺处于未定状态。存在着许多不同的语言技艺，也存在着应用我们实指地定义的某个表达式的许多不同方式，而我们在重复一个表达式时的指物动作，会让所用到的是**哪种**技艺、所涉及的是**哪个**语言游戏，处于未知状态。“那就是说：一个实指定义在**每**一情形下均可做不同的解释。”（*PI* §28）这里，可以提出这样的反驳：我们可通过说（比如）“这个**数**叫‘2’”“这种**颜色**叫‘深褐色’”等等，来澄清我们正实指地定义的这个词的作用。“数”和“颜色”这样的词可用来表明“我们在语言中、在语法中，给这个词指派什么样的**位置**”（*PI* §29）；也就是说，这种位置让我们正定义的这个词的作用清晰了：它被用作一个数的名称，或者一种颜色的名称，等等。

67 然而，这并不能解决我们一开始碰到的那个有关命名的行为与我们接下来将该词应用于其中的语言游戏之间的关联的问题。因为我们的反应预先假定了：听到这一定义的人业已掌握了与“数”或“颜色”这些词相关的语言技艺。假如他没有掌握这些技艺，则这些词也需要加以说明，而这里又会出现同样的问题：这些词的定义如何同对它们的应用关联起来？我们是如何定义这些词的？这些定义难道不可以做不同的解释吗？这一点慢慢变得清楚起来：我们对教某人某物的名称究竟是怎么回事，没有非常清晰的概念。确实存在如下两个事实：其一是，实指定义通常会成功地定义一个词；其二是，一旦出现误解，总可以通过使用一个让被定义词所要发挥的作用明白起来的词，去消除这些误解。但是，这两个事实却掩盖了这样的事实，即我们并不十分清楚：听到并理解一个实指定义，到底涉及了哪些东西。

我们如何知道一个实指定义是不是成功了呢？我们如何知道，指着两个坚果说“这就叫‘2’”是不是就够了呢？或者，我们需不需要说“这个**数**叫‘2’”呢？维特根斯坦指出，这“有赖于缺了它对方会不会以不同于我所希望的方式对待这个定义。而这会有赖于它被给出时的情境，以及我把它提供给了谁”（*PI* §29）。但是，我如何知道某人是否“像我希望的那样”对待一个定义呢？维特根斯坦接着写道：“而他如何‘看待’这个定义，是在他对被定义词的使用中被看出来的。”（*PI* §29）能表明这名学童如何对待这一定义的，并不是他听到这一定义时发生了什么，而是随后发生了什么，亦即他接下来怎么使用被定义的这个词。某人如何赋予一个定义以意义，或者，如何理解这个定义，这并不关乎他给出或听到它时在他心灵中发生了什么，而只关乎他对这个被定义词的使用。如果学童接下来正确地——像他的老师那样——使用这个定义，那么，他便像老师所希望的那样对待它了。

然而，下述问题依然悬而未决：学童是如何得以逐步理解“这叫作‘2’”或“这个数叫作‘2’”这样的定义的呢？假定我们接受这样的说法：当“一个词在语言中的总体作用是清楚的时候” 68
（*PI* §30），一个实指定义便可成功地表明该词的用法。这里仍存在这样的问题：一个词的作用“是清楚的”到底是什么意思？何为在语言游戏中把握一个词的作用？一名学童是如何得以把握被实指地定义的词的作用的？我们依然弄不明白，知道一个词的作用，是什么意思。“我们要能询问一物的名称，就得已经知道（或能够做）某件事情。可是，我们得知道的是什么呢？”（*PI* §30）

为帮助我们更清楚地了解某人得知道的是些什么，维特根斯坦要我们考虑：当“这个是王”这样一个定义与学习下棋的活动关联起来被给出时，是什么让某人得以理解这个定义的。他给出了两种类型的事例，在这里，为理解这一定义所必需的背景全都有了。在第一种情形下，这项游戏的规则和目的均已给某个学棋者解释过，或许还借助了示意图。他掌握了这些规则，现在要教他哪一种棋子是王，或扮演王的角色。在第二种情形下，某人只是通过观棋和实战学会了弈棋规则，而从未直接学过这套规则；假如现在给他一套形状怪异的棋子，他也能理解“这个是王”这一定义。在这两种情形下，这个实指定义之所以成功，是因为这名学童实际掌握了弈棋规则，从而，王在下棋游戏的整个实践中的“位置”也已经被掌握或理解了，而这名学童此时就是在学习哪种形状的棋子在游戏中扮演着特殊的角色。

这显然是就实指定义语词的情形所做的一个类比。“在这里，这枚棋子的各种形状对应于一个词的发音或词形。”（*PI* §31）换言之，正是在一个人已经掌握了使用那些构成我们语言游戏之技艺的实践的时候，他才能理解一个实指定义，或者说，他才能询问某物的名称。“这是什么颜色?”“11后面的数是什么?”“那是谁?”以及诸如此类的问题，均分别假定我们掌握了命名颜色的技艺、
69 数数的技艺和给人取专名的技艺。要理解“这个（颜色）叫‘红色’”“这个（数）叫‘2’”或者“这个（人）是路德维希·维特根斯坦”，同样得假定我们实际掌握了这些技艺。

大多数情况下，我们学会母语的语言技艺是通过类似于维特根斯坦所描述的第二种情形的那些方式：靠观看和实际操练，亦即借助于维特根斯坦在《哲学研究》6中所描述的那种在语词使用方面的实指教学和训练。不过，一旦我们实际掌握了这些语言技艺，便可来到一个陌生的国度并借助于实指定义学习当地人的语言。我们可以应用对我们自身语言的这种实际把握去理解，或偶尔猜测当地人实指地定义的那些词的意义。这些猜测时对时错，而能表明这

一点的是，我们接下来能否按这些被定义词在当地人语言游戏中的作用去实际**使用**它们。

维特根斯坦指出，奥古斯丁描述孩子学习第一门语言的过程时，仿佛把他当成了一名进入异邦的外来人。他尚未理解异邦居民的语言，但他却已掌握了构成实际使用语言之能力的语言技艺："仿佛他已经有了一种语言，只不过不是这一种。或者说，仿佛孩子已经会**思考**，只是还不会说话。而'思考'的意思类似于'跟自己交谈'。"（*PI* §32）因此，无论从什么意义上断言奥古斯丁提供的关于语言习得的解释以某种方式**说明**了我们是如何学会语言的，都将被证明是虚幻一场。因为这幅图像实际已预先假定了它要解释的东西：它假定孩子掌握了一些提供必要背景的技艺，使他得以理解大人在指物并发出声音时表达的是什么意思。奥古斯丁提供的这幅关于语言习得的图像之所以会吸引我们，只是因为使用语言所需的那些实际技艺（practical skills）太司空见惯了，我们在做一般解释时就理所当然地把它们假定下来了。我们没有看清的是，正是我们在解释时视为当然的这些技艺才真正需要仔仔细细地加以描述；我们得以理解语言如何起作用，不是借助于某个关于语言习得的思 70
辨模型，而是通过关注于说话者掌握使用表达式的各种技艺、掌握构成语言的各种语言游戏究竟包含些什么。

设想有人在这里提出反对意见说：孩子无须掌握语言技艺以理解实指定义，只是需要**猜测**给出定义的人正指着的是什么。假如孩子猜出给出定义的人所指的东西，那么便可确定"继续下去并谈论"该名称所标明的事物是怎么回事儿；也就是说，这将确定下来该名称在语言游戏中的作用。维特根斯坦却试图表明，我们被引诱去这么说，只是因为我们对于指着某物究竟是怎么回事有一幅过于简单的或原始的图像。我们以为，指着一个对象、指着其形状、指着其颜色等之间的区分，是十分清楚的。维特根斯坦问道："'指着形状''指着颜色'在于什么呢？指着一张纸。——现在指着它的形状——现在指着它的颜色——现在指着它的数（这听起来怪怪的）。——你是怎样做到的？"（*PI* §33）

我们这里也会像以前一样，被引诱通过诉诸我们指着每一类不同的事物时心灵中发生的不同事情来回答这一问题；我们很自然地想到，正是伴随着指着那张纸的行为的某种东西，决定了我到底是在指着它的形状，它的颜色，还是它的数，如此等等："你会说，每次指物的时候，你都'意指'一个不同的东西。而假如我问是怎么做到的，你会说，你把注意力集中在颜色、形状等上了。"（*PI* §33）我们这里提供了一幅令我们自己满意的图像，它似乎也回答了维特根斯坦提出的问题，但他接着写道："可我又要问：那是怎么做到的？"（*PI* §33）我如何把注意力集中在颜色而不是形状上，或者，如何在心里指着或者**意指**颜色而不是形状？

维特根斯坦并不否认，确实有把注意力集中在颜色而不是形状上这么回事儿。例如，某人也许会指着一个花瓶并且说："看这
71 美妙的蓝色——甭管那形状。"（*PI* §33）同样，某人会说："看这奇妙的形状——甭管那颜色。"（*PI* §33）我们无疑会对这些指令做出不同的反应。然而，我们在每一情形下所做的就是集中注意（或者说，指着或意指）颜色而不是形状吗？维特根斯坦要求我们设想我们注意对象的颜色的各种不同情形：

> “这种蓝同那种蓝一样吗？你能看出什么区别吗？”——
>
> 你在调色，并说，“很难调出天空的这种蓝”。
>
> “天气转好，你又能看见蓝天啦。”
>
> “注意这两种蓝看起来是多么不同。”
>
> “看见那本蓝色的书了吗？把它拿过来。”
>
> “这种蓝色的光意味着……”
>
> “这种蓝叫什么？——‘靛蓝’吗？”

在所有这些情形中，我们都在做某种可正当地称之为注意颜色的事情，但我们**所做的**在每一种情形下会是不同的。在一种情形下，我们或许会伸出手去遮住对象的轮廓，或者我们只是朝着被指引的方向看过去，或者我们会拿起一个色块同另一个比照，或者我们会盯着一块颜色并琢磨在哪儿见过，或者我们只是在那儿自言自语，如此等等。我们**在**注意颜色**的时候**，上述这些事情都可能发生，而维特根斯坦却指出：“并非这些事情本身促使我们说某人在注意形状、注意颜色等等。”（*PI* §33）可是，促使我们这样说的，到底是什么呢？

维特根斯坦就在这一当口上引入了象棋类比。我们走一步棋，不单是在棋盘上如此这般地挪动一枚棋子。我们走一步棋，也不只是因为我们挪子时有某些想法和感觉。确切地说，在棋盘上挪子之所以算是一步棋，全在于“我们称作‘下一盘棋’‘下棋时使出一个招数’之类的那样一些情境”（*PI* §33）。这里，维特根斯坦再次把我们的注意力从伴随着走棋的东西，引向了这一行为所处的背景或情境；构成我的一步棋的，乃是之前和之后发生的事情，而不是 72

伴随着我的行为的东西。依此类推，构成我之注意（指着，意指）颜色而非形状的，乃是之前和之后发生的事情，而不是我在注意对象的颜色时所发生的事情。

假定某人在指着一对象的形状时，总是做着并且感觉到同样的事情。“再假定（他）指着一个圆的东西并且具有所有这些经验，给另一个人提供实指定义‘那就叫“圆”’。”（*PI* §34）再假定他为其提供说明的那个人，看清了他的动作并与他有同样的感觉。那么，由此能否推断，他如其所愿地理解了这个定义呢？我们难道不可以设想：所有这些都是真实的，他却仍然以不同的方式解释这一定义，“即便他看见对方的眼睛瞄着对象的轮廓，即便他感觉到了对方所感觉到的东西”（*PI* §34）。因为，听到这一说明的人如何解释它，是由他对它的**应用**展现出来的，是由他接下来对它的使用展现出来的。听者如何解释这一定义，是由他被要求（例如）去“指着一个圆”时接下来要做的事情，所展现出来的；正是他赋予被说明的这个词的作用，展现出他是如何解释或理解这种说明的：

> 因为，无论是“以如此这般的方式意指该说明”这一表达式，还是“以如此这般的方式解释该说明”这一表达式，均不代表一个伴随着该说明的给出和听悉的过程。
>
> （*PI* §34）

与指着或意指形状，或者，指着或意指颜色相关的特定经验，自然是有的，但这些经验并不出现在我意指形状或意指颜色的所有情形中。况且，即便这些特定的经验确实出现在所有情形中，它们仍不足以让我所做的事情成为指着形状或指着颜色的情形。是**情境**或者**背景**——例如，我们正在做几何题，或者，正在学绘画中的色彩应用，或者，正在学习如何把积木块正确地摆放进不同形状的孔 73
中等诸如此类的事实——决定了正指着某个对象的人是在指着形状，还是在指着颜色。

我们是这样学会像“指着一把椅子”“指着一张桌子”之类的语言游戏的：通过以一种特定的方式**做出行为**，学会对这些命令做出反应。可是，我们是如何学会指着对象的形状或颜色的呢？我们是让孩子去注意他在指物时所具有的经验和感觉吗？如果我们倾向于认为确实是这样做的，那么，我们就该问问自己，我们是否让孩子去注意关于“指着**作为一盘棋中的一枚棋子**的一盘棋中的一枚棋子”的独特经验？尽管如此，我们依然可以说：“我的意思是，这枚**棋子**叫‘王’，而不是我正指着的这块特定的木头。”（*PI* §35）仅当把这种指物行动放在它的背景中进行察看时，我们才能摆脱这种混乱状态。这样我们便可看清，一个特定的指物行动被确定下来，不是凭据伴随着它的东西，而是凭据环绕着它的东西，凭据它作为其中一部分的那种活动的形式。

对于在隐藏于说话者心灵中的某种内在差异中寻求关于不同指物行动间差异的说明的那种诱惑，维特根斯坦做了如下诊断：

> 我们这里所做的，也是我们在大量类似情形中所做的：由于我们无法具体指明，我们称之为指着形状（譬如，相对于指着颜色）的任何**一种**躯体活动，于是我们便说，某种**心**

理的、**精神的**活动对应着这些词。

> 在我们的语言让我们认为有，事实上却并没有一个身体的地方，我们就会乐意说有一个**精神**存在。
>
> （*PI* §36）

在无法指明公共行为中是什么东西将指着形状和指着颜色这两种不同的指物活动区分开来的时候，我们自然就会形成一幅关于某种伴随着行为的内在东西的图像，它同躯体的指物活动相类似，而且正是它构成了意指颜色而不是形状。于是，我们便将心理指物
74 活动描画成和物理指物活动相对应的东西，差别只在于它发生在心理领域。维特根斯坦一直试图向我们表明的是：一方面，对于指着形状，指着颜色，指着作为一盘棋中的一枚棋子的一盘棋中的一枚棋子，指着作为一名官员的一名官员，指着作为一种汽车型号的一种汽车型号等等来说，并不存在任何对应于这些各不相同的内心行动的图像的东西。另一方面，即使假定我们可以为每一种可能性找到特定的精神伴随物，这些东西也无法为我们感兴趣的那些区分提供依据。

因此，为了反抗为每一指物行动假定某种与之对应的内在行动的诱惑，维特根斯坦着力关注当我们把指物的物理行动放在环绕着它的活动域中看待时便可揭示出的那种结构。当我们把指物行动放在其背景中察看时，在我们只关注于它和它的伴随物时所缺失的，或神秘莫测的那些区分便清晰地呈现出来了；这一行为连同整个的行动背景，业已拥有了我们为区分指着形状和指着颜色所需的所有东西。关于被假定为伴随着物理指物行动的、时而指着形状时

而指着颜色的内在行动的空洞图像，被证明是多余的。一经提醒自己注意我们实际是如何使用“指着形状”“指着颜色”等表达式的，便可表明这里没什么特别的东西：可在说话者随着时间推移的所作所为中，而不是在他指物时发生的任何事情中，将这些区分辨别出来。

一切都已明摆在眼前

至此，为回应关于语言和语言习得的奥古斯丁式图像，维特根斯坦已探讨了大量各不相同的事例。显然，维特根斯坦对奥古斯丁的回应，不只停留在对他提供的这幅图像的特定方面的简单质疑上，而是要深入得多。确切地说，它触及了他将其同奥古斯丁式图像联系起来的那种思考语言的整体风格。所争论的根本问题是，我们如何处理关乎理解语言之结构与功用的难题。在维特根斯坦看来，关于词语如何获取意义的奥古斯丁式图像，要求我们把语言看
75 作这样一个记号系统，其进行表象的能力，要通过说话者在记号与它所指代的对象之间建立起的联系加以说明。维特根斯坦不仅认为，这幅意义图像以及由之而来的探究方法由于片面而是错误的，而且认为，从将语言从其应用中抽象出来的最先几个步骤起，我们便让自己承担起了理解语言如何发挥作用的任务，而所设定的完成此项任务的方式却让我们不可能达成所寻求的理解。由于将语言作为从其日常用法中抽象出来的记号系统进行思考，奥古斯丁式图像将注意力从“时空中的语言现象”（*PI* §108）移开，并转向一种抽象的幻景。在这种脱离了语言实践的行动中，我们注定看不到语言

实际发挥作用的方式，从而被引诱去把语言进行表象的能力描画为“心灵的某种非凡动作”（*PI* §38）。

我们就这样被引导去在心灵世界中，或者在伴随语词的实际使用的东西中，探寻何谓理解一个词、何谓以某种特定的方式意指一个词，以及何谓意指一物而非另一物，如此等等。维特根斯坦举出一些特殊的事例，以抵御将语言从我们的生活形式中剥离出来并将其关联于说话者心灵中发生的事情的诱惑，但并不是想以它们为基础另行解释意指（或命名，或理解）是什么。确切地说，这些例子被用于提醒我们注意这样一些标准，依据它们可以将某件事情称为“指着形状”或“指着颜色”，它们还被用来让我们认识到，先前构建的关于意指的图像是何等错误或不充分的。我们所关注的那些区分，并不是要参照语词用法的隐匿伴随物而得到说明的，而是当我们将语言行为放进它出现于其中的持续进行的活动背景中加以看待时就会出现的。这些例子并不被用作新说明的来源，但是，通过提醒我们注意用这些词所做的语言游戏、注意这些词被使用的方式如何被编织进我们所做的事情中，它们会令我们逐步找到一条新的路径去完成理解语言发挥作用的任务，而我们所做的就是，沿着这条路径去查看那些环绕着我们对表达式的使用的具体细节。

维特根斯坦的目标是：抵制那种他视为错误抽象的东西，以 76
及他将其同奥古斯丁式意义图像联系起来的那些错误的解释抱负。而对于他的目标的理解最为根本的一点是，我们切不可妄图将他对奥古斯丁式图像的回应，看成一种关于语言之本质的理论。任何一种企图从维特根斯坦的评论中引出暗藏着的理论的做法，都显然有悖于如下这个核心观念：他所描述的那些特殊情形的价值就在于，它们能促使我们相信“一切都明摆在眼前”（*PI* §126），同时又能让我们不再感到存在着某种需加以说明的东西。通过关注使用中语言的特殊事例的细节，我们便可看清：正是通过以正确的方式看待存在于表面的东西，我们才得以理解困扰着我们的难题。维特根斯坦反对企图说明一个词的意义在于什么的研究路径，其整个意图就在于援用特殊事例以表明，只要我们在语言正常工作时去察看它，通过诉诸语言用法的隐匿伴随物去说明某种东西的需要便烟消云散了；我们只需察看并弄清它是如何发挥作用的。

因此，在我们已涉及的所有论题上，维特根斯坦均表明：正是通过取得关于某个或某一系列具体事例的明白运作过程的清晰观点，我们才得以达到所寻求的理解。为达到既克服某些特殊学说，又克服奥古斯丁整体思想风格的目标，维特根斯坦试图表明，我们语言实践的可辨识结构如何业已揭示了为消除困扰我们的难题所需的一切。这既可以解释他为什么采取零星批判的方式，又可以解释他为什么一再拒绝以他的例子和类比为基础去构造某种一般理论。他所承担的这些个案研究留给我们的教益在于，我们由此看清了：我们语言的某个片断的结构和功用是在具体语言用法现象的细节中，而不是在任何隐匿于说话者心灵中的东西中被揭示出来的。在下一章中，我们将会看到，这种同样将定位中心从说明性模型或阐明、从试图说明意义和理解在于什么转向对明摆在眼前的东西的关
77 注的深层主题，是如何在维特根斯坦关于规则和遵守规则的讨论中延续下去的。

参考文献及进一步阅读材料

Saint Augustine, 1961, *Confessions*（《忏悔录》）（Harmondsworth: Penguin）

Baker, G., 1988, *Wittgenstein, Frege and the Vienna Circle*（《维特根斯坦、弗雷格与维也纳学派》）（Oxford: Wiley Blackwell）

Baker, G. and Hacker, P.M.S., 2009, *Wittgenstein: Understanding and Meaning*（《维特根斯坦：理解与意义》），second edition（Oxford: Wiley Blackwell）

Birsch, D. and Dorbolo, J., 1990, "Working with Wittgenstein's Builders"（《与维特根斯坦的建筑工一起干活》），*Philosophical Investigations*, vol. 13:338–49

Cavell, S., 1966, "The Availability of Wittgenstein's Later Philosophy"（《后期维特根斯坦哲学的适用性》），in G. Pitcher, ed., 1966: 151–85; reprinted in S. Cavell, 2002:44–72

——, 1995, "Notes and afterthoughts on the opening of Wittgenstein's *Investigations*"（《关于维特根斯坦〈哲学研究〉开篇的笔记和事后思考》），in *Philosophical Passages: Wittgenstein, Emerson, Austin,*

Derrida (Oxford: WileyBlackwell) , pp. 125–86; reprinted in H. Sluga and D.G. Stern, 1996:261–98

——, 2000, "Excursus on Wittgenstein's Vision of Language" (《关于维特根斯坦语言视野的附记》) , in A. Crary and R. Read, eds, 2000: 21–37

Fogelin, R., 1987, *Wittgenstein*(《维特根斯坦》)(London: Routledge)

Gaita, R., 1992, "Language and Conversation: Wittgenstein's Builders" (《语言与会话：维特根斯坦的建筑工》) , in A. Phillips Griffiths, ed., 1992:101–16

Goldfarb, W.D., 1983, "I Want You To Bring Me A Slab: Remarks on the Opening Sections of the *Philosophical Investigations*" (《我要你递给我一块板：评〈哲学研究〉开篇诸节》) , *Synthèse*, vol. 56:265–82

Hertzberg, L., 1994a, "Language, Philosophy and Natural History" (《语言、哲学与自然史》) , in L.Hertzberg, 1994:56:131–51

Kenny, A., 1984, *The Legacy of Wittgenstein* (《维特根斯坦的遗产》) (Oxford: Wiley Blackwell)

——, 2006, *Wittgenstein* (《维特根斯坦》) , revised edition (Oxford: Wiley Blackwell)

Malcolm, N., 1986, *Nothing is Hidden: Wittgenstein's Criticism of his Early Thought* (《毫不隐藏：维特根斯坦对其早期思想的批判》) (Oxford: Wiley Blackwell)

——, 1989, "Language Game (2)" (《语言游戏 (2)》) , in D.Z. Phillips, R. Rhees and P. Winch, eds, 1989

Mulhall, S., 2001, *Inheritance and Originality* (《遗产与原创性》)

(Oxford: Oxford University Press)

Pears, D.F., 1987, *The False Prison, vol. 2* (《虚假的牢狱》第二卷)(Oxford: Oxford University Press)

Rhees, R., 1978, "Wittgenstein's Builders" (《维特根斯坦的建筑工》), in K.T. Fann, ed., 1978:251–64

Ring, M., 1991, " 'Bring me a slab!' : meaning, speakers, and practices" (《"递给我一块板！"：意义、说话者与实践》), in R.L. Arrington and H.-J. Glock, eds, 1991:12–34

Staten, H., 1986, *Wittgenstein and Derrida* (《维特根斯坦与德里达》)(London: University of Nebraska Press)

Stern, D.G., 2004, *Wittgenstein's Philosophical Investigations* (《维特根斯坦的〈哲学研究〉》)(Cambridge: Cambridge University Press)

Thompkins, E.F, 1992, "The Money and the Cow" (《金钱与奶牛》), *Philosophy*, vol. 67:51–67

Walker, M., 1990, "Augustine's Pretence: Another Reading of Wittgenstein's *Philosophical Investigations*" (《奥古斯丁的托辞：对维特根斯坦〈哲学研究〉的另一种解读》), *Philosophical Investigations*, vol. 13:99–109

Wittgenstein, L., *BB* (《蓝皮书和棕皮书》)

——, "Meaning" (《意义》), in *BT*, pp. 22–48

第三章

规则和遵守规则

《哲学研究》138—242

导 言

在上一章涉及“实指定义”的那一节里，我们着手考察了名称同其应用的关联问题。在花费大量篇幅澄清他现在视作构成其早期工作框架的那些幻象（*PI* §§37–115），并以关于他本人哲学方法的那些评论（*PI* §§89–133）告终之后，维特根斯坦又重新捡起了这一问题。在《哲学研究》138中，维特根斯坦向我们提出了这样的问题：在何种意义上，一个词的意义（在开始理解它或听到并理解它时，所把握到的东西）可“符合于”说话者随后对该词的使用？我们有时谈及某个词“于刹那间”被把握的意义，或者谈及**当**我们听到一个词**时**对它的理解。维特根斯坦认为，正是这样一些谈论意义的方式，招致了将一个词的意义表现为与之关联的某种东西的图像，因为它们自然会引导我们将意义描画为某种可由心灵瞬间 79
把握住的东西。相反，说话者对一个词的使用，则是某种在时间中延展的东西，某种发生在他听到并理解了这个词**之后**的东西。然而，就像我们前面看到的，一个人接下去如何使用一个词，依然是他用该词意指什么的一个标准；例如，它揭示出，此人是不是想把他实指地定义的一个词用作他指着的那个对象的形状、颜色、数量等的名称？如何将关于该词怎样进行意指的这一标准，同把意义当作某种可刹那间把握住的东西的观念联系起来呢？因为“我们（刹那间）把握住的东西肯定不同于在时间中延展的‘用法’”。（*PI* §138）

这一问题标志着围绕意指、掌握规则和理解公式等论题所展开的讨论的开始，这种讨论几乎毫无间断地持续到《哲学研究》242。对于这些评论的阐释，可谓众说纷纭。跟《哲学研究》中的其他讨论一样，这里的讨论既错综复杂又难以把握，而且，有这么一种强烈的诱惑，促使我们假定维特根斯坦的评论未能足够清晰地表达出他关于这些论题的思想，而只给我们提供了大致的概要，需将它们系统地整理成清晰表述的论点及支持这些论点的论证。在《维特根斯坦论规则及私人语言》（1982年）一书中，克里普克（Kripke）就企图对《哲学研究》的这些章节进行改写。克里普克的著作对维特根斯坦的晦涩评论做了富于启发意义的解读：这种解读既有力又清晰，至今仍不失为一条研究维特根斯坦文本的独特路径。克里普克本人也拿不准，他的那些大胆而清晰的论证和主张是否会得到维特根斯坦本人的赞同，以及这些论证和主张会不会从某种意义上否证维特根斯坦的哲学目的。所以，他并不把他的著作当成对维特根斯坦论证的解说，而是当成对“打动了克里普克、向他提出了一个难题的维特根斯坦论证”（第5页）的解说。克里普克接下来展开的这种阐释，一直是这一讨论的重要关注点，而且推动着关于维特根斯坦这些评论的众多替代性解读的发展。

80 克里普克的著作之所以有力而重要，其部分原因在于这样的事实：他在维特根斯坦关于意义、规则和理解的评论中，觉察到了某种至为根本的东西。他认为，维特根斯坦向我们抱有最大希望的、关于这些论题的某些指导性观念发起了根本性的挑战。克里普克以一种清晰明白而又咄咄逼人的方式把他设想的这种挑战表达出来，从而帮助确立了维特根斯坦文本对于当代语言哲学的重要性。他把这种挑战描述为“一种新型的怀疑主义”（Kripke, 1982:60）。克里普克在维特根斯坦关于意义、理解和规则的广泛而难解的评论背后，察觉出了一种全新的怀疑主义论证形式。他认为，这一论证确立了这样的结论：无论是在我的心灵内，还是在我的外化行为中，均不存在任何事实，可作为我以我说出的词意指某种东西这件事的本质，或者作为确定什么算作我所掌握的一条规则之正确应用的东西。这一怀疑主义论证的结论——没有谁可用他的语词意指任何东西，或者说，没有谁可以遵守一条确定什么算作对它的正确或不正确应用的规则——显然带有深刻的悖谬性，任何人也不可能满足于此。克里普克表明，维特根斯坦对这一结论的回应是，对由它提出的关于意义和遵守规则的难题提出一个“怀疑主义的解答”，亦即，一个接受这个怀疑主义结论为真的解答。

克里普克论维特根斯坦及遵守规则

我们先来看一看克里普克在维特根斯坦那里发现的怀疑主义论证。我们很自然会假定，在说英语的人都会接受的这种训练中，我用"加"或"+"代表某个特定的数学函数：加法函数。这一函数是这样被定义的：对于任何一对正整数，亦即对于任何两个正整数x和y，"x+y=？"这个问题，都有唯一正确答案z，即使x和y都大于我们先前所加过的任何数字。因此，尽管我们过去只做过有限次的加法运算，我们还是自然地会认为，我用"+"这个记号所意指的东西会在无穷多的新情形中确定一个独一无二的答案。在任一
81 新情形中，我**合理地**给出的或者我**应当**给出的那个答案，就是加法函数在那一情形中所确定的那个独一无二的数字。例如，如果我对"68+57=？"这道题给出"125"这个答案，我们就会认为，我在给出一个符合我用"+"这个记号所意指的东西的答案，而且，我用"+"所意指的东西确定了"125"作为**正确的**答案，作为我**应当**给出的答案；即便我以前从未明白地考虑过这个特定的情形，即便我以前从未加过大于56的数。

克里普克的怀疑论者现在提出的问题是：就我先前关于"+"

这个记号的意图而言，使之成为根据加法规则使用该记号的意图的东西究竟是什么？换言之，是什么东西促使我以“+”意指加法？这名怀疑论者问道：在我先前的意图中有没有这样一种东西，它排除了这种可能性，即我实际上想要以这样一种方式使用“+”，使得“68+57=？”的正确答案实际上是“5”，从而在给出“125”这个答案时，我实际上改变了我用“+”意指的东西？毕竟，我们都同意，我从未明白地给自己任何关于这一特定的和的指令，而且也同意，这个和包含着比我先前所加过的数都要大的数。我最多是想以同样的方式继续使用“+”，或者，在每一新情形下应用同样的函数，但问题是，这里作为同样的东西的是什么。因为，就像这名怀疑论者所指出的，我只是给自己举出了有限数量的表示这一函数的例子，这些例子全只包含小于57的数，而且这一有限数量的例子是同我以“+”意指任何有限数目的函数相一致的。没有任何东西会排除如下这种可能性：我想用“加”和“+”指谓一个克里普克称之为“quus”，并以“⊕”这个记号代表的函数，其定义如下：

如果x, y＜57，则 $x \oplus y = x + y$

否则，$x \oplus y = 5$

是什么造成了这样的情形：在我过去所遇到的所有例子中，我都没有用“+”意指quus这个函数，而在给出125这个答案时，我实际上改变了我用这个记号所意指的东西？我们或许会断言这种说法显然是错的，以对其做出回应。但是，克里普克论证道：“假如（怀疑论者的这一提议）是错误的，则必定有某个关于我以往 82

用法的事实可用来驳斥它。”（Kripke, 1982:9）就像我们前面所指出的，我所做的那些应用中没有什么东西排除了我用“+”意指quus。不过，我可能会觉得，有这么一个我先前给予自己的明确的方向，是它决定了我用这个记号所意指的东西，从而也是它让我在新情形里给出答案125而不是5。克里普克接着论证道，要真是这么回事的话，我必定能够说出那个方向是什么。显然，我从未明确地告诉过自己：要是被问到“69+57=？”这个问题，我应当回答125。可是，说我应当在新情形中永远做同样的事情也无济于事，因为正如我们所看到的，受到质疑的恰恰就是何谓“做同样的事情”。如果我用“+”意指quus，那么，“做同样的事情”会要求给出5这个答案。

然而，要是这个方向以一条明确规则的形式出现呢？克里普克设想我按如下路线给予自己一条规则：“假设你想把x和y相加。于是找来一大堆弹珠。先数出一堆x颗弹珠。再数出另一堆y颗弹珠。把两堆并成一堆，再数出这一堆的弹珠数。所得的结果就是x+y。”（Kripke, 1982:15）假定我们在学习加法规则时明确给了自己这样的用法说明，这种用法说明确实排除了我用“+”意指quus，并为我回答125提供了辩护。我已经给了自己一种求和的算法，而它现在决定了我应当给出的答案。

克里普克相信，怀疑论者对这一提议的回应是清楚的：他只是追问“数”（count）这个词在我给自己的用法说明中意指什么。因为这又将会是这样的情形：我只是在有限数量的情形中应用了“数”这个词。于是，怀疑论者可提出如下可能性：你如何知道你先前没有用“数”意指“quount”呢：“在这种情况下，quount一堆东西，就是在通常的意义上数它，除非这一堆是另外两堆合在一起形成的集合，而这两堆中的一堆的个数超过了56，而在这种情形之下，我会自动给出5这个答案。”（Kripke, 1982:16）假如我们在阐述一条规则时用到另一条规则，那么关于第二条规则的阐释问 83
题紧跟着就来了。克里普克论证说，总会有这样一种阐释附加规则的方式，它会将其应用带向同关于原初规则的任何可能阐释相一致的问题。阐释规则的规则，并不能把我们带得更远。我永远也达不到任何**无法**被阐释的东西。

假如克里普克的怀疑论论证是正确的，我们便可推出：不存在任何关于我过去意向或过去演算的事实，可用于确定或构成我以“+”意指一个函数而不是另一个。克里普克下一步想表明，在确立下来这些之后，怀疑论者的论证必定会变得更为一般化。因为，假如不存在关于我过去的意向或行为的事实来决定我用“+”意指哪个函数的话，那么，同样也不存在任何关于我当下的意向或行为的事实，来确定我现在用“+”意指哪一个函数。因为，最终出现的怀疑论难题是，无论现在还是过去我们都无法赋予“+”意指一个函数而不是另一个这一观念以任何内容。

这不只是一个认识论上的难题。这不是一个我如何**知道**我用“+”意指什么的问题。它是这样一个问题：是什么构成了我用该表达式意指一个函数而不是另一个。怀疑论者已经表明，意指或意向一个函数而不是另一个的概念是空洞无物的。因此，没有什么东西表明，我对“68+57=？”这道题应该给出的答案是“125”，而不是“5”；也没有什么东西表明，我以这种方式而不是另一种方式给出答案是得到辩护的。每一可能答案均和某个可能的函数相一致，因此，说任何一个答案是正确的都毫无意义。这一难题也不限于数学的情形。对于我的语言中的任何一个词，我们都可以就我用它意指什么，提出一些可供选择的解释，这些解释既同我过去对它的使用相一致，又同我给自己的任何明确的用法说明相一致。克里普克把怀疑主义论证总结如下：

> 这便是怀疑主义悖论。当我以一种方式而不是另一种方式，对像“68+57”这样一个问题作答时，我无法为一种回答
> 84 而非另一种提供辩护。由于我们无法对那位假定我意指的是quus的怀疑论者做出回应，所以就没有任何关于我的事实可用于将我之意指plus和我之意指quus区分开。实际上，并不存在任何有关我的事实，可用于将我以“plus”意指一个确定的函数（这决定着我在新情形下的回答）同我什么东西也不意指区分开来。
>
> （Kripke, 1982:21）

有什么办法摆脱这个难以置信的结论吗？我们或许会想着给出这样的回答：怀疑主义论证所表明的是，用“+”意指加法并非一个正在发生的心灵状态，而是一种倾向。因此：

> 用“+”意指加法，就是在被问及x+y的得数时倾向于给出x和y的加和作为答案。
>
> （Kripke, 1982:22–23）

用“+”意指加法的人会倾向于对68+57给出125这个答案；而用它意指quus的人会给出5这个答案。这两位说话者的回答并不能将他们区分开来，可是，即便在过去也存在着这样一些关于说话者的倾向性事实，它们决定了二人用加号意指加法还是意指quaddition。因此，在实际给出125这个答案之前，我给出这一答案的倾向已经在那儿了，而正是凭借这一倾向我们才能说我用“+”意指加法。这一回答所面对的难题是，它并未说明是什么让125成了**正确的**答案、成了我**应当**给出的答案。

这里的关键论点可表达如下：用一个词意指某种东西这一概念，本质上是一个**规范性**概念。它蕴含着这样的观念：考虑到我用一个词所意指的东西，它的有些应用是正确的，有些则是不正确的。相反，以某种方式做出回应的倾向这一概念，却缺乏规范性意义：这里涉及的只是我**将**如何回应的问题，而不是我**应**如何回应的问题。在新情形中以一种而不是另一种方式做出回应的蛮横倾向（brute disposition）这一概念，无助于我们区分开同我用“+”意指的东西相符合的正确回答与一个不正确的回答。只要倾向概念没有纳入任何关于我们将来**应当**做什么的观念，它便无法帮助我们具体说明是什么让我在新情形中给出的答案，符合于或适合于我用一个 85
词所意指的东西。

当然，我们要是满足于克里普克怀疑主义论证的结论，也没有什么问题。实在没有什么可行的选择，让我们找到一条摆脱该论证所呈现的悖论的途径。克里普克认为，维特根斯坦提出了一条摆脱这一悖论的途径，并称之为一种“怀疑论的解决”。他如此称呼它，表明他相信，维特根斯坦关于遵守规则的解释一开始就对怀疑论者做出了这样的让步：不存在任何有关我的事实，构成我之用“plus”意指加法，并事先决定我应当做什么以同这种意指保持一致。克里普克表明，由此似乎会引出的那一不可容忍的悖论之所以会出现，仅仅是因为我们错误地坚持参照关于意义的某种**真值条件**构想的模型，来理解“我用‘+’意指加法”的意义。而这种构想假定：一个句子的意义，由一种具体指明要使其为**真**必定会发生什么事实的条件来赋予。因为，如果我们假定一个句子的意义是由其真值条件赋予的，那么便可从怀疑论者的发现中推知，不存在任何有关我的事实，将我用一个词意指某种特定东西同我什么也不意指区分开来，以及，任何具备“A用‘-’意指……”形式的句子，往最好说是假的，往最坏说就是无意义的。

按克里普克的说法，维特根斯坦的主张是，在接受怀疑论者的悖论——不存在任何构成我之用一个词意指某物的内在或外在事实——的同时，只要采纳一种关于意义的**可断定性条件**模型——它假定，一个句子的意义是由它在其下可**被断定**的那些条件赋予的——我们便可避免这一悖论。这样，克里普克便将维特根斯坦对怀疑主义悖论的回应，看成是表现了他从一种关于意义的真值条件解释（就如他在《逻辑哲学论》中所主张的），转向了一种基于可断定性条件的关于意义的解释。克里普克声称，在《哲学研究》中维特根斯坦主张句子的意义有两个方面。

首先，必定存在着该句子在其下被适当断定（或否定）的条件；其次，断定（和否定）该句子的这种实践，必定在我们的日常生活中发挥着重要作用。这一解释的第一部分是我们所熟悉的，这从（例如）由逻辑实证主义者提出的关于意义的证实主义解释中就可看出来。克里普克认为，这一解释的第二部分——对断定这个句子在我们生活中所发挥作用的强调——才是维特根斯坦与众不同的原创。根据这种解释，为赋予具备“我用‘+’意指加法”“琼斯用‘+’意指加法”等形式的断定以意义，所需要的是：“存在着可大致列举的一些情境，在这些情境下，它们是合法地可断定的，以及，在这些条件下对它们做出断定的语言游戏在我们的生活中发挥着某种作用。”（Kripke, 1982:78）根据这种对意义的解释，只要“无须假定‘事实对应于’这些断定”（Kripke, 1982:78），则由怀疑论者的发现所引出的那些悖谬的、自相矛盾的结论，就可以避免了。

克里普克在《哲学研究》中发现的这种关于我们语言游戏的解释，包含着存在于意义的第一人称归属与第二人称归属之间的某种不对称性。在克里普克看来，维特根斯坦认为，如下这种情况乃是我们语言游戏的一部分：一名说话者可不经任何辩护地顺从他个人的偏好，以一种而不是另一种方式，对每一个应用某个词的用法规则的新情形做出反应。如果我们仅限于孤立地观察某个人，那么，怀疑主义论证留给我们的教益就是：可说的就只有这些了。不存在有关被孤立地考虑的个体的任何事实，使得他就这条规则如何被应用于每一新情形所做出的蛮横反应成为正确的或不正确的。“如果我们孤立地考虑某个人，那么，我们所能说的只是，我们的日常实践容许他以这条规则打动他的那种方式去应用它。”（Kripke, 1982:78）

只有当我们把个体放在同更大的说话者共同体的联系中加以考虑的时候，作为我们关于意义或遵守规则的日常概念的一个本质部分的规范性因素——在一个词的正确与不正确使用之间的区分，或者，在一条规则的正确应用与不正确应用之间的区分——才加入进来。我断定**另一名**说话者以“+”意指加法所需的可断定性条件，有赖于对方对特定的加法题的回答是否与我倾向于给出的回答相一致，或者，有赖于我们的回答是否偶尔不一致，有赖于我是否可以把对方解释为至少是遵循着正当程序的。在对方的回答与我的回答
87 出现难以理解的不一致的情形下，我会否认他掌握了加法规则，或者否认他是在用“+”意指加法。

假如一个个说话者所给出的回答总体上不一致，克里普克也承认，这种将意义归属于他人的实践就没有什么意思。然而，明摆着的事实是，在回答新的加法题时人们（大致）是彼此协调一致的，而在回答方面符合一致这一背景，则赋予了我们的语言游戏以意义。任何一名个体说话者，只要他对特定加法题的回答，在足够多的情形中同更大共同体成员的答案符合一致，那么，他就被视作业已掌握加法概念，或者被视作是用“+”意指加法。通过了这种测试的个体会被视作该共同体的成员，并有资格参与无以计数的日常活动，这些活动就包含着这种数学技艺的应用。因此，我们将意义归属于自己和他人的日常实践便被恢复了原状，即使我们认可并没有任何事实使得这些归属为真。

克里普克十分小心地强调指出，他于维特根斯坦那里找到的、关于我们语言游戏的解释，不能被理解为给出了关于正确遵守规则在于什么的定义。他写道：

> 维特根斯坦的理论是关于可断定性条件的，这一点值得

> 强调。维特根斯坦的理论，不应被混同于如下这种理论：对于任何m和n而言，我们以“plus”意指的这种函数的值，（根据定义）乃是（几乎）所有语言共同体都会作为一个答案给出的那个值。这样一种理论，会是关于如下这些断定的**真值**条件的理论：“我们用‘plus’意指如此这般的一个函数”，或者，“我们用‘plus’意指一个函数，当把68和57作为自变量代入其中时，便会得到125这个值”。
>
> （Kripke, 1982:111）

克里普克认为维特根斯坦**接受了**怀疑主义悖论，但这一主张的关键点在于，我们不能说他提供了一种关于说某一特定的回答是正确的是怎么回事的解释。维特根斯坦被当成是在描述我们的语言游戏及其在我们生活中所发挥的作用，还被当成承认我们玩这种游 88
戏的意义，这有赖于答案的普遍一致性这样一个明摆着的、偶然的事实。我们所能说的只是，在我们的共同体中，我们称“125”为“68+57=？”的“正确”答案；说它**就是**正确的答案，这已被证明是空洞无物的。

对克里普克的回应：赖特对麦克道尔

克里普克对维特根斯坦关于遵守规则的评论的阐释，引来了大量而又涉及领域广泛的批评。学者们一致认为，克里普克声称在这些评论中找到的那种“怀疑论的解决”，是事与愿违的和难以立足的。他们争辩说，维特根斯坦接受他在《哲学研究》201的第一段所阐明的那一悖论——“没有任何一个行动为一条规则所决定，因为每一行动进程都可以被弄得符合规则”——是没有任何问题的，因为这么做实际就是否认有谁曾经用他说出的词语意指某一个而非另一个东西。这里无法对由克里普克解读引出的二手文献做一个完整的概览。不过，在对克里普克的众多回应中，可明显看出一个重要的阐释分歧——克里斯品·赖特（Crispin Wright）和约翰·麦克道尔（John McDowell）之争就是这一分歧的典型事例——这将有助于我们集中注意一个核心问题，即关于维特根斯坦对《哲学研究》201悖论的回应之本质。赖特和麦克道尔均主张，维特根斯坦想要对该悖论提出一种真正的解决方案，并认为克里普克错误地以为维特根斯坦的目标是对意义的实在性（the reality of meaning）提出质疑，而且还以为维特根斯坦这么做是成问题的。

不过，关于维特根斯坦以怎样的形式拒斥这一悖论，赖特和麦克道尔有着根本的意见分歧。

在赖特看来，克里普克认为维特根斯坦关于遵守规则的思考揭示出了我们关于意义的前哲学构想所面对的一个真实困难，这一想法是正确的。我们自然会假定，一个词的意义就是对掌握一个词的意义的人将来如何使用它施加限制的某种东西。赖特认为，维特根斯坦的评论仔细考察了这种自然的意义观，而且揭示出没有任何 89 东西能以我们设想的方式出现在心灵之前，并事先决定怎样才算是与我们理解一个词的方式相符合地使用这个词。我觉得，当我在一个新情形中使用（比如）“绿的”这个词时，我便是在发展一种用法型式，它独立于我的特定的判断，或者说，我是在识别我此时描述为“绿的”对象与我先前用这个表达式描述的那些对象之间的客观相似性，而这种相似性为我当下应用这个词提供了辩护。赖特以为，维特根斯坦表明为空洞的正是上述这一观念：

> 真实的情况是……将我对某一表达式的连续的真诚使用描述为基于维持某个确定的型式——这种型式对于我们每个人而言都是显而易见的——的意图，就是在错误地描述按照某人对一个表达式的理解去使用它在于什么。我们只是发现自己带着真诚的倾向在这一新情形中再次应用（“绿的”），就这么回事儿。
>
> （Wright, 2001a:29–30）

如下这种想法没有任何意义：在对一个词做新的应用尝试时，

我是在忠实于对它的理解；我所能说的只是，我在一个新情形中按我倾向于去做的那样做出反应。

尽管这听起来很像克里普克关于维特根斯坦接受了《哲学研究》201悖论的论断，但赖特认为，他提出的阐释与克里普克的阐释有着重要的不同点。依赖特之见，我们遵守规则或者用“绿的”意指绿的这一事实，在维特根斯坦那里从来不是什么问题。成问题的是，遵守一条规则、用一个词意指某物，实际在于什么。在赖特看来，维特根斯坦的思考所摧毁的并非如此这般的意义概念，而是我们关于他称之为“意义客观性”的东西的信念。维特根斯坦所表明的是，我们无法弄明白这样的观念：一个词的意义乃是某种业已决定了新情形中的正确答案的东西。

此外，赖特还论证道，与拒斥意义客观性这一观念相携而来的，还有对关于“研究独立性”（investigation-independence）的直观概念的拒斥，即对如下观念的拒斥：掌握一个表达式的意义，就
90 是掌握一种一般的用法型式，而与这种型式的符合会要求在目前未考虑的情形中的某些确定的用法。不过，赖特也认为，这并未排除关于是什么构成了对一个词的正确或不正确应用的一个备选解释：不依赖于声名扫地的客观意义观念的解释。于是，他论证道，维特根斯坦走向了这样一种意义观，它承认正是“某个同意共同体（a community of assent）提供了必不可少的背景，只需参照这一背景，认为个人所做出的回应正确还是不正确就是有意义的”（Wright, 2001b:39）。

当然，说该共同体的回应符合或不符合某个客观型式，是没有意义的。说意义——无论对个体说话者还是对共同体——被一劳

永逸地构建出来，这一观念已整体被表明是空洞无物的。但赖特论证说，这依然留给我们这样一种意义观：意义是我们作为一个语言共同体一直在构建的东西，“不是按有意识的建筑师的方式在做，而是自然而然地随性而为”（Wright, 2001c:78）。我们每个人都按所倾向的方式做出反应，不过，在我们发现自己倾向于做出的那些判断上，彼此有足够多的共识，这确保了有一种使用表达式的稳定实践，而参照这种实践便可判定个人的反应正确还是不正确。赖特宣称，这已足以让我们理解关于意义的真陈述的观念，前提是我们以如下这种方式理解这一观念：该方式相容于这个事实，即正是我们当下对表达式的使用决定了任一特定表达式的意义是什么。

因此，按赖特的阐释，维特根斯坦所表明的是，对意义**规范性**的一种正当阐释，就是“同当下用法决定意义的能力相容的阐释”（Wright, 2001c:56）。维特根斯坦的目标是促使我们认识到“我们对真句子的创造做出了贡献”（Wright, 2001c:78）。赖特认为，维特根斯坦在其评论中只是概要地提出了这些观念，不过他主张，至少这一点是清楚的：维特根斯坦相信“我们总得以一种‘建构主义’的方式去设想规则－要求，而且，在朝向共同体反应的倾向中潜藏着某种深刻洞见”（Wright, 2001a:8）。

麦克道尔对赖特的维特根斯坦阐释持强烈的批判态度。他争 91
辩说，赖特归于维特根斯坦的那幅关于意义和理解如何被构成的图像，“根本就不能认作是一幅关于意义与理解的图像”（McDowell, 1998a:223）。就这幅图像抛弃了关于应用的无约束许可型式（ratification-independent patterns）而言，麦克道尔认为它让我们关于客观性的直观概念受到了威胁。我们再也没有资格“以任何方式拥有关于事物如此这般的观念了，无论我们是否选择对所涉及的问题进行研究，也不管这样的研究会得到怎样的结果”（McDowell, 1998a:222）。不仅赖特式图像的修正性寓意相左于维特根斯坦哲学“让一切如其所是”（*PI* §124）的一贯立场，而且赖特从维特根斯坦的评论中辨识出的那种意义观也无法同下面这种意义观区分开来：“按这种意义观，跟同伴们不合拍的可能性，带来了受制于规范的**幻象**，以及随之而来的持有并表达意义的**幻象**。”（McDowell, 1998a:235）

正如麦克道尔所看到的，就赖特式图像坚持认为在“基本层面上”存在的只有做出反应的蛮横倾向而言，它在提供一种可识别的意义观上并不比克里普克的怀疑论的解决方案更为成功。因为，按赖特的解释，“我出错只能是这种情况：我们的行动不能确保得到伙伴们的赞同”（McDowell, 1998a:233）；这里便没有了如下观念的立足之地：共同体可集体认识到，我当下对一个词的应用符合于我们共同拥有的、对其意义的先在理解。麦克道尔论证说，就像克里普克的怀疑论的解决方案一样，赖特的这一主张——可从本质上规范的意义概念中清除无约束许可观念，亦即一个词的应用可忠实于我们理解它时所把握到的意义这一观念——也是站不住脚的。

在麦克道尔看来，克里普克和赖特均犯了如下这个错误：假定维特根斯坦认可《哲学研究》201呈现给我们的那个悖论乃是一个真正的哲学难题，按照克里普克的阐释，他用一种怀疑论的解决方案对之做出了回应，而按照赖特的阐释，他用一种关于意义在于什么的建构解释对之做出了回应。麦克道尔的核心主张是：“维特根斯坦的靶子并非这样的观念本身，即理解的当下状态体现了对将来的承诺，而是关于这种观念的诱人的错误构想。”（McDowell, 1998a:223）他认为这种诱人的错误构想就是“这样一种错误观念：把握一条规则总是一种阐释”（McDowell, 1998a:238）。这种错误观念一旦扎下根来，便会让我们进退两难。

一方面，我们注意到对一条规则的任何阐释本身都可以被阐释，从而无法确定什么可算是将来的一次正确应用，而这会引出这样的结论：没有什么构成我以确定的方式理解一个词。这便让我们关于意义和理解的通常构想受到了威胁：它表明，并没有对意义的把握这种东西来**迫使**我们以确定的方式做出判断和说话。另一方面，由于无法认可不存在用一个词意指某种确定的东西这回事儿，所以我们便会试图这样来终止这种后退：坚持认为，尽管记号可被阐释，但记号的意义却不可被阐释，而正是依据记号的意义，随后的操作才会被区分为正确的和不正确的。然而，这正是关于自我阐释规则的柏拉图主义神话，维特根斯坦已表明它是空洞的。

麦克道尔争辩说，按社群主义的解读，维特根斯坦对这一两难困境的回应并未对导致这一困境的那个假设提出质疑。持这种解读立场的人认为，维特根斯坦认可让这种阐释后退终止的乃是新情形下以特定的方式应用一条规则的那种蛮横倾向。这便导向了关于什么构成了正确性的那种社群主义构想，而在麦克道尔看来，这种构想恰恰消除了存在着带有规范力量的心灵状态这种观念。按麦克道尔的阐释，这种观念——不存在真正规范的心灵状态，而只存在做出反应的蛮横倾向——并不是维特根斯坦的思考所得出的结论。毋宁说，这一观念是作为对这样一个假设的归谬证明而出现的：它似乎将规范性的消除当作有问题的柏拉图主义形式的唯一替代者了。

93 麦克道尔论证道，维特根斯坦对于这一两难困境——它源自我们假定把握一条规则总是一种阐释——的回应，并不是去接受不存在带着规范力量的内在状态这个灾难性的后果，而是去拒斥导致这一后果的那种假设。从阐释的后退可得到的教训是，接受如下观念是致命的：在一条规则的表达和什么算作它的一个正确应用之间，总有一道需要拿一个阐释去填补的缝隙。因此，维特根斯坦被认为得出了如下结论：

> 我们一定不要默认以下观念：就其自身来说，一条规则的表达并不将行为区分为遵守该规则的操作和不遵守该规则的操作。
>
> （McDowell, 2009a:100–101）

按麦克道尔的解读，这并不要求我们建构一种关于规范性的哲学解释，而只要求我们这样来恢复关于意义和理解的日常构想：提醒我们注意明显的事实，比如这样的事实："参与相关实践活动的人们被告知按照路标指示的方向进入，而不是按照在某种阐释之下的路标所指示的方向进入。"（McDowell, 2009a:104）根据麦克道尔的阐释，不要像赖特那样，将某个语言共同体的共享成员资格理解为"仅仅只是外在的东西（人人可得的事实）之间的一种匹配"，而要将其理解为"心灵交汇的能力"（McDowell, 1998a:253）。因此，他认为，要对维特根斯坦做出一种令人满意的解读，就一定不要将他看作是要"否认一个人的理解可以是关乎她心灵中拥有某种东西的事情”（McDowell, 1998b:270），而这就已经解决了什么算作一个表达式的正确应用的问题。我们必须有能力抓牢这种观念：“一个如此这般的思想乃是只有某些事态可与之符合的某种东西”（McDowell, 1998b:270）；抓牢“将理解视作正确操作从中而来的内心状态的构想”（McDowell, 1998c:314）；抓牢这种观念：“一个心灵可完全容纳这样一种东西：其本身就包含着对于什么可算作与之相符合的规定。”（McDowell, 1998c:320）

麦克道尔承认，共同体实践存在的可能性依赖于大量关乎自 94
然人类反应的潜在偶然性。然而，他争辩道，我们必须小心翼翼地区分开我们的实践某种意义上所依赖的那些亚个人层面的蛮横偶然性，与那些业已解决了什么可算作与它们相符合的那些个人层面上的意向性状态。他论证说，要是不想完全失去对意向性现象的把握的话，我们就**必须**接纳这样的观念：出现在心灵中的是这样一种东西，“对于其自身同一性而言，同客观世界的某种规范性关联是必不可少的”（McDowell, 1998b:270）。然而，我们这样做时必须要避免柏拉图主义神话的形而上谬论，以为概念确定了一种应用型式，可**自行**沿用到新情形中。麦克道尔认为，我们必须看到“认为意向本身就包含了相符合与不相符合在内，并没有什么害处——实际是带有强制性的，代价是丧失对假想论题的把握”（McDowell, 1998c:315）。麦克道尔称这种观点为“自然化的柏拉图主义”。所主张的是，存在着这么一层意思，就其而言“一个表达式的意义可在一个瞬间呈现”（McDowell, 1998a: 258），亦即这么一层意思，就其而言，表达式的意义并不是维特根斯坦关于遵守规则的深入思考所针对的目标。

麦克道尔认为，赖特的错误就是：混淆了个人的和准个人的层面，并且假定维特根斯坦想要依据属于后者的概念去解释属于前者的那些概念。正如麦克道尔所看到的，维特根斯坦的意图是想表明，一旦我们认识到说话者处在某些意向性状态中的能力有赖于“一种有关人类生活及对这种生活的融入的背景”（McDowell: 1998c:317），关于一位说话者之处于某种“自行决定什么可算作与之相符合”的意向性状态的观念，就成了无害的和常识性的。不过，我们还不应走得太远，以至于假定，我们可以完全在关于社会实践及表达式使用的自发同意的事实中，找出是什么赋予了相符合与不相符合的观念以内容。这么做将会冒着这样的风险：“将行为次心灵化”（under-mentalizing the behaviour），这里不再有任何“有关**按一种理解行事**的问题”（McDowell, 1998b:276）。自然化的柏拉
95 图主义就是这样的主张：意义出现于心灵中的可能性依赖于共同体实践的背景，而这让我们得以摆脱这一致命的假设，即赋予记号以意义总是涉及对它的阐释。我们现在可接受这样的看法：任何融入这一实践的人都能够“直接地”感知到其语言中的表达式的意义并按照这种意义做出行动。

意义与用法之间的联系

尚不清楚，上述三种对维特根斯坦关于遵守规则的评论的阐释中，有没有完全令人满意的。不满意的一个主要依据是，没有哪一种阐释将语法研究的观念放在对维特根斯坦评论的理解的中心位置。所有三种解读都同维特根斯坦关于遵守规则的思考相关联，但其中没有哪一种完全公正地对待了他关于自己的哲学方法的构想，或者，没有哪一种解读完全公正地对待了这一观念：他是要澄清像意指、理解、掌握一条规则等概念，是如何实际发挥作用的。克里普克视其为对一个真正的怀疑论难题做出了回应。赖特视其为提出了一种关于遵守规则在于什么的实质性哲学解释，这种解释纳入了关于意义和理解之本性的一个惊人发现。麦克道尔则宣称，他是要捍卫他称之为我们关于意义的常识观点，使之免受怀疑论者的攻击，但很难看出，这如何让我们超越这种“奇怪的观念”：就一个词的意义在于其用法而言，一个词的用法必定已经以某种方式出现在理解它的动作之中了，以使得理解的动作“已足以决定新情形中所进行的事情是正确的”（McDowell, 2009b:94）。

此外，尽管麦克道尔不认为维特根斯坦提出了关于意义在于什么的一种建构解释，但他依然觉得他致力于维护一种关于意义和理解之本性的构想，而如果我们关于意义与理解的日常谈论不陷入空洞的话，这种构想就**必定**是**正确的**。因此，他乐于这么说起维特根斯坦之认为“**必定**存在着这样一些遵守规则的情形，它们并非依
96 照阐释而行动的情形”（McDowell, 2009a:102，我的强调），或者维特根斯坦的“这一**论点**：存在着并非一种阐释的掌握一条规则的方式”（McDowell, 1998a:258，我的强调）。这至少在某种程度上同我所提出的如下解读维特根斯坦的方法相冲突：获取一种关于我们语词的用法的清晰观点这一想法，对于理解其思想是最为重要的。按照这种关于其哲学目标的阐释，我们需要将其关于遵守规则的评论解读为关于我们的意义和理解概念如何实际发挥作用的语法探究，并避免将他的评论描述成关于什么**必定**如此这种形式的论断，或者描述成关于意指或掌握一条规则的**本质**在于什么这种形式的**论点**。

我们再回到维特根斯坦在《哲学研究》138中提出的那个问题：一个词的意义（我理解它时所把握到的东西）“适合”我们随后对它的使用吗？我刹那间把握到的东西，如何“适合”在时间中延续的用法呢？在我听到一个词并以这种方式理解它时，难道整个的用法都于刹那间出现在我的心灵中了？可是，一个词的整个用法怎么能出现在我的心灵之中呢？从形式上看，这些问题显然类似于维特根斯坦早先就许多论题提出的问题。例如，某人是如何说“板!”并意指“递给我一块板”的？某人是如何用“五块板”表达一个报告，而非表达一个命令的？在实指地教“深褐色”这个词时，我们是如何意指颜色的？我们是如何指着一个对象的形状而非它的颜色的？如此等等。

所有这些问题都是用来抵御这样一种哲学倾向的，即把我们语言起作用方式的某个方面错误地加以表达，或者把它过分简单化，或者将它视为当然。这些问题标志着对包含于我们实践的这些方面中的东西进行仔细考察的开始，而这种考察通过关注单个具体情形的细节实现如下两个目标：其一，把我们从错误表达中解放出来；其二，实现我们所寻求的那种理解。同样，维特根斯坦在《哲学研究》138中提出的那些问题，也标志着一种语法研究的开端，这种研究是要抵制对理解或把握一个词的意义包含着什么做出错误
理解的诱惑，并由此获取关于“把握一个词的意义”或者“听到一 97
个词并理解了它”这些表达式实际如何被使用、我们如何用它们进行操作的清晰观念。

维特根斯坦这样开始他对理解和意义这两个概念的研究：他要我们设想这么一个特定情形，即当某人对我们说出“正方体”这个词时，我们听见并理解它。他要我们想一想，当我以此种方式听到并理解“正方体”一词时，我的心灵中实际出现了什么。他指出，出现在我心灵中的，或许是一幅正方体示意图。现在的问题是，出现在我心灵中的这幅示意图，如何同我接下去对“正方体”一词的使用相适合或不相适合呢？对话者回答道：“这还不简单！——如果这一图像出现在我心灵中，而我却指着（比如）一个三棱柱并且说它是一个正方体，那么这种用法就不适合这幅图像。”（*PI* §139）维特根斯坦回答说：“它难道不适合吗？我有意选了这个例子，因为很容易设想一种**投影方法**，使得这幅图像确定是适合的。”（*PI* §139）

按克里普克的阐释，我们应将此视作维特根斯坦的怀疑主义

论证的一部分，其目的是表明，按我们用一个词意指的东西去行动的观念乃是一个幻象。然而，维特根斯坦的评论所采取的形式，却与为得到一般的怀疑主义结论而做的论证有着惊人的不同。例如，他指出，他“有意……选了这个例子”，以便我们可轻易地设想一种对先前出现于我心灵中的图像进行投影的方式，借此他便适合于一种用法，其与我倾向于他做出的那种用法完全不同。所以，这里有一种暗示：无论他所感兴趣的是哪一种误解用一个词意指一个东西而不是另一个东西包含着什么的诱惑，这种诱惑均可通过仔细察看**这一特定的情形**予以澄清。不过，从另一方面说，他并没有暗示，他希望以这个例子为基础得出如下这种新奇而**一般的**论断：并不存在按照我所理解的一条规则做出行动这么回事儿。

这里不涉及一般的怀疑主义论断，维特根斯坦是以完全不同的方式使用这个例子的。当我问自己我心灵中出现的图像是否适合于我接下来对“正方体”这个词的使用时，就存在一种巨大的诱惑
98 去认为这幅图像确实强加给该词或要求该词有一个特定应用。于是，我会倾向于认为，在我听到并理解“正方体”一词时，出现在我心灵中的关于一幅正方体示意图的图像只可应用于某个正方体，而**无法**应用于任何别的东西。维特根斯坦刻意选了这么一个例子，就是想让我们在仔细察看这一特殊事例时，可轻易地看到，最初那种以为这幅图像本身就把某种特定用法强加给了我们的想法是错误的。因为，当我们回想这些事情时，就可以看到，很容易设想出另外一种对这幅图像进行投影的方法，例如，一种可让它适合于一个三棱柱的投影方法。

这么一来，“正方体”一词的例子向我们表明的便是，尽管

“正方体的图像确实向我们**暗示**了一种特定的用法……可我仍可能以不同的方式使用它”（*PI* §139）。那么，是什么样的错误让我忽略了这幅图像的某种替代用法的可能性？维特根斯坦问道：是不是这样一个错误，“我应这样表达它：‘我以为这幅图像把一种特定的用法**强加**给了我’”（*PI* §140，我的强调）？可是，确切地说，这到底是怎样一种观念呢：“有没有作为一幅图像或者类似于一幅图像的某种东西，把一种特定的用法**强加**给了我们？”（*PI* §140，我的强调）。这个例子的关键点就在于，我们最初以为关于一个正方体的图像就是这样一幅图像。当认识到存在着我们准备称之为“应用关于立方体的图像”的某种别的东西时，我们便可看出，关于某种特定用法被强加给我们的整个观念不外乎就是：“只有这一情形而无任何别的情形呈现给了我。”（*PI* §140）这里涉及的，并不是旨在摧毁关于我理解或把握了“正方体”一词意义的观念的某种怀疑主义论证，而是在我倾向于构造的这幅图像与某个特定情形中所发生的事情之间的一个比较。这一特定情形向我们表明的是，我们关于当我听见并理解这个词时出现在我心灵中的这幅图像将一种用法“强加”给了我的信念，是十分错误的。实际发生的只是，我突然想到了该图像的一种而不是另一种用法。

在《哲学研究》140的末尾，维特根斯坦得出了如下观察结论：

> 关键是要看清，当我们听到这个词时，同样的东西可以
> 出现在我们的心灵中，而应用仍然是不同的。它两次都有**同** 99
> **样的**意义吗？我想我们会否认这一点。

这里所提示的是，如果我们认为维特根斯坦是在致力于一种语法研究，那就不要把这理解为这样一种怀疑论主张：不存在我现在以“正方体”意指正方体这样一个事实；维特根斯坦这里并不是向我们提出一种怀疑主义论证。宁可将他的评论理解为，把我们的注意力引向被我们忽略的一种平常的或熟悉的可能性，而这种可能性清楚地揭示出我们的这样一种倾向：相信当我听到并理解“正方体”一词时出现在我心灵中的东西将该词的应用强加给了我。通过考察这一特定情形的细节，维特根斯坦开始了他的工作，以揭示出上述信念就是关于意义之本性或者理解一个词在于什么的一幅神话图像。因为它让我们清楚地看到，同样的图像会出现在我们的心灵中，而应用仍然是不同的：这幅图像毕竟没有把某种特定的用法**强加**给我们。在出现不同应用的情形中，正是对该词的使用表明了说话者用它意指什么，而不是在他听到并理解该词时出现在他心灵中的东西。

然而，维特根斯坦的对话者，并未立刻放弃关于一幅强加给我们一种特定用法的图像的观念。他问道：难道不会是不仅关于正方体的图像，而且投影它的方法也一并在我们听到这个词并理解它时出现在我心灵中？例如，难道在我心灵中不可能出现一幅表现由投影线连接起来的两个正方体的图像吗？维特根斯坦表明，假如我们满意于这种说法，这难道不是因为，只有一种对这幅新图像的应用呈现给了我们吗？不过，肯定有人会描述出一种不同于我自然会采纳的对这幅图像的应用，就像维特根斯坦对原先那幅关于正方体的图像所做的那样。这样，我们再次发现，关于一幅图像**强加给**我们一种用法的想法，实际只是表达了我们以某种特定方式应用这幅图像的倾向而已。我们可以通过说**对这幅图像的某种应用出现在我的心灵中**，来描述这种情况。但维特根斯坦告诫说，我们需要“更清晰地把握我们对这种表达的应用”（*PI* §141）。该图像的某种应用出现在我心灵中，是怎么回事？我想以一种方式而不是另一种方式应用这幅图像，又是怎么回事？我们需要研究，我们是如何使用“该图像的一个应用出现在我心灵中”这个表达式的。 100

为完成这项研究，维特根斯坦此时从该表达式的第一人称用法转向了第三人称用法。他不再仔细考察，当我听到并理解一个词时在我心灵中实际发生了什么，而是要我们去想，我们如何向某人解释各种投影方法，以及我们如何判定我们想要的那种投影方法是否出现在他的心灵中。他承认，我们对此拥有两套不同的标准：“一方面是他在某一刻所设想的（无论哪一种）图像；另一方面是他——在时间进程中——对他的这种意象的应用。”（*PI* §141）他接下来问道：“在图像和应用之间会有冲突吗？”（*PI* §141）。显然会有的。但这并不是因为这幅图像**强加给**我们一种特定的应用；也不是因为它**不可能**以不同于我们应用它的方式被应用。只有在如下情况下冲突的可能性才会出现：“这幅图像促使我们期待一种不同的用法，因为人们一般是**如此这般**地应用**这**一图像的。”（*PI* §141）维特根斯坦接着写道：“我要说，我们这里有一种**正常**情形，以及多种反常情形。”

显然，《哲学研究》141的最后几句话并未带着到达怀疑之极致的意味。这里既未暗示关于一个正方体的图像是不可用的，也未暗示关于该图像同其应用的冲突的观念是没有意义的。反倒表达出了这样一种认识：这幅图像**有**一种用法——“人们一般是**如此这般**

地应用**这**一图像的”——而且，正是凭据该图像的这种用法，我们才可能谈到它和某种特定的应用之间的冲突。按克里普克的阐释，《哲学研究》138—141中的论辩，是在一名意义怀疑论者和单纯的常识之声之间展开的；按赖特的阐释，论辩是在一个批判的（修正的）声音与表达我们的（站不住脚的）前哲学构想的声音之间展开的。而按通行的解读，论辩的一方是受到关于将一种用法强加给我
101 们的图像的神话观念之诱惑的声音，另一方则是维特根斯坦的实施治疗的声音。维特根斯坦的治疗声音引导我们考察某一特定的具体情形的细节，以使我们**既**认识到我们关于强加给我们一种用法的图像的观念是奇怪而空洞的，**又**看到这里实际上“并不涉及任何不同寻常的东西”。赋予关于图像和应用之冲突的观念以内容的，并不是该图像据以将一种特定用法**强加**给我们的某种神秘力量，而是这样的事实：它**拥有**一种用法，而正是我们对它的使用“让我们期待它的一种不同于”已有用法的用法。

因此，这些段落中的论辩重现了我们于上一章中讨论的那些评论中看到的那种型式。像前面一样，维特根斯坦利用对某一特定具体情形的语法研究，去抵制一幅关于意义或理解的错误图像，而我们的语言形式——例如，“我**刹那间**把握住了意义”——诱使我们去采纳这幅图像。他既不是要提供一种关于我们日常语句的分析，也不是要提出一种关于事情**必定**如此的论点，这一论点可以说明我们的日常语言如何发挥作用，或者可以为之提供辩护。他关于哲学方法的语法构想的核心观念是，对欲行误解的诱惑或者生造哲学幻想（比如，关于将用法强加给我们的图像的观念）的诱惑的治疗，在于密切注意我们实际使用表达式的实践细节。当我们仔细查

看明摆在我们对语词的实际使用中的东西时，就会发现“这里没有什么不同寻常的东西”。

欲行误解的诱惑之所以会出现，是因为我们太急于构建可说明当我理解一个词时会出现在我心灵中的东西如何适合于我对它的应用的图像，这幅图像初看起来似乎是很清晰的。维特根斯坦向我们表明的是，当我们试图把图像之“适合于”某个用法的观念应用于某个特定的具体事例时，它却被证明是不可用的：并不存在将某种应用强加给我们的图像这么一回事儿。在通过对特殊事例进行语法研究，更清晰地觉察到了这些情境——在其中，我们说在出现于某人心灵中的东西与他对一个词的应用之间存在着冲突——之后，我们开始认识到我们的观念是空洞的。我们也开始看清，理解何以 102
在一幅图像与它的应用之间会产生冲突所需的所有东西，都已摆在我们眼前了，可在我们以特定方式使用这幅图像的日常实践中观察到。通过将我们关于一幅图像同其应用——我们倾向于如何图示它——之间的冲突想要说的东西与实在相比较，我们便开始看清，我们生造出了一个哲学幻象：关于出现在心灵中并将一个词的应用强加给我们的某种东西的观念。仅当存在着使用某个表达式的实践，我们才能说，对它的某个特定使用或应用乃是一种误用。

意义与理解

关于出现在心灵中，并将表达式的应用强加给我们的东西的错误图像，是同如下观念联系在一起的：一名说话者对其语言的理解，乃是某种形式的**心灵状态**，这种状态是他接下去正确使用其语言中语词的能力的**源泉**。显然，这样的想法——关于一名说话者听到并理解一个词时出现在他心灵中的东西必定以某种方式将一种特定的应用强加给了他——是同这幅关于这种理解**必定**在于什么的图像联系在一起的，或者说，是表达这幅图像的一种方式。即使这幅关于意义的特殊图像被证明是空洞的，我们仍然会觉得，“理解”这一概念要求**必定**得有某种类似的东西。要否认这一点，似乎就是宣称，我们接下去正确使用一个表达式的能力无法凭据我理解它时所把握到的东西加以说明；也就等于假定，某个理解一种语言的人和某个不理解它的人之间的差别，并不在于正确说明说话人使用表达式能力的，一种理解的内在状态的存在或不存在。

我们看到，在《哲学研究》138—141 中，维特根斯坦已开始试图让我们相信，关于出现在心灵中并“适合于”我接下来对它的使用的东西的这幅图像，不过是源自误解我们语言形式的诱惑的一个神话而已。然而，要充分揭示我们关于理解的构想的神话本质——以及理解这个概念实际发挥作用的方式——只有通过对我们 103 语言的这个区域做进一步的语法研究。这种语法研究表明，理解这个概念发挥作用的方式，完全不同于我们关于理解**必定**在于什么的哲学图像所提示的那种方式。

那么，诱惑我们把理解描画为作为正确用法之源泉的心灵状态的东西是什么呢？假定我们正在教一名学童如何按特定的形成规则构造不同的数列。我们什么时候才会说，他掌握了一个特定的数列，比如，自然数数列？显然，他必须能够正确地给出这一数列："就是说，像我们所做的那样。"（*PI* §145）维特根斯坦此处说道，我们用于判定他是否掌握了这一数列的标准带有某种模糊性，这种模糊性既涉及他正常地给出它的概率必须达到多少，又涉及他必须把它展开到什么程度。维特根斯坦将这种模糊性看作我们心理学语言游戏的一个与众不同的特征，正是这种特征，将它同我们在其中描述机械系统的语言游戏区别开来。他对心理学语言与我们语言游戏的其他区域的差异的语法研究要达到的部分目标就是：促使我们接受这种模糊性作为其本质的一部分，而不把它看作我们关于他人心灵状态认知的间接性的标志。我们将在第五章更详细地探讨这一点。此时，维特根斯坦关注的是这样一种特定的诱惑，即把理解描画为某种确定的状态，这种状态隐藏在该学童之正确地将自然数数列继续下去的**背后**，并对其做出说明：

你这里或许会说：掌握这一系统（或者说，理解了它）不可能在于一直把这个序列展开到**这个**或**那个**数：**那**只是在

> 应用某人的理解。而理解本身是一种状态，是正确用法的**源泉**。
>
> （*PI* §146）

维特根斯坦问，我们此时想到了什么？难道我们不是又在把理解活动设想成对迫使我们以某一特定方式应用一个词（展开一
104 个数列）的某种东西的把握吗？“可是，我们又回到了原点。”（*PI* §146）我们已经看到，我们无法赋予“逻辑强制性”观念以任何内容。当我们试图将这幅图像应用到某个特定的具体情形（关于一幅正方体示意图的图像）时，我们发现，它未能和任何东西建立联系：关于这幅图像强加给我们一种特定用法的观念，原来是空洞无物的。我们反倒发现，在这幅图像与对它的使用之间发生冲突的可能性，有赖于这幅图像与某种给定的应用之间的关联，而这种关联是基于存在着一种以某种特定方式使用该图像的实践的。

说理解乃是“正确用法的**源泉**”，只不过是以另一种方式表达了这种诱惑，即相信某种东西出现在了说话者心灵中，并迫使他以某种特定方式使用一个词。就此而言，就像我们早先关于正方体示意图强加给我们一种特定用法的想法一样，这种看法也是空洞无物的。关于理解与用法之关联的图像，同样是一个空洞的观念，维特根斯坦已表明没有任何东西对应于它。举例来说，一个公式出现于心灵中作为一名学童理解某个数列的标准，完全只是因为这一公式**被**以一种特定方式**使用**，而不是因为它不知怎么就成了某一给定数列的“源泉”。只要想到，一个适当的公式出现于一名学童的心中（或许他在什么场合看见过它被写下来）而他却仍不理解它的情况

是完全可能发生的，我们就可再次看到，关于“逻辑强制性”的图像是空洞的。

此时，对话者又转向导致他觉得有必要将理解描画为作为正确用法之源泉的心灵状态的另外一种根源：

> “……当**我**说我理解一个数列的规则时，当然不是基于我一直以这种方式应用这个代数公式的**经验**，才这么说的！就我的情况而言，无论如何我都确切地知道，我是在意指如此这般的一个数列；至于我实际将它展开到哪一步，那是无关紧要的。”
>
> （*PI* §147）

我不必去留意我在做什么，以便知道我用一个词意指什么，或者知道我正展开的是哪一个数列；我可以**直截了当地**说我在展开 105
自然数数列。这再次暗示了，我必须把握业已预示着我接下来对一个词的使用的某种东西，或者已经决定了自然数数列的所有成员的某种东西。若不是这样的话，我如何在实际展开一个数列之前知道我在展开哪一个数列呢？或者，在实际应用一个词之前知道我用它意指什么呢？

显然，我们确实想说，知道我们正展开的是哪一个数列，知道我们用一个词意指的是什么，并不依赖于我们对将来的所作所为的注意，但问题是：理解一个数列的规则或者知道一个词的意义这个概念的语法是什么呢？在着手考虑维特根斯坦的语法探究之前，我们会被引诱去将这些概念，同关于不知怎么就已经预示了我将来对一个词的使用，从而也对这种使用作了说明或辩护的某种状态的观念联系起来。然而，我们对立方体示意图的情形的考虑，已经表明这一观念是成问题的：并没有什么东西与之相对应。可是，假如这一观念是空洞的，我本人何以**知道**我理解了一个词或者正在展开一个特定的数列呢？我们再次受到关于作为正确用法之来源的那种状态的图像的诱惑，这种状态说明了我何以能正确地继续下去，而它的存在让我得以正当地说我理解了一个词或者正在展开一个特定的数列。

有关知道或理解一个词的意义这一概念的语法的问题，或者掌握一个数列的原理的问题，引导我们进入维特根斯坦对我们语言这一区域的语法研究的核心。这项研究的主要目的是帮助我们看清语言的这一特定部分是如何发挥作用的。所以，我们必须非常仔细地关注维特根斯坦在这些段落（*PI* §§148–155）中所说的内容。这些段落的核心主题是，企图松动把理解作为一种内在心灵状态的图像对我们的控制，具体做法是揭示如下两对概念间的语法差异，亦即用法上的差异：第一对是理解概念和关于有意识的心灵状态的概念；第二对是理解概念和关于内在机制的概念。维特根斯坦关于语
106 法研究的观念的一个重要部分就是，它应促使我们去注意表征着我们的各种概念的那些各别的语法特征或用法型式。

他想要克服的误解语言如何发挥作用的有些诱惑之所以会出现，就是因为我们未能注意到概念间的这些语法差异。这种失误导致我们去做误导性的类比，去问不适当的问题，去做引人误解的比较，去进行错误的推导，如此等等。维特根斯坦相信，通过观察这些语法上的差异，或者通过看清我们概念发挥作用的方式完全不像

我们所假定的那样，便可清除由这些诱惑所引起的混乱和悖谬。因此，他至少部分地通过引导我们关注描述有意识的心灵状态的概念、描述机械系统的概念与理解概念之间的语法差异，来向我们揭示后者的独特语法。他相信，这种关于理解概念如何发挥作用的清晰观点，将会把我们从混乱中解救出来，这些混乱至少部分地源自对我们语言的这些不同区域所形成的某种错误的相似感。

描述有意识的心灵状态的概念——例如，关于处于疼痛状态的概念、关于感到郁闷的概念、关于听到一种蜂鸣声的概念等——的独特语法包含着这样的部分：就像强度概念或程度概念一样，绵延、中断和连续这样一些时间性概念，在被应用到上述那些概念上时都有明确的意思。相反，理解概念则和关于任何东西“出现在我们心灵中”的观念没有任何联系，只是引入了关于倾向或能力的观念。我们并不在谈论疼痛的强度或程度的意义上，来谈论理解的强度或程度，而更多的是在容量或广度的意义上来谈论它。而且，尽管在某些特定的情境下，我们能够确定，理解能力什么时候突然来临了，或者能够谈论它被打断的情形，但理解概念，并不以与关于当下意识状态的概念同样的方式，和绵延概念联系在一起。即便假定，时间性概念与理解概念之间的这些弱关联，使得说理解是一种状态是合适的，它显然仍是一种（从语法上讲）不同于疼痛或郁闷的状态类型，而我们需要对它的独特语法有更为清晰的把握。 107

理解状态是什么**类型**的状态？维特根斯坦认为，称之为一种**心灵**状态，要面临的危险是，我们不是试图通过观察这一概念如何实际发挥作用而描述其语法，而只是形成这样一幅关于理解的模糊图像：它类似于一种有意识的心灵状态，**只不过是无意识的而已**。

这并不能让理解状态的语法更清晰（事实上，倒可以说使之模糊化了），但它同时却又容许我们忽略让这种语法清晰起来的那种真正的工作。于是：

> 用“有意识的”和“无意识的”这样的词，去表达意识状态与倾向之间的对照，只会引起更大的混乱。因为这一对术语掩盖了一种语法差异。
>
> （*PI* §149）

在缺乏一种关于理解概念之语法的清晰观点的情况下，还存在着这样一种诱惑，即根据一种心灵装置（比如，大脑）所拥有的、用于解释说话者语言能力的那种内在结构去描画这一概念。维特根斯坦再次表明，这种图像不适合于这一概念的语法，因为我们对“理解”这个词的用法表明，我们并不是在描述一种内在机制的确定状态。因此便不存在任何用于判定（例如）一名说话者理解一个词，或知道如何做加法运算的标准，或掌握自然数系列的标准，这一标准要诉求于“关于这一装置的、完全和它做了什么无关的某种知识”（*PI* §149）。宁可说，我们对“理解”这个词的使用，以一些需要澄清的复杂方式，同一名说话者参与我们的判断、描述、计算等实践联系在一起。

如果我们这里说，理解的标准纯粹是行为上的，那是对维特根斯坦思想的误读。这样解读他的思想，没有抓住他在我们的理解概念起作用的方式中找到的那种特定形式的复杂性。他并未声称，
108 “理解”一词的意思在于判定其应用的行为标准。确切地说，这一

表达式于其中获取其意思（它的用法）的领域，乃是一种复杂的生活形式，这种生活形式，是在说话者们生活和行动的方式中展现出来的，既体现在他们过去的生活史中，也体现在他们当下的与未来的行动及反应方式中。理解概念是对一种内在机制的状态的描述——这一诱人的观念完全未能把握住“理解”一词的用法不是同那一刻发生的任何事情相关联，而是同进行中的操作型式相关联，以及同由某种用法实践和为这种用法所做的那类训练构成的背景相关联的方式。我们并不是参照使用某个词的日常实践、参照某人在这种实践中接受的训练、参照他接下来像我们每个人一样独立使用它等背景，来识别出我们关于理解这个词的概念发挥作用的方式的，而是形成这么一幅关于理解的内在状态的简单图像，这种状态瞬间出现并对说话者得以正确地进行下去的能力给出说明。维特根斯坦承认，这幅图像对我们是很有说服力的，但他想要表明，它错误地表现了我们实际是如何运用这个词的。

因此，维特根斯坦提出的问题，并不是我用“plus”意指加法或者我掌握了自然数数列的规则到底是不是一个事实，而是这一事实是哪一类事实。他问道：

> 可是，这种（关于一个数列的规则的）知识在于什么呢？我想问：你**什么时候**知道那一应用的？一直都知道？无论白天还是黑夜？或者，只是在你实际想到该数列的规则的时候？就是说，你知道它就像知道字母表和乘法表一样？或者，你称作“知识”的就是——类似于想到某种东西的——

一种意识状态或一个过程吗？

（*PI* §148）

这里的要点，并不像克里普克和赖特所指出的，是我们得弄明白这种知识必定是怎么回事，并发现没有什么对之做出回答；而毋宁说，我们对它毫无概念。我们需展开一项语法研究，以便弄清关于一个数列的知识的概念如何发挥作用，从而弄清关于一个数列之原理的知识是怎样一种状态：只是说，像知道字母表或乘法表那样，
109 有能力做某件事情吗？还是说，会涉及实际想起某种我们理解时呈现在心灵中的东西，比如一个公式或一条规则？

维特根斯坦最初的评论中有一条指出了“知道”一词的语法同“能够”和“有能力做”这些词的语法之间的联系。看出这些概念是彼此关联的，可将我们的注意力从关于心灵状态或心灵装置的观念上移开，而转向这样的观念：知道的状态至少有时就是有能力做某事。不过，他接着注意到，“‘知道’一词也有这样的用法：我们说‘现在我知道啦！’——以及类似‘现在我能做啦！’及‘现在我理解啦！’”（*PI* §151）。这些关于突然理解的第一人称表达，可能会再次诱惑我们将理解描画为这样一种状态，它出现“在一瞬间”（*PI* §151），并对我们正确地进行下去做出说明。维特根斯坦再次做出这样的回应：促使我们仔细查看在某个特定情形下实际发生的事情；他要求我们去看并看清“这里出现了怎样的情况”（*PI* §151）。

他要我们设想如下情形：甲写下一个数列，乙得找出这个数列的规则。设想，甲写下（例如）1，5，11，19，29这些数，而

就在这时，乙说知道如何进行下去了。维特根斯坦问："这里发生了什么?"显然，可能会发生好多事情。例如，乙可能会试过各种各样的代数公式，而当甲写到19时，他得到了$an = n^2 + n -1$这个公式；数列的下一个数确证了他的假设。他有一种紧张感，模模糊糊的想法在他脑子里打转；他随后问自己："这是由哪些数差构成的数列?"他可能看出数差是4，6，8，10，并说"我知道怎样写下去了"。或许，乙望着甲并说，"我知道这个数列"；然后他就把这个数列写下去，就像我们接着把1，3，5，7，9……写下去一样，想也不想自己在干什么。又或许，他什么也没对别人说，而只是把这个数列写下去，自言自语道："这还不容易?"

在一个特定的情形中，上述每一种情形都可能会发生。他此
时要问，其中有构成了理解状态的情形吗?维特根斯坦指出，设想
该数列的公式，无法构成理解，"因为完全可以设想，乙想到了这
个公式而他却并不理解它"（*PI* §152）。因为完全可以设想，当他 110
试着把这个数列写下去的时候，他却无法做到。维特根斯坦评论
道："'他理解了'所指的，必定是比'他想到了这个公式'更多
的东西。"（*PI* §152）"更多的东西"又是什么?要是我们想到"理
解的其他独特**伴随物**或外化状态"（*PI* §152）——紧张感、突然的
轻松、"这还不容易"的想法——我们便能看出，其中的任何一个
对于理解都是不充分的。乙可能感觉到了所有这些却依然不理解。
我们在寻找"理解的心灵过程"（*PI* §153），而当乙突然理解时，
并没有出现任何东西构成了这一过程。

那么，"现在我理解了""现在我看清数列的原理了"等句子，实际是如何被使用的呢?我们前面已看到，它们并不等同于"出现

在心灵中的公式”，也不等同于这个再加上理解的独特伴随物。说它们描述了某种隐藏在这些有意识过程背后或者同它们并列的东西，也被视作会将我们引向困惑，因为说我们理解了时，我们如何可能知道这种看不见的过程出现了呢？那么，在某个特定情境下，是什么东西使我可以正当地说我能接着做下去了呢？维特根斯坦写道：

111 > 要说必定有“处在这个公式的说出背后”的某种东西的话，那便是**特定的周遭情况**，是它们让我可以正当地说，我能接着做下去了——如果我想到了这个公式的话。
>
> （*PI* §154）

因此，没有任何出现在心灵中的东西告诉我我理解了，或者让我可以正当地说“现在我理解了”。不过，在特定的情境下，我对“现在我理解了”这些词的使用是正当的：就像这样一些情境，例如，我受过使用这些代数公式的训练；或者，我掌握了看到数型（numerical patterns）的诀窍；或者，我被训练过识别数列，包括这一个。我对这些词的使用之所以是正当的，并不是由于某个心灵过程的出现，也不是由于我假定了一个我们并未看见的过程，而是由于该公式于其中出现在我心灵中的那一整个的背景。鉴于我受过数学训练并熟悉代数公式，这一公式出现于心灵中成为我理解了这一数列的标准。我们不应该在该公式出现于心灵中的背后，而应该在它出现于心灵中所在的那些周遭情况中，去寻找是什么使得它出现在心灵中成为理解的一个标准。

此时，维特根斯坦对自己的研究意图做了清晰的表达：

> 就说一次，绝不要把理解当成“心灵过程”！——因为**这**是让你陷入混乱的谈论方式。相反，得这样问自己：在哪种情形下，在哪类周遭情况中，我们会说“现在我知道怎么写下去啦”？我指的是，如果我想到了这个公式的话。——
>
> 就存在着这么一些过程（包括心灵过程），它们乃是理解所特有的这一层意思来说，理解并不是一个心灵过程。
>
> （*PI* §154）

维特根斯坦随后给出了一些心灵过程的例子：某种疼痛的加剧或减缓，听某个曲调或一个句子。这些是心灵状态；是出现“在心灵中”的东西；是出现时我们回去反省或注意的东西。理解概念不是这类概念；“从语法上讲”它不是一个心灵状态。我们已经特别提到，它同“能够”和“有能力做”这些概念有密切关系。目的 112
是要弄清楚这一概念的语法，从而也弄清楚理解一个词的事实是怎样一类事实。向我们表明的并不是不存在像理解一个词或把握一个数列的原理这样的事实的事实；我们正予以澄清的，乃是理解概念是如何发挥作用的。

这些论点似乎仍让我们难以理解第一人称情形。假如我想到了这个公式，**就其本身而言**，并不能让我正当地说“我现在能继续下去了”，那么，我何以知道我正确地使用了这些词呢？我是不是得凭据这样的情况——我知道，在我于这些情境下想到了一个公式与我实际上正确地把这个数列写了下去之间，已然确立了一种关联？我是不是得声称，当我在某些情境下，凭据我想到了一个公式而说“现在我可以继续下去了”时，这样一种经验的关联确实存在着？维特根斯坦指出，所有这些所给出的，乃是一幅关于我们把握“为我们的语言游戏设定场景”（*PI* §179）的数学实践的方式的错误图像。维特根斯坦写道：

> 当乙想到这个公式时，亦即在某些周遭情况下，“现在我知道如何继续下去了”这些词是被正确使用的。例如，他学过代数并用过这些公式。但这并不意味着，他的陈述只是我们的语言游戏设定场景的所有周遭情况的一种简略描述。

我对于这种数学实践的把握，并不是**在**我想到这个公式**时**所出现的东西，相反，却是背景给了“我想到这个公式”以意义；在这些周遭情况中，它成了我已理解的标准。然而，我说出的话，并未含蓄地**指称**这一背景，倒是我们对数学实践的共同把握构成了我们对“现在我理解了”这些词的使用在其中发挥作用的那个视域。当然，我想到了这个公式，并不是掌握该数列原理的唯一标准；存在着不同的标准，包括在某些周遭情况下我只是继续展开数列而并
113 未想到一个公式。此外，在后一情形下，“……称（‘现在我知道如何继续下去了’）这些词是‘对一种心灵状态的描述’，是很有误导性的”（*PI* §180）。维特根斯坦指出，要是将这些词当成“一个信号”（*PI* §180）或者当成“一个本能的声音，一个愉快的开头”（*PI* §323），我们的境遇就会好一些（不太会误解什么）。它们是否被正确地使用，并不由我说出它们时在我心灵中出现的任何东西所

决定；毋宁说，“我们是用我接下来所做的事情来判定它们是不是被正确应用的”（*PI*§180）。

教一个孩子使用“现在我理解了”这些词，并不依赖于把他的注意力，要么引向任何“出现在他心灵中”的东西，要么引向他想起一个公式和正确地做下去之间的某种经验关联。毋宁说，教师对孩子行为中出现的那些表明他在加深掌握的型式给予鼓励。孩子则反过来更增强了信心和熟练程度，并最终得以跨出关键的一步，独立地继续进行下去。“现在我理解了”“现在我可以继续下去了”这样一些句子的用法，是在同某个特定实践相协调的、自主而自信的反应被开发出来的背景中被学会的，而不是在与对内在心灵状态的反省或者关于经验规则性的假定的关联中被学会的。孩子学会使用这些词，并不是把它们当成对他想到的东西的描述，而是当成对准备好了独立地继续下去的表达，而这种表达是在背景中由他的纯熟把握来辩护的，或者，仅仅是由他按所要求的方式继续下去来辩护的。

维特根斯坦对“现在我能继续下去了”这些词的用法的描述，并不像克里普克所指出的那样，是为回应关于意义的一个怀疑论难题——不存在任何构成我之理解一个词的**事实**——而做出的。维特根斯坦所关注的是对我们的理解概念如何发挥作用所做的一种语法研究，其目标是将我们的注意力引向“理解”这个概念（这个事实）所是的那类概念（那类事实）；他的评论纯粹用于描述我们如何使用这些词语，我们如何被教会使用它们，以及诸如此类的事情。他的描述的整个目的，就像他的语法探究所抱有的一般目的一样，是想揭示出，我们为回应“什么是理解?”这个问题而倾向于

114 构造出的那幅图像是空洞的，以及，我们为清除困惑所需的一切，都已在我们运用像“现在我理解了”“现在我可以继续下去了”这样一些表达式的方式上明白地显现出来了。

因此，关于某种内在状态（它已经解决了什么算作对一个词的正确应用的问题）的观念，在我们用“现在我理解了”这些词所进行的语言游戏中起不到任何作用。一旦看清这幅关于理解的诱人图像同理解概念实际发挥作用的方式并无关联，它对我们的控制也就松动了：

> 我们接受为……“能够”“理解”之标准的东西，比起初看之下，要复杂得多。也就是说，用这些词进行的语言游戏，以及这些词在以它们为手段所做的语言交流中的用法，要比我们被引诱去设想的，包含着更多的东西——这些词在我们语言中的作用，并不像我们被引诱去设想的那样。
>
> （*PI* §182）

接下来，他又加上了这样的想法：

> （这种作用是我们需要加以理解的，以消除哲学悖论。……）

这些悖论之所以产生，是因为我们没有对语词的用法形成一种清晰的观点；误导性的类比诱使我们构造关于我们觉得**必定**如此这般的东西的错误图像，即便我们无法看出它**何以是**如此这般的。

我们通过澄清像“理解”“意指”“知道”“意图”之类的概念的语法来克服这些悖论。我们逐步看清了这一点：我们构造出了一幅图像，它将某种语法——关于某种内在状态之概念的语法——归于这些观念，而且，它们的实际语法要复杂得多，完全不像我们设想的那样。这幅图像之所以吸引我们，仅仅是因为，我们没有对如何运用这些表达式形成清晰观点，从而随意仿照那些以完全不同的方式发挥作用的概念，去设想它们的语法。维特根斯坦的语法研究的主要目标之一，就是要表明，不仅我们被引诱去建造的这些图像是空洞无物的，而且，通过密切注意像“理解”“意指”“知道”“可继 115
续下去”等表达式的实际用法，由这些图像所引出的悖论和困惑便会彻底消失。

规则与其应用的联系

获取关于"现在我理解了"这些词的用法的更清晰观点，会有助于我们抵御这样的观念：这些词描述了一种内在心灵状态，这种状态是我们得以继续下去的能力的源泉。然而，仅仅澄清我们语法的这么一小部分，尚不足以将我们完全从内在状态神话中解放出来，因为我们语言的其他一些方面似乎也会把这幅图像强加给我们。我们在别的一些点上也会被引诱去说，理解必定是一名说话者"刹那间"获得的一种状态，这种状态迫使他以某种特定的方式应用一个词（展开一个数列）。只有在详尽考察这些别的诱惑源头之后，我们才有望摆脱这幅图像。在《哲学研究》185中，维特根斯坦构造了一个例子，并用它更为清晰地表明了：我们被引诱去根据将理解当成一种作为正确用法之源的状态的神话，而错误地加以描述的我们语言游戏的其他那些方面究竟包含着什么。

这个例子重新回到了教一名学童把老师写下的数列接着写下去的情形。维特根斯坦把他现在要我们考虑的情形描述如下：

> 按通常的标准来判断，这名学童现在已掌握了这个自

然数列。接下来我们教他写下别的整数系列，并使他在得到“+n”这种形式的指令时得以写下如下形式的数列：

0，n，2n，3n，……

所以，在得到“+1”的指令时，他写下自然数系列。——假定我们做了一些练习，并让他一直加到1000。现在我们让这名学童在1000以后继续写这个数列（比如，+2）——他写出了1000，1004，1008，1012。

我们对他说：“看你做的！”——他不理解是怎么回事。我们说：“是让你加2：看看你是怎么开头的！”——他回答说：“是啊，难道有什么不对吗？我认为就是**让**我那么做的。”——或者假定他指着这个数列并且说：“可是，我是以同样的方式往下做的呀。” 116

（*PI* §185）

维特根斯坦把这一情形描述为，这名学童对他所受训练的自然反应不同于我们：“一旦给出我们的说明，此人自然会把我们的指令连同我们的解释理解为，**我们**应当这样理解这一指令：‘加2一直到1000，加4一直到2000，加6一直到3000，以此类推。’”（*PI* §185）他拿它同如下情形相比较：某人对指物姿势做出反应时，是沿着从指尖到手腕的方面看去，而不是相反。所以，这个例子向我们表现的是维特根斯坦早先描述过的一个“反常情形”（*PI* §141）。我们所接受的训练或指导中，没有任何东西（以某种神秘的方式）**强加了**这条规则的某种特定的应用，但是，我们通常全都通过接下去以某种特定的方式使用这条规则，来对这种训练和这些指导做出反应。同样的训练、同样的指导，却给维特根斯坦在《哲学研究》185中描述的那名学童造成了完全不同的印象。

这里涉及的，并不像克里普克以为的那样，是关于意义的怀疑论。宁可说，维特根斯坦是将这一反常情形作为一个比较的对象，以便澄清正常情形中的那些我们被引诱去误解的方面。这一反常情形尤其是被用于澄清，我以一种而非另一种方式（例如，正常地而非反常地）意指或理解“+2”这个指令是怎么回事儿，以及，是什么使得对这一指令的某一种而非另一种反应成为**正确的**。在两种情形下，我们要做的都是某种语法研究，而不是为必定如此这般的东西提供某种哲学论点，也不是对我们的日常实践提供某种辩护。

那么，是什么使得“1000，1002，1004，1006，……”成为对“加2”这个指令的**正确**反应呢？“如何确定在任一特定阶段要采
117 取的正确步骤是什么呢？”（*PI* §186）对话者提到，“‘正确的步骤就是符合这一指令的步骤——就像所**意指**的那样’”（*PI* §186）。然而问题是，这种意义上的意指到底是什么？我们给出这一指令时，肯定没有明白地想到“1000，1002，1004，1006”这些步骤；或者说，如果我们确实想到了的话，显然还有其他一些我们没有想到的步骤。而我们这里又被推回到了这样的诱惑：把意义或理解设想为业已预示了可对一个词所做的**所有**应用的一种状态。因为我们想说：“‘我的意思是，他应当在他写出的**每**一个数后面，写出下一个数；所有那些句子都依次随之而来。’”（*PI* §186）似乎只有通过诉诸这么一幅关于业已确定下来的无穷多个命题的图像，我们才能有意义地说，“1000，1002，1004，1006，……”是对“加2”这

个指令的正确反应，而“1000，1004，1008，1012，……”则是对它的一个不正确的反应，**就像本来所意指的那样**。

在紧接下来的一个段落中，维特根斯坦指明，这里讨论的不是事实，而是事实的形式（我们概念的语法）：

> “可是，我给出这个指令的时候，就已经知道他应当在1000后面写1002。”——**当然是这样；而且你也可以说你当时意指的就是这个**；只是你不应当让自己受到“知道”和“意指”这些词的语法的误导。
>
> （*PI* §187，我的强调）

我们想把知道他应在1000之后写1002——或者以这样的方式即只有在1000之后说出1002才算是遵守了它来意指“+2”这项指令——描画为这样一种活动，在其中这一指令“以其自身的方式业已经历了所有步骤：所以，当你意指它时，你的心灵就跑到了前面去，在你的身体达到这一步或那一步之先，它就走过了所有的步骤”（*PI* §188）。我们觉得，按照“1000，1002，10004，……”的顺序继续下去是正确的，这一说法本身就**要求**，答案“已经以某种**独特的**方式——只有意指某物可以预期实在——被预先确定、被预期到了”（*PI* §188）。但是，我们仍然“没有得到关于这种非凡事实的模型”（*PI* §192）；没有任何观念对应于我们用下面这些词想要表达的东西：“这一指令（像它被意指的那样），已完全确定下 118
了从一个数到下一个数的每个步骤。”然而，并不是说维特根斯坦断定了这样一个论点：正确的步骤**不是**由这个公式决定的。确实没有我们想要求助的那种存在于一个公式和它的应用之间的超级关联，但这并不是说“这些步骤由该公式所决定……”这些词不意指任何东西，亦即，**没有任何用法**。

维特根斯坦提及了我们会对“这些步骤由该公式所决定”这些词所做的两种不同的使用。一方面，我们在数学中会用这些词区分开那些决定了对于每一自变量的唯一值的公式（例如，“$y=x^2$”）和那些没有决定对于每一自变量的唯一值的公式（例如，“$y>s$”）。另一方面，我们也可以用它们做出一个有关人类如下独特能力的人类学结论：他们可用这样一种方式对所受到的特殊训练做出反应，即在没有任何指导的情况下在新情形中以同样的方式做出反应。于是：

> 我们会说，“这些人受到这样的训练，以至于他们在收到‘+3’的指令时会在同样的点上采取同样的步骤”。我们可能会这样来表达：“对这些人来说，‘+3’这道指令完全决定了从一个数到下一个数的每一步骤。”（与别的一些人形成对照：他们接到指令时不知道该怎么做，或者，完全确定地对之做出回应，但各有各的方式。）
>
> （*PI* §189）

这一人类学陈述乃是关于某个特定人群的自然史的经验陈述。显然，事情有可能是另一种样子的。相反，上述数学陈述却没有说任何关于特定人群的自然史的东西，而只是在数学自身内部指出了那些决定了对于每一自变量的唯一值的公式和那些没有决定对于每一自变量的唯一值的公式之间的区别。维特根斯坦指出，当我们想到“$y=x^2$是一个给定的x值决定y值的公式吗？”这个问题，所问的是不同于“$y=x^2$”是否类似于“$y=2x$”或者“$y>x$”的问题时，难题便出现了。或者，当我们容许“这些步骤是由该公式决定的”这些词的人类学和数学用法相交叉，并设想某个人的理解状态必定以 119
某种可比之于“$y=x^2$”为每一自变量确定了一个值的方式产生出了他在展开数列的项时所采取的所有步骤时，难题便出现了。因为，尽管在数学中若我以2为自变量的值代入“$y=x^2$”，我确实**必须**回答4——也就是说，“4”是数学中唯一算作正确的答案——当我们说到被训练使用数学公式的人时，是不存在这种“必须”的类似物的。

维特根斯坦指出，正是图像间的这种交叉引出了我们对一个公式的把握同接下来对它的应用之间的“最高关联”，从而，一旦这一公式出现在心灵中，我们便别无选择，而只能以某种特定的方式继续下去：我们不只是在因果上而且在逻辑上被迫按部就班地展开数列。维特根斯坦的目的是让我们看清这一观念是空洞的。为取代关于出现在心灵中并将一种应用强加给我们的公式的空洞图像，维特根斯坦提醒我们注意这一寻常的人类学事实：我们所有人都是经过训练而一致同意如何使用“+2”“+3”等公式的。这就是一个关于我们的事实：如果被要求展开“加2”这个系列，我们便会就**该怎么做**达成一致。这些公式拥有我们一致同意的确定用法；存在着我们都那样使用它们的一种方式。因此，当对话者坚持“我那一刻已经知道……”时，维特根斯坦指出，这就相当于说：“要是我被问到他在1000后面写什么数字，我会回答‘1002’。”他评论道：

我并不怀疑这一点。这个假设颇类似于下面这种："要是他当时落入水中，我就会跟着他跳下去。"——那么，你的想法有什么不对呢？

（*PI* §187）

当然，我们可以说"那一刻我已经知道……"，但这些词并不指称这样一个意指动作，它神秘地预期了"+2"这个系列的所有步骤。这么一来，同过去的关联就在于我有能力说，要是我被要求继
120 续这个数列，我会如何做出反应。我在这条规则的使用方面所受的训练，不仅让我在每一个新的点上都毫不犹豫且无须指导地做出行动，而且让我可以毫不犹豫且无须指导地说出，要是被要求的话我**会**如何做出反应。对被意指的反应和那名反常的学童实际做出的反应之间的冲突所形成的感觉，并非源自他的反应和这条规则本身的冲突，而是源自他的反应和我得自所受训练且此时可以说我会做出的那种反应之间的冲突。"我当时已经知道……"并不意味着，这一规则的所有应用，都必定以某种神秘的方式呈现在伴随我发出这个指令的心灵动作之中了，或者已经为这一动作所预示了。宁可说，我用这些词所表达的东西也已被"要是我被要求……"这些词表达出来了。

然而，到底是什么使得"1000，1002，1004，1006，……"成为**正确的**反应，仍然不是很清楚。我们难道不是已经同意，那名反常学童的反应，在某种解释之下可以算作对"加2"这条规则的一种应用吗？要是这样的话，我们不是得同意，一名说话者所做的任何反应，在某种解释之下都是符合这条规则的吗？我的反应可能

同那名反常学童的反应相冲突，可它怎么就成了正确的反应、**应当**做出的反应呢？我们会再次感到，要使正确反应与不正确反应之间的对比有什么意义，就得诉诸这种观念：用法已预先以某种特别的方式确定下来了。维特根斯坦以下述方式来回应这种将意义概念当成神话的诱惑的死灰复燃：他指出了正确与不正确的区分如何实际奠基于正常反应与不正常反应联系于周围实践的不同方式。我们并不是在我们倾向于去找寻它的地方——在规则本身中，或者在伴随着规则的说出的某种东西中——找到这种区分的基础的，而是在环绕着这一指令被给出、对它的反应被做出的场景中找到它的。

维特根斯坦将这些论点概括如下：

> 我要问：一条规则的表达方式——比如一块路标——同我的行动有何关系？这中间有什么样的关联？——哦，或许是这样：我被训练以特定的方式对这种记号做出反应，而现 121
> 在我确实这样做出反应了。
>
> 但这只是指出了一种因果联系；只是说明了我们此时按路标行进是如何发生的；而不是按一个记号行进，实际在于什么。并非如此；我已进一步指明了：仅当存在着路标的某种确定用法、某种习惯，一个人才会按一块路标行进。
>
> （*PI* §198）

把这些评论理解为关于遵守规则的某种理论，或者关于规则概念的某种分析，显然是很诱人的。然而，维特根斯坦本人却把这些观察刻画为“语法的”，作为“对‘遵守一条规则’这一表达式的**语法**的一个注解”（*PI* §199）。因此，当维特根斯坦评论说，仅当存在着使用路标的实践，我对路标的反应才可算作遵守它的一个情形时，他并不是在提出按照一条规则行事在于什么的哲学论点，而是在描述我们关于一条规则的概念实际是如何发挥作用的。通过比较正常和反常情形，维特根斯坦一方面让我们得以克服，我们说这条规则本身（它如何被意指的）必定以某种方式强加了它的某种特定用法的诱惑，另一方面也让我们得以认识到，一条规则与对它的某种应用之间的冲突在于我们**如此这般**应用**这条**规则这一事实。

这里，并未引出与一条规则的概念有关的任何怀疑论危机。倒是表现出了这么一种企图，即表明“我们由于未能理解一个词的用法而认为它表达了一个奇特的**过程**”（*PI* §196）。这种抗争是为了让我们看清，在虚构出关于某个“奇特过程”——预示着未来的意指行动——的观念时弄出了一头怪物，以及，事实上“并不涉及任何不同寻常的东西”（*PI* §94）。在察看我们如何运用“遵守一条规则”或“掌握一条规则”这样的表达式时，我们发现，没有什么东西对应于关于某个心灵过程的观念，在这一过程中，未来被现在神秘地预示着；正是在特定的周遭情况中——存在着我在其中受到训练的用法实践——我们对一条规则（比如，一个路标）的反应才
122 算作按一条规则行事的情形。因此，维特根斯坦并不质疑，我们有时确实说“瞬间”把握了一个词的意义，但他的目的是让我们看清，关于所发生的事情并没有任何令人惊异的、“奇怪的”东西。

在《哲学研究》201中，维特根斯坦这样写道：

> 这便是我们的悖论：没有任何行动过程可由一条规则决

> 定，因为每一个行动过程都可被弄得符合一条规则。回答是：如果每一行动过程都可被弄得符合这条规则，则它也可被弄成违背这条规则的。因此，这里既没有符合也没有违背。

维特根斯坦这里所描述的悖论，不能理解为他就规则概念引出的某种怀疑论危机。宁可说，这一悖论指的是我们最初对如下这种发现所生出的困惑：我们想用来描述规则与其应用的关联的那种关于“逻辑强制性”的观念，无法被赋予任何内容。对反常情形的探究向我们揭示出：存在着别的一些我们愿意称之为“规则的应用”的东西。

我们一开始对这一发现的反应是：觉得它表明了每一按规则做出的行动都是一个对其做出阐释的行动，而且一名说话者所做的**任何事情**都可在某种阐释之下被表明是正确的。维特根斯坦帮助我们看清：觉得这一观念——我对一条规则的反应可以是遵守它（而不是阐释它）的一个情形——受到了某种威胁，这其实不过是个幻象。他指出，如果真的存在这种威胁，那便意味着，我们关于一条规则被正确地或不正确地应用的观念已经完结了。我们之所以能明白我们错了，就是因为我们的思考得出了这样的结论：我们人类生活形式的最为人所熟知的、最独特的那些方面——发出和听从指令、按路标指示走、表述一个对象的外观、测量、做加法、做乘法等等——实际是不可能的。感觉到我们日常关于规则和遵守规则的观念不中用了——我们不再能谈论符合或违背一条规则——这远不构成什么悖论，倒是让我们看清我们陷入了困惑。假如我们的思考把我们引入一个离奇的状态，说什么“我们不再能够谈及某人的行

123 动是符合还是违背规则了”这样的话，我们便知道自己已深陷于误解之中了。

在《哲学研究》201的第二段中，维特根斯坦接着指出了我们的误解的本性：

> 如下事实便可表明，这里存在着一个误解：我们在这一推理链条中给出了一个接一个的阐释；仿佛每一个阐释都至少让我们获得片刻的满足，直到又想起另一个排在它之后的阐释。

由《哲学研究》201开篇（前文已引用）的悖论所表达出的那种误解，乃是这样一种想法：假如规则本身并不强加一种应用，那我们对它的反应就不可能是一个遵守它的情形，我们所做的任何事情都只算是对它的一种阐释。要看出这是一种误解，只需注意到：在讨论的过程中，我们会不断提出一些图像和规则，它们似乎并不要求某种阐释，但它们似乎会满足对规则和应用间的“最高级关联”的要求。在这些情形下，我们没有感觉到是在**选择**一种而不是另一种阐释，因为我们没有想到任何别的应用。只有当有人向我们指出，我们要准备承认某种不同用法作为这条规则的应用时，我们才意识到以不同方式使用它的可能性。一般情况下，我们根本不会想到这些别的应用的可能性；我们只是以我们受训练的方式——同我们使用它的实践相符合的方式——应用图像或规则，而没有什么东西会困扰我们。

因此，我们可以看清，我们日常的发出和听从指令、按路标指示走、进行描述、做计算等实践，并不依赖于我们现在所看到的乃是关于规则与其应用间的超级关联（superlative link）这一荒谬观念。我们得以看清这一点，只是因为我们观察到了这一事实：我们在新情形中做出反应时，并不涉及该如何阐释一条规则的问题。我们发现，哲学反思让我们觉得对遵守规则观念至关重要的、关于逻辑强制性的观念——关于将某种应用“强加给”我们的图像或规则的观念——乃是一头怪物。这一发现并未改变这一事实：在面对一 124
条熟悉规则的表达时，我会毫不迟疑地做出反应。于是，维特根斯坦接着写道：

> 我们由此表明的是，有这么一种把握一条规则的方式，它**并非**一种阐释，而是在一个个情形下，它在我们称作“遵守这条规则”和“违背这条规则”的表达中展现出来。
>
> （*PI* §201）

“我们由此表明的是”中的“由此”一词指向的是这一事实——上一句话中提出的，并被当作表明了这一悖论基于误解的那个事实。即，首次碰到一条规则的熟悉表达时，我们立即对它做出反应，而并未就如何应用它而构想假说或者在已有的假说中做出选择。在我们凭记号（比如，加号或路标）而过的生活中，阐释问题通常不会出现：我们只是按训练而得的方式做出反应，这种方式对我们来说已成了第二本性。这种把握规则的方式并不是一种阐释：它是一种即刻反应；该如何阐释这条规则的问题并未出现。要理解是什么让对一条规则的反应算作是遵守或违背它的事例，维特根斯坦提议我们去查看在每一特定情形中我们将什么称作“遵守这条规则”或“违背这条规则”。要想理解是什么让我对一条规则的反应成为遵守它的一个情形，我们就得查看特定的周遭情况，正是这些情况提供了我行动的背景，也正是在这些情况中我的所作所为成了我遵守这条规则的标准；我们不应该去追寻出现在心灵中的东西与我接下来所做的事情间的那种神话般的关联。在《哲学研究》201最后一段中，维特根斯坦再次表明，这一节就是要确认，遵守一条规则并不是对它进行阐释的一项活动。阐释一条规则就是，比如，我们在用一种表达替换另一种表达时所做的事情；相反，遵守一条规则并不在于任何东西出现在心灵中；遵守一条规则的概念并不是这样发挥作用的。

在《哲学研究》202中，维特根斯坦将这些关于规则概念的语法观察，同是否可能存在私人规则或者是否可能“‘私人地’遵守规则”的问题，醒目地联系在了一起：

> 125 这便是“遵守规则”也是一项实践的原因。而**认为**一个人在遵守规则，并不是遵守规则。而这就是不可能“私人地”遵守规则的原因：否则的话，认为一个人在遵守一条规则，就和遵守这条规则没什么两样了。

这条评论非常简短，而对它的阐释，必定有赖于对将论题引向这里的那些评论的阐释。因此，我想根据它之前的那些评论，把《哲学研究》202理解为对我们的遵守规则概念之语法的进一步注释，而不是关于什么东西必定如此的哲学论点。

我们已经看到，一幅图像或一条规则同其应用之间的冲突的可能性在于这样的事实：存在着使用它的一项实践或习俗。我们也已经看到，为理解是什么让对一条规则的表达做出反应的特定情形成为遵守它的一个事例，我们需要查看在每一特定情形下我们将什么称作遵守一条规则或违背一条规则。我们的遵守规则概念之语法，亦即这一概念发挥作用的方式，将遵守规则概念同一项实践的存在或者其中有一种习惯用法的生活形式——后者为其应用提供了背景——联系了起来。因此，这一概念并不描述任何出现于使用这条规则的人“心灵中”的东西；遵守或掌握一条规则的那些独特的心理伴随物，同我们实际运用“遵守一条规则”这一表达式的方式无关。并不是凭据遵守规则的心理伴随物（认为一个人在遵守规则），一个人的行动才被当作在任何特定情形下的遵守或违背一条规则的事例；而是凭据环绕着一个人的反应的周遭情况，这一反应才被算作遵守规则的一个事例。

缺了这些周遭情况，关于遵守或违背一条规则的概念就难以把握；因为，并不是凭据任何此刻出现的，或者“在心灵中”出现的东西，我在任一特定情形中所做的事情才被当成我们称之为“遵守一条规则”或“违背一条规则”的东西。确切地说，正是凭据我所做的事情乃是进行中的实践的一部分而且我接受过这项实践的训练这一事实，我此时在这一实践中所做的事情才算是遵守或违背这条规则。在试图弄懂“私人地”遵守一条规则这一概念时，我们只 126
能求助于遵守规则的心理伴随物，而这些东西同我们的遵守规则概念之语法无关。要是屈就于遵守规则时的心理伴随物，我们就无法将认为你在遵守规则和实际你在遵守规则区分开来，因为这一区分依赖于我们在一个特定情形中称之为遵守或违背一条规则的东西，从而也依赖于使用这条规则的实践的存在。私人地遵守一条规则的观念是空洞的；我们关于遵守一条规则的日常概念之应用于某人所做的事情，所凭据的是环绕着他所做之事的周遭情况，而不是任何出现在他心灵中的东西。（在下一章中，我将论证，维特根斯坦在《哲学研究》243及以后的诸段落中关于私人语言观念的讨论，提出了一个尽管与这里提出的问题相关却又有所不同的问题：一个心理学概念，可否基于内省，亦即基于私人实指定义加以界定？）

逻辑“必须”

维特根斯坦在《哲学研究》218—221中对他关于“逻辑强制性”观念的探讨做了总结。他一开始这样问道：“这样的观念是从何而来的：一个数列的开头乃是看不见的、通向无限的轨道的可见部分？”（*PI* §218）。这种关于轨道的意象，显然是表达我们的如下感觉的一种方式：一旦掌握某个数列的原理，在我们的身体到达某一点之前，所有的步骤都已走过了。因此，“无限长轨道对应于一条规则的无限应用”（*PI* §218）。维特根斯坦此时指出，我们用这幅关于无限长轨道的图像，或者用“所有步骤都已走过了”这些词，想表达如下的意思：

> 我别无选择。一旦被标上某种特定的意义，这条规则就把遵守它的路线延伸到了整个空间。
>
> （*PI* §219）

他反问道： 127

可是，要真是这么回事，又能有什么帮助呢？

（*PI* §219）

让我们假定，一条规则真的铺设出了对应于这条规则的所有未来应用的轨道。当我要去应用这条规则时，这对我会有什么帮助吗？因为，即使有这些轨道存在，我依然需要确定怎样才算是与它们相符合。我们受到诱惑认为对遵守规则的观念至关重要的关于通向未来的轨道的观念，并未确定什么可算作我顺从它们或者没有顺从它们。维特根斯坦接着写道：

不；我的描述，只有象征性地加以理解，才是有意义的。——我本应该说：**依我看，就是这么回事**。

我在遵守规则时，并不选择。

我**盲目地**遵守规则。

可是，那一象征性命题的目的是什么呢？它应当凸显因果依赖与逻辑依赖之间的差别。

我的象征性表达实际是对一条规则的用法的神话式描述。

（*PI* §§219–221）

因此，我使用这幅关于看不见的、通向无限的轨道的图像，是为了表达我本人的如下感觉：我对于所理解的一个词，或者我已掌握的一条规则，如何在新情形中被应用，已别无选择。我对我所受训练的反应是这样：在（例如）展开一个数列的每一新步骤上，都不会有任何疑问；我只是根据使用这条规则的实践，毫不迟疑地、无须任何指导地做出反应；没有任何别的反应方式，会作为一种可能性出现。我们以关于无限长轨道的图像“象征性地”（隐喻式地）表达出的，正是这种关于遵守规则的独特经验，也正是对于这条规则如何被应用的不可抗拒性的独特经验。这幅图像，就这样抓住了有关我们把握一条规则的日常经验的某种特别的东西。然而，当我们受诱惑去把这幅图像不是作为一个隐喻，而是从字面上加以阐释时，问题就来了。从字面上解释，我是以关于伸展到无限远，并将一条规则的所有正确应用都规定好了的轨道的意象，去表 128
现被因果地决定与被逻辑地决定之间的本质差别的。

如果从字面上阐释无限轨道的图像，我们就必须赋予如下观念以内容：确实存在着这么一种东西，它“将遵守这条规则的线路延伸至整个空间”。当我们发现无法对这幅图像做我们所倾向的一种应用时，我就会感觉到“每一行动过程都可弄得符合某条规则”（*PI* §201）。维特根斯坦对这种混乱状态做出回应，指出：从来就不会涉及这种东西。因为事实是：“这条规则对我而言，只可能事先就产生出了它的所有结论，要是我**理所当然地**推出它们的话。”（*PI* §238）使之成为一个“逻辑的”而非因果的强制性的情形（一个遵守规则的情形）的东西，并不在于我受到强制的**方式**——不在于以某种方式强制我的那条规则本身——而在于这样的事实：我对这条规则的未受指导的反应，乃是在我们的实践中被称作“遵守规则”的东西。关于确实存在着通向无限的理想轨道的观念，被证明不过是一个哲学幻象。这种幻象由如下两种东西共同促成：一是我们对关于遵守一条规则的概念之语法的无知，另一是将一种错误的建构加在受一条规则支配的某个人倾向于说的东西之上的诱惑。

维特根斯坦在《哲学研究》206中以如下方式表达了同样的思想："遵守一条规则，可比之于服从一道命令。我们被训练去这么做；我们以特定的方式对一道命令做出反应。"他在这里提出了这样的问题："可是，要是一个人**以此种方式**，另一个人**以彼种方式**，来回应这道命令和这种训练呢？哪一种方式是对的？"为向我们表明，在这些情境下为什么不能有意义地说某人是对的，他要求我们设想这样的情形：我们作为探险者来到一个神秘国度，那里的人们说的是一种我们完全陌生的语言。"在什么样一些情境下，你会说那里的人是在发出命令、理解命令、服从命令、违抗命令，做诸如此类的事情？"（*PI* §206）显然，只能通过在他们使用声音的活动中辨别出某种结构，亦即，只能通过识别出我们描述为发出和服从命
129 令的某种实践的那种独特的生活形式。我们要做的是去查明这一共同体的实践中的某种形式或型式，据此可以将他们的所作所为判定为发出命令、服从命令、违抗命令等实践。所以，对维特根斯坦的评论"我们据以解释一种未知语言的参照系乃是人类的共同行为"要如此加以阐释，即它将我们的注意力引向这样的事实：我们是在一种共同实践的多种形式和型式中，或者在使用记号的方式中，而不是在隐藏于说话者心灵内的任何东西中，将某件事确认为服从或违抗一道命令的。

接下来，维特根斯坦进一步强调了这一点。他设想了这种情形：当我们实际着手在他们使用语词的实践中去辨识出一种结构时，我们却发现无法做到。"当我们试着学习他们的语言时，却发现做不到。因为在他们所说的话、他们所发出的声音同他们的行动之间没有固定的联系。"（*PI* §207）即使我们设想，如果塞住这些

人的嘴，就会让他们不再能前后一贯地行动，以至于“没有了声音，他们的行动就会陷入混乱”（*PI* §207），维特根斯坦仍然指出：“没有足够的规则性让我们称之为‘语言’。”（*PI* §207）下达命令、做出报告、描述一个场景、讲一个故事，这些都表现着特定的生活形式；当我们无法辨识这种形式时，我们就不能说这些人们是在从事这些实践，或者在使用一种语言。

维特根斯坦主张，我们行动方式中的某种独特秩序或型式——“人类的共同行为”——乃是将某种东西描述为一种语言所依据的东西。按我们的阐释，上述主张不能理解为关于语言的可能性条件的论点，亦即，不能理解为关于何物**必定**如此的论断。就像他得出的所有其他观察结论一样，这种关于规则性或秩序的论点，也要理解为对我们关于一种语言的概念如何发挥作用所做的语法注释。我们关于一种语言的概念所描述的，并不是一个有意义的抽象记号系统，而是某种特定的生活形式，这种生活形式展现了某些独特的规则性或型式，而正是它们构成了做一份报告、描述一个对象、叙述某个事件，如此等等。由我们的语言概念衬托出的生活形 130
式观念的核心是，存在着这样一些使用语词的型式，正是以它们为背景我们才能把某个特定的行动说成是服从一道命令的情形，或者把一个词的某种特定用法说成是对它的正确应用。

假如我们无法在涉及声音使用的活动中辨别出这些独特的型式，那么，不仅我们没有足够的证据称之为语言，而且将这些活动判定为包含语言的活动——我们会将其描述为使用语言的某种东西——的标准，也没有被满足。维特根斯坦以为我们的语言概念之应用不可或缺的那种符合或协调，就是行动方式的协调一致，这种协调一致表现在下达命令、做出报告等所体现出的那种共同生活形式上。他将这种协调或符合描述如下："为真或为假的，乃是人们所**说出**的东西；他们在所使用的**语言**上彼此协调一致。这并非意见的协调一致，而是生活形式的协调一致。"（*PI* §241）在《哲学研究》242中，他在我们行动方式的协调这一观念与我们关于一种语言的概念之间，也建立起了同样的关联："若要借助语言进行交流，就不仅得在定义上协调一致，而且得在判断上（这听起来有些奇怪）协调一致"；也就是说，得在我们对语词的**使用**或**应用**上——在运用语词的方式上——协调一致。

至此，我们对维特根斯坦关于意义和遵守规则的评论的阐释，就告一段落了。我希望，我们能清楚地看到，假定这些评论的力量可用以下这些论断加以概括乃是一个错误：意义就是用法；说一种语言就是一种实践；理解不是作为正确用法之源泉的一种心灵状态；如此等等。维特根斯坦的评论的哲学意义并不在于这些"结论"：它们本身是贫乏而模糊的，而且显然不是要被用作建造更精致理论机器的基础。这一研究进程的真正目的，一方面在于克服某些深藏着的哲学神话和倾向，另一方面在于将我们的思想风格扭转
131 到明摆在我们语言实践中的东西上来。以上的那些概括性论断，完全未能抓住在如何理解我们语言发挥作用的方式上所发生的这种更深刻的转变。

通过将关注集中在维特根斯坦语法研究的细节上，我所采取的这种研究进路，同我前面举出的那三种阐释中的任何一种都不完全一致。单就将一种语法研究的观念看作反理论的，看作反对可说出任何算作一种发现的东西的而言，我的研究进路会被视作同麦克

道尔的解读有某种相似性。然而，就麦克道尔做出了一个论证，想要确立某种必定如此的东西以使我们的日常语言游戏成为可理解的而言，就他依然想跟这一观念——将来对一个词的使用**必定**已由理解的动作所预示——联姻而言，他的解读依然受制于一幅图像。而依我之见，这幅图像实际是维特根斯坦的语法研究所瞄准的靶子之一。因此，我强调维特根斯坦对于我们如何运用“理解”“现在我理解了”“该图像的应用出现在我心灵中”等语词，以及对于我们称为“正确”或“不正确”的东西的研究，可视作对克里普克和赖特的下面这层意思的同情：维特根斯坦对这些概念并不满意。乍看之下，它们似乎指称神秘的心灵过程，但需要做些工作以表明“这里不涉及非同寻常的东西”。

按我的解读，没有任何东西表明，维特根斯坦是在提出一种关于这些概念的建构性解释。不过，显然存在这么一层意思：维特根斯坦相信，他的研究揭示出了这些概念的语法——相关表达式所拥有的那类用法——完全不同于我们所设想的那种：“用这些词进行的语言游戏，以及这些词在以它们为手段所做的语言交流中的用法，要比我们被诱惑去设想的更为错综复杂——这些词在我们语言中的作用，并不像我们被引诱去设想的那样。”（*PI* §182）通过逐步看清“理解”“意指”等词语的用法交织于其中的更广阔的语言 132
游戏，我们便从我们被引诱去说理解和意指在于什么时所生出的那些哲学神话、那些困惑与悖论中解放出来了。通过查看我们在其中学会这些词的用法的那些情境，查看我们据以判断某个人是否照其被意指的那样理解了一个表达式或一道命令的标准，查看这些词在我们凭语言而过的生活中所起的作用，我们渐渐得以看清“这里不涉及任何不同寻常的东西”。

参考文献及进一步阅读材料

Anscombe, G.E.M, 1992, "Wittgenstein: Whose Philosopher?"(《维特根斯坦：谁的哲学家?》), in A. Phillips Griffiths, ed., 1992:1–10

Baker, G., 1981, "Following Wittgenstein: Some Signposts for *Philosophical Investigations* §§143–242"(《跟随维特根斯坦:〈哲学研究〉143—242的若干路标》), in S.H. Holtzman and C.M. Leich, eds, 1981:31–71

Baker, G. and Hacker, P.M.S., 1984, *Scepticism, Rules and Language*(《怀疑论、规则和语言》)(Oxford: Wiley Blackwell)

——, 1985, *Wittgenstein: Rules, Grammar and Necessity: An Analytical Commentary on the Philosophical Investigations*(《维特根斯坦：规则、语法和必然性：对〈哲学研究〉的分析性评论》)(Oxford: Wiley Blackwell)

Boghossian, P.A., 1989, "The Rule Following Considerations"(《遵守规则之考量》), *Mind*, vol. 98:507–49

Budd, M., 1984, "Wittgenstein on Meaning, Interpretation and Rules"(《维特根斯坦论意义、阐释与规则》), *Synthèse*, vol. 58:303–24

——, 1989, *Wittgenstein's Philosophy of Psychology*（《维特根斯坦的心理学哲学》）(London: Routledge)

Cavell, S., 1966, "The Availability of Wittgenstein's Later Philosophy"（《后期维特根斯坦哲学的适用性》）, in G. Pitcher, ed., 1966: 151–85; reprinted in S. Cavell, 2002:44–72

——, 1979, *The Claim of Reason: Wittgenstein, Skepticism, Morality and Tragedy*（《理性的要求：维特根斯坦、怀疑论、道德与悲剧》）(Oxford: Oxford University Press)

——, 1990, *Conditions Handsome and Unhandsome: The Constitution of Emersonian Perfectionism*（《漂亮的和不漂亮的条件：爱默森完美主义的构成》）(London: University of Chicago Press)

Diamond, C., 1989, "Rules: Looking in the Right Place"（《规则：找准地方》）, in D.Z. Phillips and P. Winch, eds, 1989:12–33

Finkelstein, D., 2000, "Wittgenstein on rules and platonism"（《维特根斯坦论规则与柏拉图主义》）, in A. Crary and R. Read, eds, 2000:53–73

Fogelin, R.J., 1987, *Wittgenstein*（《维特根斯坦》）(London: Routledge)

——, 2009, *Taking Wittgenstein at His Word: A Textual Study*（《字斟句酌维特根斯坦：一项文本研究》）(Princeton: Princeton University Press)

Goldfarb, W.D., 1989, "Wittgenstein, Mind and Scientism"（《维特根斯坦、心灵与科学主义》）, *Journal of Philosophy*, vol.86:635–42

——, 1992, "Wittgenstein on Understanding"（《维特根斯坦论理解》）, in P.A. French, T.E. Uehling and H.K. Wettstein, eds, *Midwest Studies in Philosophy*, vol. 17:109–22

Holtzman, S.H. and Leich, C.M., eds, 1981, *To Follow a Rule*（《遵守规则》）（London: Routledge）

Kripke, S.A., 1982, *Wittgenstein on Rules and Private Language*（《维特根斯坦论规则和私人语言》）（Oxford: Wiley Blackwell）

Kusch, M., 2006, *A Sceptical Guide to Meaning and Rules: Defending Kripke's Wittgenstein*（《意义和规则的一个怀疑主义指南：捍卫克里普克的维特根斯坦》）（Cheshum: Acumen）

McCulloch, G., 1995, *The Mind and Its World*（《心灵及其世界》）（London: Routledge）

McDowell, J.H., 1998a, "Wittgenstein on Following a Rule"（《维特根 133
斯坦论遵守规则》）, in J.H. McDowell, 1998A:221–62

——, 1998b, "Meaning and Intentionality in Wittgenstein's Later Philosophy "（《维特根斯坦后期哲学中的意义与意向性》）, in J.H. McDowell, 1998A:263–78

——, 1998c, "Intentionality and Interiority in Wittgenstein"（《维特根斯坦那里的意向性与内在性》）, in J.H. McDowell, 1998A: 297–324

——, 1998d, "Response to Crispin Wright"（《回应克里斯品・赖特》）, in C. Wright, B.C. Smith and C. MacDonald, eds, 1998:47–62

——, 2009a, "How Not to Read *Philosophical Investigations*: Brandom's Wittgenstein"（《如何不这么解读〈哲学研究〉：布兰顿的维特根斯坦》）, in J.H. McDowell, 2009:96–114

——, 2009b, "Are Meaning, Understanding, etc., Definite States"

（《意指、理解等等是确定的状态吗?》）, in J.H. McDowell, 2009:79–95

McGinn, C., 1984, *Wittgenstein on Meaning*（《维特根斯坦论意义》）（Oxford: Wiley Blackwell）

McGinn, M., 2010, "Wittgenstein and Naturalism"（《维特根斯坦与自然主义》）, M. De Caro and D. McArthur, eds, *Naturalism and Normativity*（New York: Columbia University Press）, pp. 322–51

——, 2010, "Recognizing the ground that lies before us as ground: McDowell on how to read *Philosophical Investigations*"（《将我们眼前的地基认作地基：麦克道尔论如何阅读〈哲学研究〉》）, in V. Munz, K. Puhl and J. Wang, eds, *Language and World. Part One: Essays on the Philosophy of Wittgenstein*（Frankfurt: Ontos Verlag）, pp. 147–68

Minar, E., 2011, "The Life of the Sign: Rule-Following, Practice and Agreement"（《记号的生命：遵守规则、实践与协定》）, in O. Kuusela and M. McGinn, eds, 2011:276–93

Pears, D.F., 1987, *The False Prison, vol. 2*（《虚假的牢狱》第二卷）（Oxford: Oxford University Press）

——, 2006, *Paradox and Platitude in Wittgenstein's Philosophy*（《维特根斯坦哲学中的悖论与成见》）（Oxford: Oxford University Press）

Savigny, E. Von, 1991, "Common behaviour of many a kind: *Philosophical Investigations* section 206"（《各色各样的共同行为：〈哲学研究〉第206节》）, in R.L. Arrington and H.-J. Glock, eds, 1991:105–19

Staten, H., 1986, *Wittgenstein and Derrida*（《维特根斯坦与德里达》）

(London: University of Nebraska Press)

Stern, D.G., 2004, *Wittgenstein's Philosophical Investigations*(《维特根斯坦的〈哲学研究〉》)(Cambridge: Cambridge University Press)

Stroud, B., 2011, "Meaning and Understanding"(《意义与理解》), in O. Kuusela and M. McGinn, eds, 2011:294–310

Wittgenstein, L., *BB*(《蓝皮书与棕皮书》)

——, "Immediate Understanding and the Application of a Word in Time"(《直接理解与一个词在时间中的应用》), in *BT*, pp. 109–27

——, *RFM*(《关于数学基础的评论》), Parts I and VI

Wright, C., 1998, "Self-Knowledge: The Wittgensteinian Legacy"(《自我知识：维特根斯坦式的遗产》), in C. Wright, B.C. Smith and C. MacDonald, eds, 1998:13–46

——, 2001a, "Following a Rule"(《遵守规则》), in C. Wright 2001: 9–32

——, 2001b, "Rule-Following, Objectivity and the Theory of Meaning"(《遵守规则、客观性与意义理论》), in C. Wright 2001:33–52

——, 2001c, "Rule-Following, Meaning and Constructivism"(《遵守规则、意义与建构主义》), in C. Wright 2001:53–80

——, 2001d, "Wittgenstein's Rule-Following Considerations and the Central Project of Theoretical Linguistics"(《维特根斯坦的遵守规则考量与理论语言学的核心规划》), in C. Wright 2001: 170–214

——, 2001e, "Wittgenstein's Later Philosophy of Mind: Sensation, Privacy and Intention"(《维特根斯坦后期心灵哲学：感觉、私人性与意图》), in C. Wright 2001:291–318

第四章 134

私人性和私人语言

《哲学研究》243—275

导　言

在这一章里，我将着手考察维特根斯坦如何把他在语言哲学中采纳的哲学探究方法应用到心理学哲学中。我们已看到，维特根斯坦哲学方法的特点，就是集中关注主导着我们的哲学想象并阻止我们获得关于概念如何发挥作用的清晰观点的那些图像的最初来源。他并不直接涉及传统哲学中为人所熟知的学说，而是去追溯它们的根源。他认为，根源就在于我们一开始受到的那种误解语言运作过程或者构造关于概念如何起作用的错误图像的诱惑。于是，他要求我们不要再想着构建关于意识的本质，或者意识与大脑之关系的理论解释，而要去考察我们被引导去以我们的方式探讨有关理解心理现象之本性的难题所经历的那些步骤。

对意识与大脑过程之关系进行说明的难题，一开始是怎样产 135
生的呢？我们是如何被引导以一种使得关于他人心灵状态的知识成了问题的方式，去设想心灵现象的呢？我们怎么就觉得这些难题成了难题呢？引起维特根斯坦兴趣的，并不是我们构建出的哲学解释，而是这样一种“逻辑戏法”（*PI* §412），凭借它我们将心灵现象描画为出现在心灵或大脑里的状态和过程，并由此将我们的任务设想为必须说出这些状态和过程的本性是什么，设想为去说明它们如何同物理本性相融合，或者去解释我们何以知道它们出现在他人心灵中。他所用的技艺，又是促使我们考察传统探讨的基础，并揭示作为其根源的那些对心理学概念如何发挥作用的误解。在试图对传统心灵哲学特有的难题与悖论的来源进行诊断的同时，维特根斯坦继续致力于表明，我们错误地在哲学说明和解释中寻求的那种理解，可通过澄清我们的心理学概念的独特语法——我们运用心理学表达式的独特方式——而获得。

我们已经看到这种技艺在维特根斯坦关于理解概念的研究中所起到的作用。维特根斯坦对这一概念的研究的根本动力，就是把我们的关注重心从关于主体在听到并理解一个词时其内部（要么在其心灵中，要么在其大脑中）发生的东西的沉思，转向理解这一概念的语法是如何在我们运用“理解”一词的方式中被揭示出来的。当我们仔细查看这一概念的语法——查看我们如何使用“我理解了”“他理解了”等这些词——时，我们发现它完全不是以我们倾向于假定的方式发挥作用，亦即，作为在说话者听到并理解一个词时出现在他心灵之内的某个过程的名称。我们企图说出这一内在状态在于什么，但这种努力毫无结果。而要对此加以弥补，不是靠构
136 建出一种更为精巧或更为复杂的解释，而是要认识到，这种理解状态同关于内在状态的图像所暗示的完全不同。

观察理解概念实际发挥作用的情况，我们便会看到，它并不描述某种心灵状态，而其实是这样：我们对“理解”这个表达式的使用被编织进了使用表达式的通常实践，编织进了我们在这一实践中所受的训练，编织进了我们逐步发展出以符合这种实践的方式自

信地说话的能力。因此，“现在我理解了”或者“他正确地理解了”这些词的用法，无关乎发生在说话者心灵中的内在过程，而关乎将说话者逐步融入其中并赋予其当下行动或他所说的话以特定意义的那种生活形式。一方面，维特根斯坦的语法研究致力于揭示理解作为一种心灵状态之图像的空洞性，而正是这幅图像让我们觉得，需要提出一种解释以确认这种状态在于什么。另一方面，这一研究也表明，对于理解概念如何实际发挥作用的某种把握，何以能为我们带来满足，而我们要是仍执迷不悟地企图弄明白作为我们正确使用语词的能力之源泉的那种心灵状态的话，就别指望获得这种满足。

在《哲学研究》243中，对我们的心理学概念如何实际发挥作用的语法研究的关切，成了维特根斯坦的评论的首要论题。他为自己确定的任务是：促使我们意识到我们的众多心理学概念（例如，感觉、思想、想象和意图）的独特而复杂的语法。像往常一样，他想通过获取关于我们运用相关心理学表达式的独特方式的清晰看法，来澄清这些概念是如何发挥作用的。他这样做，一方面旨在对抗那些由关于作为内在状态和过程的心灵现象的图像所引发的误解，另一方面也是想要获得一种理解，而我们曾错误地以为可从关于被当成在某个内在领域中出现的心灵状态和过程在于什么的哲学解释中获取这种理解。

为便于解说，我把关于这些评论的讨论分为四个部分。本章 137
集中关注维特根斯坦在《哲学研究》243—275中关于私人性和私人语言的评论。下一章的话题是内在与外在，我将集中关注对感觉概念之语法的讨论（*PI* §§281-315），尤其关注于他是如何试图表明对关于“内在状态”的图像的误用会导致我们错误地表象心理学表达式的使用与行为之间的关系的。这两章集中关注维特根斯坦如何试图表明，对关于作为内在状态的心灵现象的图像的错误使用，一方面会造成我们过高估计内省在定义心理学表达式时的作用，另一方面又会促使我们错误地表象心理学表达式的使用与人类及动物行为模式之间的关系。第六章（*PI* §§316–427及第二部分第10节）和第七章（*PI* §§428–693）将考察维特根斯坦关于意向性概念——思考、想象、相信、期待和意图——的涉猎甚广的评论。

关于私人语言的观念

维特根斯坦关于哲学心理学的讨论是从关于私人语言观念的评论开始的，这些评论构成了我们熟悉的“维特根斯坦的私人语言论证”。这是维特根斯坦后期哲学经常被提及的方面之一，有时还被认为代表着维特根斯坦对心灵哲学的最重要贡献。值得注意的是，维特根斯坦本人从未使用过“私人语言”这个表达，而它对维特根斯坦的探讨方式会带来的影响，是同我一直在阐发的、关于其处理哲学难题之方法的构想相违背的。

有这么一些人倾向于认为，存在着可从维特根斯坦的评论中提取出来用以反对私人语言之可能性的有效论证，他们以为这一论证决定性地驳斥了笛卡尔哲学、古典经验主义、现象主义以及关于知觉的感觉材料理论。另一些人则争辩说，以其传统的呈现方式来看，私人语言论证所代表的，不过是用于维护某种版本的逻辑行为主义的证实主义意义理论。此外，这一论证的结论被视作有违于我 138
们如下这种常识性直觉：心理学概念描述了在说明主体行为时发挥着因果作用的内在状态。

由私人语言论证这一观念所引发的声势浩大的论辩超出了本

书的范围。鉴于从维特根斯坦的评论中提取论证并在其中发现对哲学立场的决定性驳斥的那种企图，有悖于对其工作的探究进路，所以，我这里对他关于私人语言的评论所做的阐释与传统阐释大相径庭。本章主要是想对这些评论做出与我的整体研究进路相合的一种解读，并适时表明它与传统解读的不同之处。因此，接下来的阐释既不试图将维特根斯坦关于私人语言的评论视作提出了对笛卡尔主义的驳斥，也不试图将它们视作为维特根斯坦关于心理学概念如何发挥作用的观点提供了哲学基础。确切地说，我把这些评论当成这样一种语法研究中的一个小小的要素：这种研究的总目标是让我们看清心理学表达式的日常使用。然而，这并不是要否认，维特根斯坦的研究想要达成的关于心理学概念如何发挥作用的清晰化观点，乃是这样一种观点：据之，这些概念作为对内在领域中所发生事件和过程的描述而发挥作用的观念，被表明不过是一个幻象。

我们对维特根斯坦关于私人语言的评论进行阐释，首先要弄清的就是：在谈及一种“私人语言”时，他心里想到的是什么。在《哲学研究》243中，他这样定义私人语言：在这种语言中“单词……指称只能为说话者本人所知道的东西；指称他直接的私人感觉。所以，没有别人可以理解这种语言”。私人语言观念明显是对照着我们的日常心理语言——在其中，我们对感觉、情感、情绪等做出表达——而引入的，而维特根斯坦就此提出的问题是：我们是否可以**设想**这样一种语言？值得注意的是，他并未假定我们对这种语言有清晰的观念并问这样一种语言是否可能。确切地说，这里要问的是：我们到底可否设想这么一种语言，亦即，可否对其做出
139 融贯而易懂的描述。然而，是什么让我们以为可设想这样一种语言

呢？为帮助我们回答这一问题，从而专注于由维特根斯坦的评论引出的问题，我想先看一看威廉·詹姆斯（William James）的著作《心理学原理》（*The Principles of Psychology*）中关于心理学语言的讨论。维特根斯坦对该书十分熟悉，并时常引用。

在讨论心理学中错误的来源的上下文中，威廉·詹姆斯指出，错误的来源之一是缺乏一种理想的心理学语言，这种语言构成“一套用于描述主观事实的特别语汇”（James, 1981:194）。詹姆斯设想这种纯粹的或理想的心理学语言同客观世界没有任何关联，而只记录或命名通过纯粹的内省行为展示给一个主体的那些明白的主观状态。在詹姆斯那里，这种关于理想的或纯粹的主观性语言的观念，并不涉及对笛卡尔式二元论的某种许诺，而只涉及有关意识的“纯现象事实”（James, 1981:177）的确凿无误的感觉，或者我们对“**直接知道的**”意识状态的觉知（James, 1981:182），从而也涉及这样的思想：内省乃是我们据以发现心理学表达式所指称的那些状态和过程之本质的方法。他因此相信，在心理学中“内省观察乃是我们必须首先并一直依赖的东西”（James, 1981:185），因为正是借助于内省我们才“发现了意识状态”（1981:185）。正是因为以为心理状态的本质是通过内省而知道的，詹姆斯才相信，纯心理学语言是完全没有任何客观指称的，其语词直接关联于由主体的内省动作所发现的东西。

就像我刚才指出的，詹姆斯纯粹基于内省动作而对理想心理语言的讨论，出现在他关于科学心理学中错误的某些主要来源的探讨的上下文中。他抱怨说，我们日常的心理学语言“最初是由并非心理学家的人们创造出来的，而当今大多数人几乎只使用关于外在事物的语汇”（James, 1981:193）。例如，他就感觉语言的情形，得出了如下观察结论：

> 140 确实，基本的感觉性质，如明亮、响亮、红、蓝、热、冷，既可在客观的意义上，又可在主观的意义上被使用。它们代表外在性质，以及由这些外在性质引起的感觉。但是，客观意义是初始的意义；而直到今天，我们在描述许多感觉时，依然不得不借它们通常由之而来的那个对象之名。橙色、紫罗兰香气、奶酪味、雷鸣般的声音、火烧般的刺痛等等，想想这些就知道我说的意思了。
>
> （James, 1981:193）

这里的难题是：我们日常心理语言的客观性，会引导我们将更多东西纳入某一给定心灵状态的本质中，而这些东西不能仅靠对那一状态的内省去保证。因此，我们会在用以描述心灵状态的那种语言的客观性的鼓舞下，将必然为“只能从内部意识到自身的”那种心灵状态本身所缺乏的元素引入进来。（James, 1981:193–194）

詹姆斯警告说，我们一定不能受语言的误导，“将（某个心灵状态）与世界上其他事实间的外在的（物理的）关系，算在我们确定意识到的对象之列”（James, 1981:196）。同样，他还表达了这样的担忧：日常心理学语言会引导我们忽略那些尚无名称的心理学现象，而且，我们的语言会为这些现象加上它们实际所没有的秩序和结构。詹姆斯提出，能确保我们得以免除这些错误的心理学的那种纯粹主观性语言，将是一种完全脱离事实的语言，同客观世界没有任何联系，其术语完全基于内省加以定义。詹姆斯并未明确提出这样的问题：这种纯粹的主观性语言——他为缺少这种语言而感到痛惜——是否只能为说这种语言的那个人所理解？不过我认为，我们仍然可利用詹姆斯的讨论来集中关注维特根斯坦在追问我们可否设想一种其单词“只指称说话者知道的东西”（*PI* §243）的语言时所引出的那个核心问题。

促使詹姆斯引入这种理想心理语言之观念的，乃是他的这种感觉：心灵状态是被直接知道的内在状态，其本质通过内省而被把 141
握到。我们以关于自身情况的内省知识为基础去把握感觉、思想、意象等为何物——这种说法就是维特根斯坦心理学哲学评论的中心论题，而他关于私人语言的评论，可视作他对这幅图像怎样影响我们关于心理学概念如何发挥作用之观念所做探讨的开端。说内省对于我们理解心理学表达式是必不可少的，乃是高度直观的说法。

如果心理现象的本质——将其同物理现象区分开的东西——就在于它们拥有某个主观的或现象学的方面，那么，我们一定只是通过内省动作便把握了心理学表达式所代表的东西。拒绝内省乃是把握（譬如）感觉为何物——或者“疼痛”一词意指什么——所必不可少的这一观念，就等于拒绝了感觉独特的主观性质，从而也就否定了心理的和物理的之分。支撑着我们的这种感觉的——正是通过内省或者把注意力向内转，我们才得以理解心理学表达式所指称或描述的东西——并不是对笛卡尔式二元论的承诺，而是如耐格尔（Nagel）所表达的这种思想：“要使一个机体（拥有）有意识的经验就意味着……存在着某种看似那一机体的东西。”（Nagel, 1979:166）

维特根斯坦本人承认下述观念的吸引力：通过观察处在某个特定心理状态时发生在心灵内的事情，我们发现这一状态在于什么、代表某个心理状态的词指称什么。于是他写道：

> 什么是疼痛？我们被引诱去把当下的疼痛当作一个样本。
>
> 困扰着我们的，当然不是一个词而是某个现象的性质。研究一个现象的性质，就是**更仔细地去看**。
>
> （*WLPP*, p.3 and p.5）

不过，他又认为我们的这种直觉是错误的：这种直觉的得来，是由于我们倾向于误用那幅关于作为“内在状态”之心灵现象的图
142 像。他想让我们看清，内省或把注意力向内转，并不提供让我们据以把握心理学表达式之意义或心理状态之本性的手段。因此，“要是我倾向于研究我此刻的头痛，以便清楚地理解关于感觉的哲学难题，这便表现出了一种根本性的误解”（*PI* §314）。

在我感觉到疼痛，或者在我突然理解了一个词时，将注意力向内转向我内部发生的事情，这一动作并不能告诉我一种感觉是什么，理解是什么，或者“疼痛”和“理解”这两个词意指什么。维特根斯坦并不是想否认内省是可能的，或者其结果会对我们有益，而只是想表明，内省并不是我们借以发现感觉、理解、思想、意象等为何物的手段；它并不是界定心理学术语的手段：“内省从不能导向一个定义。它只能导向一个有关这名内省者的心理学陈述。”（*RPP I*, §212）

维特根斯坦的目的，是抵御关于“内在状态”或“内在过程”

的图像对我们关于心理学概念如何发挥作用的构想所产生的影响。他相信，“这幅图像及其所带来的那些后果，会妨碍我们看清语词的本来用法”（*PI* §305）。为弄清“疼痛”一词意指什么，弄清感觉、意图或思想的本性是什么，我们需要“回想我们就现象做出的**各类陈述**”（*PI* §90）。通过对我们如何实际使用相关表达式的语法研究，维特根斯坦试图表明，“疼痛”“思考”“期待”“意图”等表达式的用法，完全不同于关于它们意指“内在状态”的图像引导我们去设想的那种用法。维特根斯坦的语法研究方法——它将我们的注意力导向我们是如何运用语词的——是直接同下述观念相违背的：通过集中注意发生在我内部、只有我才可以接近的事情，我们得以弄清感觉或思想的本质，或者理解“疼痛”这个词或“思考”这个词所意指的东西。

维特根斯坦对私人语言观念的研究，让他得以集中关注内省在理解感觉概念的意义中所起到的作用。因此，我们可否设想一种 143
私人语言的问题，最终成了这样的问题：我们可否设想某人通过内省动作或私人实指定义赋予代表某个感觉的词以意义。关于作为内在状态——主体通过内省直接知道的东西——的意识现象的图像，导致詹姆斯试图设想这样一种纯心理语言，其术语同意识之外的东西没有任何关系。维特根斯坦追问，我们可否设想这样一种语言，以对内省在理解感觉表达式时所起的作用提出质疑。

我们的日常感觉语言

维特根斯坦关于私人语言观念的讨论有这样一个显著特征：在于《哲学研究》243中引入它之后，他随即便丢下它并着手展开关于我们日常感觉语言的语法研究。《哲学研究》244以这样一个问题开头："语词如何指称感觉呢?"我们一开始会觉得答案相当简单："这里似乎不存在任何难题：我们难道不是每天都在谈论感觉，并给它们命名吗?"维特根斯坦对此做出这样的回应：要求我们更加仔细地查看（例如）当我们教孩子"疼痛"一词时实际发生之事的细节。他慎重地指出，他要求我们设想的"只是一**种**可能性"（我的强调），但这里又有这么一层意思：仔细查看这一**种**可能性，将帮助我们抵制误解学会感觉语词之意义所涉及之事的某些诱惑：

> 一个孩子弄伤了自己并哭了起来；跟着，大人们就和他说道说道，并教会他呼喊，随后又教会他用句子呼叫。他们教给孩子以新的疼痛行为。
>
> （*PI* §244）

这个例子引导我们去注意一个特定的次序：一开始有哭叫这种自然表达；最后是完整句（“我疼”）的使用；呼喊是半自然半约定的中间环节，而它们与哭叫这种本能姿态的亲缘关系是显而易见的。因此，这个例子提醒我们，远在有语言之前已经存在表达行 144
为了，并促使我们看清“我疼”这个句子的用法是从某种自然的、更为原始的东西而来的。维特根斯坦的例子向我们呈现了这样一个序列，顺着它，自然表达行为愈益变得精致化和清晰化。

通过仔细查看这一特定事例，维特根斯坦已经在把我们的注意力引向以下事实了：我们是在孩子的自然感觉表达的背景下教感觉语词的用法的。在这一场景中，我们没有设想出任何对应于如下观念的东西：孩子为只有他才能接近的东西起个名字。因此，我们已开始看清，内省在我们就感觉语词所受的训练中起不到关键作用；弄懂疼痛是什么——“疼痛”一词意指什么——并不依赖于“将我的注意力内转”或“将我的注意力集中于正在我们内部发生的事情”的过程，而依赖于我学会表达感觉的新方式。关于私人语言的评论，还在继续研究内省在定义心理术语中的作用，不过，在着手这一主题之前，维特根斯坦又把关于我们日常感觉语言之语法的探究向前推进了一点。

维特根斯坦将表达疼痛的行为描述为“疼痛行为”：教会孩子呼叫，再教会他使用句子，被描述为教他“新疼痛行为”。“疼痛行为”这一表达式显然描述了某种公共的东西，但“疼痛”一词的用法是很有特色的，即维特根斯坦辨认出相关行为所借助的是心理学表达式：在给定它出现于其中的背景（“一个孩子弄伤了自己并哭叫起来”）的情况下，这个心理学表达式便确认了其意义。在

《哲学研究》244的末尾，维特根斯坦的对话者试图对他关于如何教孩子“疼痛”一词的观察结论做这样的注解：“你是说，‘疼痛’一词实际意指哭叫？”因此，对话者表达了我们的这层意思：假如“疼痛”一词不是通过某种内在实指定义而引入的，那么，孩子所**感觉到**的东西肯定不是其意义的一部分。“疼痛”一词的意义纯粹只同外化行为相关。维特根斯坦对上面那种想法做了这样的回应：
145 “完全相反：疼痛的言语表达取代哭叫，却并不描述它。”应将这种回应理解为关于“疼痛”一词语法的评论；它意在把我们的注意力引向“我疼痛”这些词的用法的某个方面。

维特根斯坦提议，不要将“我疼痛”这些词视作对某个内在状态的描述，而应将它们的用法与一声哭叫相比较。这种比较会有助于我们以一种新的方式看清“疼痛”一词同孩子感觉到的东西之间的联系：孩子学会用这些词作为表达其感觉的一种方式。将“我疼痛”这些词同所感觉到的东西联系起来，无须任何内在实指定义动作；这种联系在于这些词所拥有的那类用法。“疼痛”一词和主体感觉到的东西之间的联系，并不在于孩子学习这个词时往什么地方看，而在于这些词所拥有的那类用法，在于孩子被教会使用它们的方式：用哭叫来自然地表达其感觉的孩子，现在学会用清晰的语言来表达他所感觉到的东西了。并没有任何东西与命名一个对象相对应——我们并未“将语言插在疼痛表达与疼痛之间”（*PI* §245）——只是说，孩子获得了新的表达疼痛的可能性。因此，维特根斯坦在试图阻断我们以为基于内省学会感觉语词的想法的同时，还试图将我们的注意力带向我们教这些词的那类场景，带向我们运用它们的方式，带向它们所拥有的那类用法。

维特根斯坦同其对话者之间的这些交谈只是一个开始，他们之间的讨论会一直持续到这样的程度：维特根斯坦关于“疼痛”一词之语法的观察结论成了某种形式的行为主义。维特根斯坦对其对话者的回应，显然是要质疑我们将感觉本身与表现它的行为分割开来的做法。因此，维特根斯坦诉诸“感觉的原始的、自然的表达”（*PI* §244）、使用“疼痛行为”这一术语，目的就是引导我们去关注：对这一公共现象——一个孩子弄伤了自己并疼得哭叫起来——的刻画如何已经用到许多心理学表达式上了。表达式这一概念在被表达的东西（感觉）和进行表达的东西（疼痛行为）之间建立了某 146
种内在的或概念性的关联。在这些情况之下，孩子的哭叫是一种疼痛的哭叫；疼痛在哭叫中被表达出来并赋予其意义。接下来，维特根斯坦试图帮助我们抵制这样的诱惑，亦即把心理的东西与行为的东西的这种综合浓缩为概念上不同的两样东西：（由内省而知的）私人感觉和（所有人可见的）公共行为。“疼痛”一词**既**被用于刻画这种感觉**又**被用于刻画表达它的哭叫。

这一主题在紧随《哲学研究》244的那些评论中被继续探讨下去。在《哲学研究》246中，维特根斯坦直截了当地提出了感觉的私人性问题：“在何种意义上，我的感觉是**私人的**?”显然，我们可以在某种意义上说疼痛**是**私人的。例如，我们要在疼痛和哭叫之间做出区分；我们要说疼痛在某种意义上是私人的，而哭叫在这种意义上不是私人的。维特根斯坦明显接受我们这里想做出的区分，但他认为，关于疼痛作为“内在状态”的图像，让我们难以看清这种区分，或者让我们无法正当地看待它。我们倾向于凭据关于只有感到疼痛的主体才拥有的一个对象的图像，来理解疼痛的相对私人性：另一个人可以看见哭叫，但只有感到疼痛的人才拥有**这个感觉本身**。

这里，我们拥有关于这种倾向——我正表明维特根斯坦以为我们必须抵制它——的清晰表达，亦即将感觉与表达它的行为分割开来的倾向。于是，我们想说："只有我才能知道我是否疼痛，另一个人只能靠猜测。"尽管承认有这样的诱惑，但维特根斯坦还是反对以这种方式表达这一区分，理由是：它完全与我们日常使用"知道"和"疼痛"这些词的方式相冲突。想想我们平常是怎样使用这些词的，就可看出，我们通常并不说某人认识到他处在疼痛中，知道或相信他处在疼痛中。某人**处在**疼痛中；他感觉到疼痛。他并不知悉它或得知它。此外，别人时常会**确实知道**另一个人的疼痛。企图依据某个主体对其感觉的独此一途的接近来公正对待疼痛
147 与哭叫的区分，已让我们说出了在任何别的时刻要么被当成假话，要么被当成空谈的东西。疼痛与哭叫之分无疑是真实的，但我们要是做如下处理便会走上歧路：容许这一情况促使我们将疼痛与哭叫分割开来，并将其描画为只有感觉到这种疼痛的那个人才直接拥有它，以至于只有他才真正知道它是不是出现了。

我们被引诱描画为两类对象——私人的（唯有这个主体才可接近）和公共的（每个人都可接近）——之间的差异的那种区分，维特根斯坦现在将其当作两类概念之间的或者两种运用语词的方式之间的语法差异。于是，他将感觉是私人的这层意思，同怀疑另一个人的疼痛表达是否真实——怀疑另一个人的疼痛表达是否真实是不是有意义——的可能性联系起来了。这么一来，"感觉是私人的"这一观念便同心理学语言游戏的一个独特语法特征——我们将感觉

归与他人时挥之不去的那种不确定性——联系起来了。他人会掩饰他之所感，会假装感觉到了他并未感觉到的东西，他可以表现得不动声色，如此等等。这种不确定性，在个人的情形下显然是没什么意思的。

同“哭叫”一词的用法比起来，“疼痛”一词用法的特点是：在其第一人称使用与第三人称使用之间存在着一种不对称性。这不只是说，“我疼痛”表达的是我感觉到的东西，而疼痛概念则基于标准应用于他人，而且是说，这个词的第三人称用法，以第一人称用法不具备的方式，同“知道”和“怀疑”这些词的用法联系起来了。我们这里使用的“感觉是私人的”这些词，不应被视作描述了感觉的一种属性，一种将它们同像哭叫这种公共现象区分开来的属性，而应被视作描述了“疼痛”一词用法的一个方面：“说他人怀疑我是否疼痛是有意思的，而说我怀疑我是否疼痛是没有意思的。”（*PI* §246）同样，“只有你知道你是否有那种意图”并不描述意图的一种属性，而只是指向语言游戏的某个方面：通常情况下，正在说话的那个人才是判定他的意图是什么的最终权威。因此：

> “只有你知道你是否有那种意图。”一个人在向另一个人说明“意图”一词的意义时，可能会这样告诉他。因为此时这句话的意思是：**这**便是我们如何使用它的。 148
>
> （而这里的“知道”所意指的是：关于不确定性的表达是没有意思的。）
>
> （*PI* §247）

或许，正是怀疑和假装的可能性，对分割开感觉本身（内在状态）与公共行为领域施加了最大的压力。假如行为和感觉分头而来，那么它们确实就是概念上不同的东西，彼此至多存在于一种纯外在的或因果的关系中。维特根斯坦想要抵御这种诱惑，指出这里存在着某种次序，某种依赖的形式。于是，在《哲学研究》249中，他问我们何以知道前语言阶段儿童并不是在假装。难道我们不只是假定了或者构造出了这样的假说：伴随着未断奶婴儿的微笑，确实有一种满足感，而且并不是在没感觉到任何东西的情况下假装了满足？这种说法在我们看来是荒谬的，而由此我们得以看清，假装这个概念在前语言阶段儿童的自然感觉表达的情形下没有清晰的应用。

这一事例帮助我们看清，假装概念的应用是有条件或标准的，比如，它暗含这样的可能性：我们讲述的是一个包含动机、目的、意图等概念的故事。可以说，由表达式结成的这张复杂网络，就是“假装”一词的用法在那里有其位置的语言游戏。用这些表达式进行的语言游戏无法用在未断奶婴儿或一条狗的情形中（*PI* §250）；婴儿或狗的生活中简直没有足够的复杂性，以让假装这个概念得以立足。维特根斯坦试图以此让我们看清，假装概念并不是连同这样的感觉观念一起进来的：就其本性而言，感觉其实并不是隐藏着的。确切地说，从感觉的原始的、自然的表达发展出了复杂性和细微差别日渐增大的语言游戏，而“假装”一词的用法逐步在其中找到了位置。

149 倘若我们都像未断奶婴儿或狗那般天真，私人感觉的图像或许就不再会让我们觉得那么恰当了。在说“感觉是私人的”时，我们所描述的并非某物的本质，而是语言游戏的一个方面。在《哲学研究》251中，维特根斯坦试图让我们看清，感觉是私人的这一评论的语法地位在如下事实中表露出来：其否定不是错误的，而是没有意思的。他将其同“每根绳子都有长度”相比较，并指出这句话并未告知我们绳子的某个属性，而只表明了存在着测量一根绳子长度的语言游戏。他要我们将这些评论看作试图说某种关于他在《哲学研究》90中所称的“现象的‘**可能性**’”的东西，亦即，关于我们所说事物类型的东西、关于说出来有意思的事物类型的东西。危险在于未能认识到它们的语法地位，或者把它们当成了将真实属性归与词语所指称对象的事实性陈述。于是，维特根斯坦要我们看清，在某种重要的意义上，这些陈述是微不足道的：它们没有告知我们任何东西。确切地说，它们表明某个特定语言游戏的存在：测量绳子长度的语言游戏，或者，在适当情境下怀疑另一个人是否真正疼痛的语言游戏。危险在于我们未能认识到这一点。

于是，维特根斯坦指出，我们应将“感觉是私人的”或“只有你才知道你是否有那个意图”这些词视作语法评论：“‘感觉是私人的’这个句子，可比作‘一个人自己玩单人纸牌’。”（*PI* §248）我们发现，在向某人说明“疼痛”或“意图”这些词的意义，以便将其注意力引向“疼痛”或“意图”这些词如何被使用，或者，它们的用法如何区别于（比如）“哭叫”或“跳舞”这些词的用法时，我们会说这样的话：“你并不这样说牙疼：它是内在的。你拿呻吟和牙疼与‘外在的’和‘内在的’相比较。”（《关于感觉材料与私人经验的语言》347）维特根斯坦指出，将疼痛描画为“私人的”“内在的”“隐藏着的”等这样一种诱惑，乃是对这一概

念的独特语法的一种反应。或许有人会将这幅图像视作企图在心理学语言游戏同物理描述的语言游戏之间标出一条界限来，但我们需
150 要抵御这样一种诱惑：以一种促使我们将感觉本身同表达它的行为分割开来的方式去应用这幅图像。维特根斯坦并不是想要否认这些图像的恰当性，他的总目标是让我们认识到这样一种区分：它被做出，并非要把握将一类事物同另一类事物区分开的那些属性，而实际不过是想表现一种语法上的区别。于是：

> （心理学语言）游戏的不对称性，通过说内在的东西是对另一个人隐藏着的而被凸显出来。
>
> 这种**语言游戏**显然有这么一个方面，它让人想到“是私人的或隐藏着的”这个观念——而且也存在着隐藏内在之物这么一回事。
>
> 我想说的当然就是，内在之物在其**逻辑**上区别于外在之物。而那种逻辑确实说明了“内在之物”这一表达式，使之成为可理解的。
>
> （*LWPP II*, p.36 and p.62）

不过，仍存在着这种强烈的诱惑：抵制维特根斯坦让我们满足于将语法当作（比如）感觉与行为的区分之基础的那种企图。我们倾向于在感觉语词和描述行为的语词的用法中、在事物本身的固有本性中，寻觅一种关于语法差异的更深刻的说明。正因为想着以事物之本性说明概念的语法或者用它为概念的语法奠定基础，我们才误用了关于“内在状态”的图像。于是，我们想要说，疼痛概念

的语法反映了疼痛是私人的这一事实或奠基于这一事实。在《哲学研究》253中，维特根斯坦的对话者一上来便表达出这一诱惑："另一个人不可能有我的疼痛。"这么一来，感觉的私人性又被视作了以某种方式属于对象之本质的：疼痛是只为具有它的那个人所拥有且只能为他所接近的东西，是通过将注意力转向他内部发生的事情而确认或知道的东西。

维特根斯坦以这样的问题来回应对话者的论断："**我的**疼痛——它们是怎样的疼痛？这里有什么可作为同一性标准？"对话者怎么知道哪些是他的疼痛呢？要是说我和另一人有相同的疼痛——比如，背疼或头疼——是有意思的，那么，这种说法也可以是真的。或许，我们可以设想这样的情形——比如，连体婴儿—— 151
在其中，可以有意思地说两个人在同一地方感觉到疼痛。然而，这并不是对话者说"另一个人无法具有我的疼痛"时所表达的意思。他所意指的大致是：另一个人可以有跟我一样的疼痛，但他不能有我的疼痛；我的疼痛本质上就是我的，只能被我感觉到。维特根斯坦指出，这是一句空话；在用"疼痛"一词进行的语言游戏中，没有"相同的"与"不同的"之分[1]，也没有类型与标记之分。

我们对疼痛的同一性标准的把握，依赖于对疼痛一词用法的掌握，尤其依赖于对"同一种疼痛"这一表达式用法的掌握。但这些词的日常用法，并没有为对话者的话语在"我的疼痛"和"他的疼痛"之间预设的那种区分做好准备。"另一个人不可能有我的疼

1 原文为no distinction between "similar" but "distinct"，其中的"but"疑为"and"之误。——译者注

痛”假定了在相同种类的疼痛（疼痛的类型）与数量上不同的那些实例（疼痛的标记）之间的区分。如此一来，对话者便将“疼痛”一词的语法与“椅子”一词的语法同等对待了，而就后者而言，我们确实可以理解“一把相同的椅子”（相同的椅子类型）和“同一把（同一的）椅子”（那一类型的某个特定标记）之间的区分。

然而，当我们查看这些概念实际如何被使用时，便可看出，从语法上讲它们以完全不同的方式发挥作用，因为当我们谈到人们感到疼痛、谈到他们感到同样的（同一类型的）疼痛时，我们并不像识别和数椅子那样去识别和数疼痛。我们谈论疼痛，谈论我今天有像昨天一样的疼痛，谈论我有和你一样的疼痛（比如，头疼或膝盖疼），但所有这些谈论要有意思，都依赖于用以确定“疼痛”一词语法的某个语言游戏；而这种语法确实缺乏对话者为“另一个人不可能有我的疼痛”这些词的使用所预设的那种结构。试图通过求助于疼痛的某种本质属性——它说明了我们对这个词的用法的不对称性——而将作为“疼痛”的用法之特征的那种不对称性奠基在事
152 物的本性之上，结果只能导致空谈：由对话者关于“我的疼痛”的谈论所预设的那种语法根本就没有。需要追问的是：我们为什么会被诱惑去以这样一种方式使用这些词，而一经思考便可认识到，这种方式很糟糕，或者意思不明。

私人语言论证

就是在这一当口，维特根斯坦重拾关于私人语言观念的讨论。《哲学研究》256开启了一系列评论，在这些评论中，维特根斯坦更为详细地考察了关于一种“描述了我的内在经验且只有我本人才理解的语言”的观念。这些评论恰恰是从将感觉同其表达分割开来开始的，而我们已经看到，在前面紧挨着的那些关于日常感觉概念之语法的评论中，维特根斯坦对这种分割进行了抵制。在追问是否可以设想一种私人语言时，我们所问的是，是否可以设想这样一种语言，在其中，指称一种感觉从概念上独立于其在行为中的表达：

> 那么，描述我的内在经验且只有我自己才能理解的那种语言如何呢？我**怎么**用语词代表我的感觉？——像我们平常所做的那样？那么我说的话就和我表达感觉的自然方式牢固地联系在一起了？要是那样的话，我的语言就不是“私人的”了。另外一个人也可以像我一样地理解它。——但是，假定我没有任何自然方式来表达这种感觉，而只是具有这种感觉呢？我现在就只是把名称同感觉**联系**起来，并在描述中使用

这些名称。

（*PI* §256）

初看之下，如下这一观念似乎没有任何问题："我就只是把名称同感觉**联系**起来，并在描述中使用这些名称。"可是，我们这里想到的是什么呢？我们难道不是这样想的：这一名称的语法——该名称如何被有意义地使用——可由这一简单的"联系"动作以某种方式固定下来，从而，当我通过将该名称"联系"于这个感觉而引入它时，我想用这个名称命名的是什么，就已经很清楚了；从而，
153 将来什么可算作它的正确应用也已经很清楚了。这里表达出的，不只是维特根斯坦在《哲学研究》开篇的那些段落所讨论的那幅关于命名是怎么回事的过于简单的图像，而且还有如下这种十分独特的观念：我仅仅通过把注意力向内转并为我在那里发现的东西贴上一个标签，就可定义一个感觉语词。所以，关于私人语言的评论所关注的问题就是：我们所描述的是否就是建立名称与被命名事物的联系的一种手段？以为心理学术语可通过某人把注意力向内转并将名称"联系"于感觉而加以定义——这种想法有没有意思？

在《哲学研究》257的开头，维特根斯坦便在引号中提出了这样的问题："假如人们不表现出任何外化的疼痛标记（不呻吟，不作痛苦状，等等）会怎样？"又同时给出了答案："这样的话，就没办法教孩子'牙疼'这个词的用法。"这让我们想到，我们既不应该用这个问题，也不应该用对它的回答来表达维特根斯坦的欲行治疗的声音。确切地说，我们应把这些词视为表达了对话者的这层意思：撇开我们的日常语言游戏——在其中"疼痛"一词的用法同其

自然表达绑在一起——“牙疼”一词并没有被剥夺掉意义，只是不再可能把它教给某个人。假如我们受诱惑将疼痛描画为概念上独立于其行为表达、通过内省而得知的内在状态的话，那么，我们无法教某人这个词的用法这一事实，对于他定义它的能力而言只是偶然发生的。他只需把注意力向内转并将这个词同适当的感觉“联系”起来。因此，我们可以假定“这孩子是个天才，自己为这种感觉发明了一个名称”（*PI* §257）。维特根斯坦此时详加考察的就是这一观念。

维特根斯坦突出了我们试图设想的这件事的怪异性：这位天才儿童使用这个词时将无法让自己明白是怎么回事儿，也无法向任何人说明其意义。要是这样的话，“说（这个孩子）‘命名了他的疼痛’是什么意思呢”（*PI* §257）？我们这里需要弄清楚的是，我们以为自己在设想的究竟是什么。维特根斯坦提醒我们，命名活动预 154
设了许多背景布置。例如，并不是在我们指着一个对象并说“这叫作‘红’”时所发生的事情，使得“红”一词成为一种颜色的名称。正是我参与使用该词的惯常实践提供了这种背景布置，以它为参照，我所做的事情才相当于赋予我们所指对象的颜色以“红”这个名称。缺了这个背景，我所举行的仪式能否构成命名活动是不清楚的。因此，“人们忘了，要让**纯粹的**命名活动有意思，就得在语言中备足了东西”（*PI* §257，我的强调）。正是我参与使用一个词的背景实践，确定了其语法，从而也确定了我用一个我实指地定义的词所意指的是何种东西（哪类事物）。在我们设想的这个事例中，这种背景是缺乏的，而这让我们是否有权将这个孩子描述为在“命名”其疼痛成了可疑的。因为“若我们说到某人赋予了一种疼痛以名称，则‘疼痛’一词的语法在这里便是已准备好了的；它标明了这个新词所驻守的岗位”（*PI* §257）。

这位天才儿童“只是将名称**联系**于感觉”的观念，表达了我们受到的这样一种诱惑：将命名描画为“词与对象之间的奇特关联”（*PI* §38）。维特根斯坦反对这种关于命名的神话式观念。他这样提醒我们：为某个形状或某种颜色命名的活动，是以我所掌握的某个实践为背景而进行的，而且，被定义的这个词也是在这一实践中获得特定用法的。这一背景在天才儿童的事例中是缺乏的，而这引出了这样的问题：他所做的事情是否构成赋予其感觉以名称？在发出一个声音或者做出一个标记时，单单将注意力向内转是否构成给一个词下定义？

在《哲学研究》258中，维特根斯坦举了这样一个例子：我把某种感觉同“S”这个记号联系起来，以便将它的重复出现记在日记里。他再次设想，我引入“S”只是通过“说出或写下这个记号，并同时……把我的注意力集中在这种感觉上——这样便似乎向内指着它”。而他现在要问：这种把注意力向内转并念叨这一记号的仪
155 式是要干什么？它如何被用来为“S”确立某种意义？他继续写道：

> 嗯，那正是通过集中我的注意做到的；因为我以这种方式使自己对这个记号和这种感觉的联系留下记忆。但是，“我使自己对它留下记忆”只能意味着：这一过程使得我将来**正确地**记得这种联系。可是，在当下情形中我却没有正确性的标准。某人会说：凡是将会让我以为是正确的东西就是正确

的。而这只意味着，我们这里无法谈论“正确”。

这段话一般被当作私人语言论证的关键。这里我们得到了这样的证明：这种私人语言的使用者未能赋予“S”以意义。按一种标准阐释，《哲学研究》258中的论证被表述如下：这名私人使用者通过将其联系于某个感觉而引入“S”，可是，既然他将来使用“S”时最初的那种感觉已经不在了，那么便不会有任何东西可作为这么一个样本，对“S”的未来使用可参照它得到辩护。这位私人语言使用者将来所能依据的，就只有他对这一感觉样本的记忆了。可是，由于这种关于样本的记忆只有在其本身是样本的正确记忆的情况下才可充当标准，所以不存在任何能为“S”的未来使用提供辩护的非循环手段。

按这种阐释，“我没有正确性的标准”，就要解释为“我没有非循环的、可用的正确性标准”，这就是“凡是会让我以为是正确的东西就是正确的”的原因，从而也就是“谈论‘正确’是没有意思的”的原因。“S”没有意义，因为没有什么办法确定“S”的未来使用是正确的还是不正确的。对于这种状况的唯一补救措施，就是通过将其用法同公共的应用标准联系起来，以便为“S”的用法提供某种形式的独立检验。倒不是说，“S”的第一人称用法本身必须由这些公共标准加以引导，而是说，必须要有这样一些公共的标准，主体在某一新情形对“S”的应用可参照它们进行正确性检验。

根据这种阐释，维特根斯坦关于私人语言的评论旨在证明：一个心理学概念要有意义，有赖于它拥有公共的应用标准。于是， 156
诺尔曼·马尔康姆在对《哲学研究》的评论中这样写道：“一旦承

认‘私人实指定义’是站不住脚的，你便会看出，必须得有（比如）确信感的某种**行为上的**表现，必须得有他的话‘我感觉到确信……’可参照予以检验的行为。”（Malcolm, 1984:113）从如下这些引文中，也可读出对维特根斯坦关于私人语言观念的评论之意义的相同理解：

> 维特根斯坦想要表明的并不是感觉语言像其他语言一样，本质上是被共享的，而是它在本质上是可共享的。
>
> （Hacker, 1993:7）

> （由私人语言论证）可以推知，任何真正（受规则主导的）语言，必定只指称其出现可被公共地证实的事物和属性：尤其是，要使有意义的感觉语词成为可能，就必须得有判定感觉出现的公共标准。
>
> （McGinn, 1984:48–49）

> 某种“内在过程”的自我归与（是）没有标准可循的；而在没有外化标准的情况下，一个被假定代表“内在过程”的记号，将是不受规则主导的。
>
> （Budd, 1989:61）

> （维特根斯坦表明）“私人”经验和我们用于谈论它的语言，事实上都不是私人的；要有关于疼痛、情绪等的表达式，

就有且必须有判定这些表达式之应用的公共标准。

（Grayling, 1988:86–87）

正是这种解释对于私人语言论证证明了心理学表达式必须拥有公共应用标准这一观念的强调，促使私人语言论证的批评者们争辩说，这一论证不过是对逻辑行为主义——主张心理学概念的意义在于保证其应用的公共标准的观点——的某种证实主义的辩护。因 157
为这一论证的整个意图似乎就是迫使我们承认，心理学概念的意义就在于它们拥有公共的应用标准——概念的第一人称使用可参照它们加以检验——而要是缺了它们，这种第一人称用法就没有任何意义了。

维特根斯坦的辩护者们当然没有接受这种批评。不过，我这里不打算涉足这场争论的细节，而只想指出，维特根斯坦的评论可用一种不同的方式加以解读。我不把这些评论视作对心理学概念需要关于应用的行为标准的证明，而是将它们理解为这样一种企图：详细探究当我们试图设想仅以内省为基础通过私人实指定义来界定一个词时所实际发生的事情。按这种读解，对一种私人语言观念进行研究的目的，并不是证明我们的心理学表达式必须拥有公共标准，而是质疑内省或把注意力向内转在理解感觉语词之意义时的作用。

我的这种读解避免任何这样的说法：维特根斯坦拿他关于私人语言的评论提出一种关于心理学概念**必定**如何发挥作用的行为主义理论；这些评论对主张心理学表达式可仅基于内省加以定义的观念提出了批评；它们本不是要用作关于情况必定如此的一个证明。

我们的心理学表达式与行为之间的关系，乃是维特根斯坦通过对我们的概念如何实际发挥作用进行语法研究而揭示出来的某种东西（下一章里我们将看到这一点）；而不是他将其作为意在确立情况**必定**如此的某个论证的结论而提出来的某种东西。

我们再回到《哲学研究》258。这一段落的开头——“我们来设想如下的情形”——表明《哲学研究》258是对《哲学研究》257的一个评论。我们已看到，在那一段落里维特根斯坦对关于孩子“为这一感觉发明了一个名称”的观念提出了质疑。这里所断言的是，没有任何可确定他所引入名称的语法（其用法）的东西：没有任何东西可确定他所命名的东西是**什么**。这表明，应将“在当下情形中，我没有正确性的标准”解读如下：当“我说出或写下这个
158 记号，并同时将我的注意力集中到这一感觉上”时，我并未因此确定记号“S”的某种用法（某种语法）。不存在任何可作为“S”在未来的某种正确用法的东西，因为不存在任何使我把注意力向内转，并专注于我的感受的动作所确定的使用“S”的语言技艺。这里的难题并不是“S”指称某种被（可被）内省到的东西，而是这位私人语言使用者试图仅通过内省动作，亦即通过“集中注意这种感觉——从而向内指着它”（*PI* §258），确定“S”指称什么。

维特根斯坦试图表明，我们要是仔细想想这一情形便能看出，尽管我们确实设想了某件事情——例如，某人边写下或说出“S”边做出某种面部表情，但我们所设想的事情并不成其为命名某个东西的行动。同《哲学研究》257一样，维特根斯坦这里也是强调，仅仅通过把注意力向内转并说出一个词，不可能赋予某种感觉以名称——不可能确定一个感觉是什么；把注意力向内转并说出“S”，

并不成其为下定义的一种方式。按这种阐释，《哲学研究》258的全部力量可表达如下："内省永远不会导向一个定义。"（*RPP I*, §212）

对《哲学研究》258的这种读解，得到《哲学研究》260—262相当大的支持。这些段落强化了这一论点：这名私人语言使用者所做的事情中没有任何东西可确定"S"的语法（其用法），或者确定这名私人语言使用者试图引入的那种语言技艺的性质。紧随《哲学研究》258之后的那些段落所强调的，是"S"的语法的缺乏，而不是对其未来用法的某种独立检验的缺乏。因此，《哲学研究》260中的"一条记录具有某种功用，而这个'S'到现在为止还没有"这句话所强调的是这个事实：我们所设想的只是这位私人语言使用者在他的日记中做出了一个标记；并没有什么东西能确定，这位私人语言使用者为其做了一条记录的那个东西是什么。"S"没有被联系于任何一种语言技艺或使用语言的方式，从而没有什么东西"表明这一新词所驻守的岗位"，也没有什么东西可用于确定这位私人语言使用者写下"S"时所意指的东西。

同样的论点又在《哲学研究》262中被重新提到： 159

> 有人或许会说：某个为自己提供了关于一个词的私人说明的人，必定内在地**决定**以如此这般的方式使用这个词了。你如何决心去做这件事呢？是不是得假定，他发明了应用该词的技艺；或者他发现它是现成的？

我们之所以觉得私人语言使用者在"S"和某种感觉之间建立

了某种关联，是因为我们将感觉概念的语法视作理所当然的了：我们就这么预先假定已经掌握了想要用“S”去命名的是什么，掌握了“S”所拥有的那类用法。维特根斯坦现在要问的是，我们有什么权利为一个感觉语词预先假定这种语法？因此，在《哲学研究》261中，维特根斯坦追问我们有什么理由称“S”是某个感觉的记号。他接着写道：

> 因为“感觉”是我们的共同语言——不是只有我才理解的一种语言——中的一个词。所以，这个词的用法需要一种为每个人所理解的辩护。

下述这种解读是很有诱惑力的：这段话坚持认为，把“S”描述为某种感觉的名称，要求“S”的某种特定用法可参照公共标准加以辩护（“一种为每个人所理解的辩护”）。然而，这里的上下文清楚地表明，《哲学研究》261所讨论的，并不是对“S”的某种特定应用的辩护，而是我们为称“S”为某种感觉的记号所做的辩护。感觉概念是某种类型的符号，是同我们日常对感觉语词的使用联系在一起的，而若要证明我们在称“S”为一个感觉的记号时是正当的，就需要表明，“S”拥有这种类型的一个用法。这位私人语言使用者仅仅依据他的内省动作，是不足以向我们保证他是在命名一种感觉的，因为，要作为某种感觉的名称，意味着拥有某种特定的用法，亦即拥有某种特定的语法。

只有通过表明“S”具备某个感觉概念的独特用法，我们才能证明称“S”为某一概念的名称是正当的。但是，鉴于这位私人语言使用者只是通过把他的注意力向内转并且说出“S”而确立名称与对象间的关联的，所以便不可能存在为下述论断做辩护的问题： 160
“S”通过参照它之拥有我们的感觉概念所刻画的那种独特用法，而得以命名一种感觉。“S”指称只有说话者才知道的、与感觉的自然表达没有任何联系的东西——这乃是关于这一事例的描述的一部分。事实上，考虑到“S”纯粹只是基于向内窥视并说出或写下一个记号而被引入的，这里便不存在对任何关于“S”的描述进行辩护的问题，这类描述将其功用等同于我们日常语言技艺中的某一种。所有这些技艺都拥有某种独特的用法，而这种用法是“S”凭其定义无法与之相符合的。这么一来，要是我们企图说出“S”指称哪一**类**事物的话，我们“就到了这样的境地，在那会儿，（我们）就只是嘟哝一声”（*PI* §261）。但是，假如这种声音并不与某种特定的语言技艺相联系的话，它就只是伴随着最初那个在把注意力向内转时说出“S”的动作：我们依然弄不清楚“S”要命名的究竟是什么东西。

很多人将维特根斯坦关于私人语言的评论解读为对心理学概念必须拥有公共应用标准的一个证明。他们倾向于认为，整个《哲学研究》243—315都是就私人语言对公共语言的论题（the issue of private versus public language）所做的、多少带有连续性的讨论。要是我们把维特根斯坦评论的总目标看作对我们日常语言游戏之语法的研究，并且把关于私人语言的评论视作仅仅关注纯粹内省动作在定义心理学术语时的可能作用的问题，那么，将《哲学研究》262看作维特根斯坦私人语言话题讨论的终点，就更为自然了。这样的话，《哲学研究》263就要视作回到了为关于私人语言的评论提供背景的那种研究，亦即关于我们日常感觉概念之语法的那种研究。这里不再考虑，我们是否可以纯粹以内省为基础定义一个感觉词语（把握一个感觉是什么）的问题，而是提出这样一个更为一般的问题：一个被内省的感觉样本或者一个私人的实指定义，在说明日常感觉语词时发挥着怎样的作用？

因此，维特根斯坦在《哲学研究》263中使用“疼痛”的例子
161 而不是“S”的例子，这一事实表明：他的讨论不再只关注我们是否可以设想一种关于感觉的私人语言的问题，而是进一步拓宽到了私人实指定义在我们掌握日常感觉语言时所起作用的问题。关于私人语言观念的讨论，已揭露了以内省为基础定义感觉语词观念的弱点。此时，维特根斯坦想这样来把批判加以拓展：表明即便是在概念的语法已澄清了由（比如）“疼痛”一词所指称的乃是一种感觉的情形中，内省——向内窥视并集中注意你所感觉到的东西——也发挥不了任何作用。

这样，《哲学研究》256—262就要被视作一种更广泛的讨论中的某种类似于旁白的东西，而这种讨论的总目标在于清楚地把握内省在我们得以理解日常心理学语词中所起到的作用。关于私人语言的评论生动地描绘了这样的事实：“内省永远无法导向一个定义。”这表明，关于私人语言的评论不应视作维特根斯坦心理学哲学的基础，而只应视作对内省在我们理解心理学表达式中所起作用的一个研究要素。而这种研究是和维特根斯坦的一般哲学进路相一致的，主要集中于对我们日常心理学语言游戏的语法研究，亦即，集中于我们如何运用这些语词。

私人实指定义在我们日常感觉语言中的作用

在《哲学研究》263中，维特根斯坦这样写道：

> “但是我可以（内在地）下决心在将来称**这个**为‘疼痛’。”——“可是，你确实已下决心这样做了吗？你能确定，要达此目的，只需将注意力集中于你的感觉就够了吗？”——一个奇怪的问题。

引号的使用让人觉得，我们应把这段话理解为包含着三种不同的声音：两个不同的对话者的声音和维特根斯坦的治疗声音。所
提出的两个问题出现在引号内这一事实表明，它们都包含着某种误 162
解。但是，维特根斯坦为什么把第二个对话者提出的那个问题称作一个“奇怪的问题”呢？是不是因为这两个问题就像它们之前的那个断言一样，未能找准“把你的注意力集中到你的感觉上”这些词在这一上下文可能意指的东西？

尚未掌握疼痛概念的某个人，如何知道他应将注意力集中于其上的是什么东西呢？这里所引出的问题是：“把你的注意力集中

到你的感觉上"在我们得以把握日常的"疼痛"一词的意义中起到什么样的作用？有一种极大的诱惑促使我们认为，我们是基于有某种通过集中注意我们的感觉而在心灵中确定下来的疼痛样本或标本提供给我们，才理解了"疼痛"一词的意义的。因为"一旦你知道这个词代表**什么**，你就理解了它，你就知道了它的整个用法"（*PI* §264）。即使内省动作本身无法确定一个感觉语词的意义，我们仍会被诱惑去认为，一旦给定我们在其中谈论感觉的公共语言，内省便在我们得以理解感觉语词之意义时发挥着关键作用。因此，"在我们看来，仿佛……指导者将意义**传递**给了学童——没有直接告诉他；但是，这名学童最终还是被引导到这一步：他对自己给出正确的实指定义"（*PI* §362）。

在《哲学研究》265中，维特根斯坦开始质疑这种观念：内省或私人实指定义在界定日常感觉概念时起到某种作用。他用了如下这个类比：

> 我们来设想一份只在我们的想象中存在的对照表（类似于一本字典的东西）。一本字典可用来证明用Y这个词来翻译X这个词是正当的。可是，如果这份对照表只能在想象中查阅，这还能称为辩护吗？——"嗯，是的；这么一来它就是一种主观辩护。"但是，辩护在于诉诸某个独立的权威。——"但我确实可以由一种记忆诉诸另一种记忆。例如，我不知道自己对某次列车的发车时间记得准不准，为进行核对，我回想了一下时刻表的某一页是怎么写的。这难道不是一样的吗？"——不是的；因为这个过程必须要产生出实际上**正确的**

记忆。如果时刻表的心理意象本身的正确性得不到**检验**，它又如何能去验证第一个记忆的正确性呢？（就好比有个人把同样的晨报买来好几份，让自己确信那上面的报道属实。） 163

在想象中查阅一份对照表，并不就是查阅一份对照表，正如关于一次想象中的实验的结果的意象，并不就是一次实验的结果。

在构造这个类比时，维特根斯坦不再关注是否可能有私人语言这种东西的问题，而是将注意力转向了这样的问题：把我们日常的疼痛概念教给某人，是否包含着间接地把他引导到自己给出正确私人实指定义的地步？关于疼痛作为内在状态的图像，诱导我们设想私人实指定义的动作，对于把握语词所意指的东西至关重要。维特根斯坦这样来抵御这一诱惑：促使我们更加仔细地考察这样一种观念，即一名说话者对"疼痛"一词的理解，依赖于他拥有的私人疼痛样本，或者，依赖于他为自己提供关于疼痛是什么的私人展示。

当我们试图这样来应用指向、展示的概念，或者样本、样品的概念时，我们想到的是一种"在我们想象中"做出的指向，或者，"用我们的想象"所指向的一个样本。困难在于，当我们把指向理解为我们（比如）用一根指头做出的动作，并且对于在这种情形下被指着的是什么拥有清晰的标准时，我们却没有把握到"内在地"或者"用想象"指着某种东西是怎么回事。按《哲学研究》265最后一段，可作这样的类比：在想象中指着某物，并不就是指着某物，一如关于实指地定义一个词的意象，也并不就是关于它的一个实指定义。

这并不是说，有能力指向适当的样本不属于我们对疼痛概念的把握的一部分，而是说，像“红”“方”或“桌子”这样一些样本，得是我们用手指指向的样本。例如，在教一个孩子“疼痛”这个词时，我完全可以拿一幅图画来，指着或者让他指着画面上的一
164 个遭受疼痛的人。因此，“我可以展示疼痛，一如我展示红色，展示笔直的和弯曲的树以及各种石头。——这便是我们所称的‘展示’”（*PI* §313）。在所有这些进行展示的情形中，被展示的都是我能够指向的东西，但我已经指向的东西则依赖于被用于识别它的那个词的意义（用法）。正是“疼痛”一词的日常用法，决定了我说“这是一个正遭受疼痛的人”时指着的就是正在经受某一特定感觉的人的例子。所以，维特根斯坦的意思并不是说“疼痛”这个词有任何特别或奇特之处。奇特的只是，我们在做哲学时弄出了这么一种观念：我们对“疼痛”一词意义的把握使我们陷入了一种不同类型的“展示”或“指向”，这类活动不是用手指而是“用想象”来进行的。

为让我们看清，“在想象中（或用想象）”指着一个样本并非指着一个样本这一动作的实例，维特根斯坦要求考虑更多进一步的比较。例如，我们不要说在想象中查阅一份对照表，就是查阅一份对照表；也不要说一次想象的实验的结果，就是一次实验的结果。我们也不要说在想象中看表是确定时间的一种方式，或者，在想象中证明一座桥梁的规模选择是合理的，也并不是证明规模选择合理的一种方式。在所有这些情形中，我们都可看清，尽管有某件事情毫无疑问地发生着，但发生着的事情并不构成执行所想象行动的一

个实例。

同样，用想象（或在想象中）指着一个对象，并不是指着一个对象这一动作的实例。查阅一份对照表，得到一次实验的结果，证明一座桥梁的规模选择是合理的，指着一种颜色、一种形状、一类对象、一种情绪的一个实例等，所有这些都是活动的形式。坐着不动，想象某种东西或者对自己说说某种东西，这并不是做这些事情的一种别样的方式；而最多不过是一种想象着做它们的方式。因此，在想象中（或用想象）指着一个样本就是指着一个样本的实例——这一想法本身不过是疼痛作为内在状态的图像把我们引入其中的一个幻想而已。一旦仔细查看某人试图用想象指着某物时所实际发生的事情，我们便能看清，所发生的不过就是：他站在那儿一 165
动不动，拉着一张奇怪的脸。

在《哲学研究》268中，维特根斯坦继续探讨，把注意力向内转的动作在我们得以理解感觉语词的意义时，是否起到了任何作用：

> 我的右手为什么不能给我的左手钱？——我的右手可以把钱放到左手中。我的右手可以写一个馈赠契约，而我的左手可以写一张收条。——但是，接下来的实际结果，可就不是一次馈赠的结果了。当左手从右手那儿接过钱，又履行了一些手续之后，我们就要问了："就算这样，那又怎么样呢？"如果有个人给了自己关于一个词的私人说明，我们也可以这么去问他：我是说，如果他对自己说了一个词并同时把注意力指向一个感觉的话。

维特根斯坦试图让我们看清的是，我们受诱惑认为对我们理解“疼痛”一词至关重要的把注意力向内转的动作，无论对于获取还是展示我们对这一概念的把握，实际都毫无用处。对于掌握疼痛概念真正重要的，乃是根据我们的日常实践使用相关表达式的能力。问题是：我在将注意力指向在我内部发生的事情时说出“疼痛”一词——这一仪式如何同这种能力联系起来？可不可以说：当我拉着个脸并“把注意力向内指”时所做的事情，就是给“疼痛”这个词下了个定义？假如有个人做了这个“私人定义”的动作，我们难道不照样要问“就算这样，又怎么样呢”？因为我们仍不知道，这名说话者是否理解了“疼痛”一词，亦即，他是否掌握了根据我们的日常实践使用这个词的技艺。我们做哲学时显得如此重要的这种私人定义动作，同我们用于判定疼痛概念被掌握与否的日常标准没有任何关系；这种仪式的履行不能带给我们有关这名说话者是否理解这一概念的任何信息。

在《哲学研究》270中，维特根斯坦再次引入了在日记中记下
166 某个特定感觉“S”的每次出现的那个人的例子，只是这回他设想，“S”的使用是同这名说话者测出他的血压在升高关联起来的。问题是：辨识出被内省为“又是同样的东西”的那一私人动作，在这一语言游戏中发挥着什么作用？为让我们看清它不起任何作用，维特根斯坦要我们设想，这种私人的辨识仪式偏离了这名说话者测出自己血压升高的那种公共实践。关键点并不是“S”的意义全在于它同血压升高的联系，而是它的意义是由它在这个语言游戏中的用法中得来的，而并非得自它同任何由“把注意力向内转”而辨识出来的东西的联系。

同样，确定“S”是否命名了一种感觉，并非去揣度一名说话者使用“S”时在他内部正发生着什么事情，也不是去沉思他定义“S”时所内在地指着的是什么样一类对象，而是以“S”被使用的那种方式去辨别感觉语词各自的语法：“我们这里称‘S’为一种感觉的名称，理由何在？或许就在于这一记号在这种语言游戏中被使用的那样一种方式。”（*PI* §270）例如，能为我们称“S”为一个感觉名称做辩护的，乃是这样的事实：“S”展示了第一人称用法与第三人称用法之间特有的那种不对称性；关于绵延和强度的问题是有意义的；问他在哪儿感觉到疼是有意思的；矫揉造作情况的出现是可能的；如此等等。同样，“S”是否命名了某个**特定的**感觉类型——每次都相同的那一类型——的问题，并不依赖于关于这名说话者内部隐秘发生之事的某个假说为真，而只依赖于这种语言的语法：“嗯，我们难道不是假定我们每次都写下‘S’吗？”（*PI* §270）我们无法把握这么一种关于“某个特定感觉”的观念，它独立于将感觉归与我们和他人的某种语言游戏。

在《哲学研究》271中，维特根斯坦写道：

> “设想有这么一个人，他无法记牢‘疼痛’一词意指的是**什么**——所以他总是用这一名称去称呼不同的东西——却仍然以一种符合于疼痛的通常症状和预设的方式使用这个词”——总之，他像我们所有人一样使用它。这里我想说： 167
> 一个可以被驱动却并不带动别的东西运转的轮子，并不是这个机械装置的一部分。

前面对《哲学研究》263—270的那种读解，让我们不再会被诱惑去把这段话理解为对逻辑行为主义的心照不宣的认可。维特根斯坦这里提出的论点只是：我们的疼痛概念的统一性——它对于不同的说话者，在不同的时间内，均意指同样的东西——并不依赖于我们每个人都正确地将处在某个私人空间中的对象，辨识为“又是同样的东西”。

我们的“疼痛”一词用作某一特定类型感觉的名称，仅当存在着这么一种稳定的、统一的语言游戏，“疼痛”一词在其中被使用，并例示着一个感觉概念的独特语法。维特根斯坦并未荒唐地主张，一名说话者的感觉同我们的疼痛概念毫无关系；“疼痛”一词描述了说话者感觉到的东西——这一事实由该词在说话者用于清晰表达他们之所感的那些句子中的用法展现出来。确切地说，没有任何独立于这种语法、独立于使用表达式的这种特定方式的东西，可用来确定我们用“疼痛”这个词所意指的东西；而且，也没有任何超出我们之全都以同样的独特方式使用这个词的东西，构成我们之以它意指同样的东西。因此，对话者所描述的那种情景建立在幻觉之上，因为“疼痛”一词意指的东西，并不是由说话者把注意力向内转并辨识出“又是同样的东西”确定下来的；而是由它在我们语言游戏中的用法、由我们运用它的方式确定下来的。

在接下来的一些段落中，维特根斯坦着力让我们摆脱如下幻觉，即我们对心理学概念的理解依赖于将我们的注意力集中于内心发生的事情上：“仿佛我说出这个词时侧视着（那种私人感觉），像是要对自己说：我完全知道我用它意指的东西。”（*PI* §274）我们来考虑一下颜色概念的情形。在哲学的范围之外，我们绝不会想到，我们是基于向内指而知道“红色”一词意指什么的，或者，“你真的不应当用你的手，而应当用你的注意力指着颜色（想一想 168
‘用注意力指着某种东西’是什么意思）”（*PI* §275）。通常情况下，我们从不会想到，除了“红色”一词的公共用法之外，还有一个私人实指定义的动作告诉我，我用这个词**真正**意指的是什么；仅当我们做哲学时，或者仅当我们把感觉描画为只有拥有它的人才能接近的某种东西时才似乎是必不可少的这种私人动作，根本就不是我们日常语言游戏的一部分。不仅如此，我们还看出，这种私人实指动作，对于把握我们的日常语言技艺也没有任何用处。

假如有人说“我把**这个**称作‘疼痛’”，或者“我把**这个**称作‘绿色’”，并同时将他的注意力向内指，我们就要问：“就算这样，又怎么样呢?”这些仪式并不能向我们表明，他掌握了疼痛或绿色的概念；知道“疼痛”或“绿色”这些词意指什么，只在于根据我们的日常语言游戏去使用它们的那种能力。这些概念所描述的属性的独特本性，并非得自我们在定义这些词时把注意力向内转这样一个事实，而是得自我们在掌握它们时所学会的那种技艺的独特本性。我们错误地企图通过私人展示的幻觉去把握的东西，已由我们概念的语法所确保了。

我本章所考察的《哲学研究》243—275的所有评论有两个基本主题：第一，试图抵御将感觉本身同表达它的行为分割开来的诱惑；第二，试图质疑内省在确定心理学表达式之意义时所起到的作用这一观念。这两个主题均反映了维特根斯坦的这种关切：消除他以为由作为“内在状态”的心灵现象的图像所造成的有害影响。心理状态与行为之间的区分——关于“内在状态”的图像就是要把握这种区分——归根到底是一种语法区分。危险在于，关于“内在状态”的图像会阻碍我们看到这一区分的真实本性，并引导我们误解心理学概念是如何发挥作用的。对私人语言观念的评论只是语法研究的一个要素，而这种研究的最终目标，是克服我们的这样一种倾
169 向：错误地表现私人实指定义在确定我们日常心理学表达式之意义时的作用。

为让我们看清私人实指定义观念乃是一种幻象，并承认内省在我们得以理解感觉语词时不起任何作用，我们并不因此屈从于对这些概念的一种行为主义式的分析。确切地说，我们逐步认识到，是我们心理学概念的独特语法——心理学表达式所拥有的那类用法——而不是将注意力指向哪里，向我们表明心理学语言游戏所使用的语词描述了主体感觉到或看到或想要的东西，并且标明了心理学概念与描述行为的概念——哭叫、跳舞、行走、坐着等——之间的语法区分。下一章，我们将更充分地探讨心理学概念的这种语法。这种探讨将在对如下这种诱惑的视野更广的研究中来进行，这种诱惑就是：参照我们每个人基于自身情形通过内省获知的关于私人对象或过程的观念，去阐释心理学概念与行为概念之间的区分。我们将更为详细地探讨的问题是：私人对象概念对于理解日常心理学概念如何发挥作用是至关重要的——我们的这种想法是不是一个幻象；以及，要是没有私人对象这一观念，我们是不是就只剩下某种版本的行为主义了。

参考文献及进一步阅读材料

Baker, G., 2006d, "The Reception of the Private Language Argument"（《私人语言论证的反响》）, in G. Baker, 2006:109–18

——, 2006e, "Wittgenstein's Method and the Private Language Argument"（《维特根斯坦的方法与私人语言论证》）, in G. Baker, 2006: 119–29

——, 2006f, "The Private Language Argument"（《私人语言论证》）, in G. Baker, 2006:130–40

Binkley, T., 1973, *Wittgenstein's Language*（《维特根斯坦的语言》）（The Hague: Martinus Nijhoff）

Budd, M., 1989, *Wittgenstein's Philosophy of Psychology*（《维特根斯坦的心理学哲学》）（London: Routledge）

Cavell, S., 1979, *The Claim of Reason: Wittgenstein, Skepticism, Morality and Tragedy*（《理性的要求：维特根斯坦、怀疑论、道德与悲剧》）（Oxford: Oxford University Press）

Fogelin, R.J., 1987, *Wittgenstein*（《维特根斯坦》）（London: Routledge）

——, 2009, *Taking Wittgenstein at His Word: A Textual Study*（《字斟句酌

维特根斯坦：一项文本研究》)(Princeton: Princeton University Press)

Grayling, A., 1988, *Wittgenstein* (《维特根斯坦》)(Oxford: Oxford University Press)

Hacker, P.M.S., 1972, *Insight and Illusion* (《洞见与幻象》)(Oxford: Clarendon Press)

170 ——, 1993, *Wittgenstein: Meaning and Mind Part I: Essays* (《维特根斯坦：意义与心灵》)(Oxford: Wiley Blackwell)

James, W., 1981, *The Principles of Psychology* (《心理学原理》)(Cambridge, Mass.: Harvard University Press)

Johnston, P., 1993, *Wittgenstein: Rethinking the Inner* (《内在之物再思考》)(London: Routledge)

Kenny, A., 2006, *Wittgenstein* (《维特根斯坦》)(Oxford: Wiley Blackwell)

Kripke, S.A., 1982, *Wittgenstein on Rules and Private Language* (《维特根斯坦论规则与私人语言》)(Oxford: Wiley Blackwell)

McDowell, J.H., 1998e, "One Strand in the Private Language Argument" (《私人语言论证的一条线索》), in J.H. McDowell, 1998A:279–96

McGinn, C., 1984, *Wittgenstein on Meaning* (《维特根斯坦论意义》)(Oxford: Wiley Blackwell)

Malcolm, N., 1984, *Ludwig Wittgenstein: A Memoir With a Biographical Sketch by George Henrik von Wright* (《回忆维特根斯坦，附冯·赖特撰写的小传》)(Oxford: Oxford University Press)

——, 1966, “Wittgenstein’s *Philosophical Investigations*”（《维特根斯坦的〈哲学研究〉》）, in G. Pitcher, ed., 1966:65–103

Mulhall, S., 1990, *On Being in the World: Wittgenstein and Heidegger on Seeing Aspects*（《论在世：维特根斯坦与海德格尔论看见面相》）（London: Routledge）

Nagel, T., 1979, “What is it like to be a bat?”（《成为一只蝙蝠会怎么样？》）, in *Mortal Questions*（Cambridge: Cambridge University Press）, pp. 165–80

Pears, D.F, 1987, *The False Prison,* vol. 2（《虚假的牢狱》第二卷）（Oxford: Oxford University Press）

——, 2006, *Paradox and Platitude in Wittgenstein's Philosophy*（《维特根斯坦哲学中的悖论与成见》）（Oxford: Oxford University Press）

Stern, D. 1994, “A New Exposition of the ‘Private Language Argument’: Wittgenstein's Notes for the ‘Philosophical Lecture’”（《对“私人语言论证”的一种新解说：维特根斯坦的“哲学讲演”笔记》）, *Philosophical Investigations,* vol. 17:552–65

——, 2004, *Wittgenstein's Philosophical Investigations*（《维特根斯坦的〈哲学研究〉》）（Cambridge: Cambridge University Press）

——, 2011, “Private Language”（《私人语言》）, in O. Kuusela and M. McGinn, eds, 2011:333–50

Wittgenstein, L., LSDPE（《关于感觉材料与私人经验的语言》）

Wright, C., 2001e, “Wittgenstein's Later Philosophy of Mind: Sensation, Privacy and Intention”（《后期维特根斯坦的心灵哲学：感觉、私人性与意图》）, in C. Wright 2001:291–318

——, 2001f, "Does *Philosophical Investigations* 258–60 suggest a cogent argument against private language?"（《〈哲学研究〉258—260提出了反对私人语言的有说服力的论证吗?》）, in C. Wright 2001: 223–90

第五章

171

内在与外在

《哲学研究》281—315；

《心理学哲学——一个片段》第十一节352—360

导　言

维特根斯坦对内省在把握语词意义中的作用的批判，集中在这种诱惑上：将疼痛概念与哭叫概念之间的差异，描画为由指向某种公共东西加以说明的术语与通过让说话者注意只有他自己才能接近的东西而加以说明的术语之间的区别。我们看到，维特根斯坦是这样回应这种诱惑的：一方面表明私人实指定义观念是一个幻象，另一方面表明，我们希望在疼痛与哭叫之间做出的那种区分，实际是基于语法的，亦即基于我们运用"疼痛"和"哭叫"这些词的不同方式的。

因此，我们是受了如下这种错觉的诱导：我们是诉诸内省在说明感觉记号之意义时的作用，去把握它们所特有的东西的。我们 172
实际是通过对我们运用这些语词的不同方式所形成的反思意识，才得以理解疼痛与哭叫的差异的。这样，对《哲学研究》243以后诸段落的讨论，就是要让我们承认澄清语法对于理解如下这些区分所起的作用：我们对语言的掌握促使我们做出这些区分，但我们欲对它们加以说明的冲动却又引诱我们将它们奠基于某种独立于语言的东西——事物自身的本性——之上。我们被带向的这种立场，可化为这样一句口号："回到语法！"本章的中心任务，就是更清晰地把握我们的感觉记号的语法。

对内省在说明感觉语词之意义时的作用问题的关注，意味着我们一直更为关心教授或理解心理学表达式时所涉及的东西，而并未太在意对心理学概念如何发挥作用形成总的看法。因此，我们尚未详细考察，将心理状态归与我们自己及他人的那种语言游戏的语法。考察这种范围更广的心理归与语言游戏（language-game of psychological ascription），无疑会引出一些尚未触及的问题。尤其是，将心理状态归与他人，会引出与知觉概念和所看见之物观念（the notion of what is seen）相关的问题。这些问题将在第八章详细考察。不过，对于围绕着我们用来描述自己及他人情感、情绪、感觉等的表达式的那些难题的讨论，大都只是对业已在前一章中提出的那些问题的继续研究。

我已指出，内省在说明感觉语词之意义时所起到的作用问题，起于对疼痛与疼痛行为之区分的直觉，而我们觉得，这种直觉是通过关于内在的疼痛与外在的哭叫的图像而获得的。我们此时对这幅图像的应用，引导我们试图通过诉诸私人实指定义在确定"疼痛"一词意义时的作用，来说明疼痛与哭叫之间的直觉差异。尽管维特根斯坦对内省作为定义语词之手段的批判，或许已让我们相信并不
173 是通过向内窥视并说出"**这个**"而定义感觉记号的，但这种批判仍没有回答《哲学研究》244—245 中提出的这个问题：如何理解我们日常的疼痛概念与表达这一概念的行为之间的关系？我们将会看到，误解这种关系的倾向同样也源自对关于内在与外在的图像的误用。

这么一来，本章的一个主要关注点就是：再驱散一些由于误用内在与外在图像而起的、笼罩在我们的感觉概念之上的迷雾。这一目标尤其是要表明，对这幅图像的误用，如何引导我们误解日常疼痛概念与疼痛在疼痛行为中的自然表达之间的关联。在讨论维特根斯坦关于我们如何利用孩子在其中弄伤自己的情境教会他使用表达疼痛的词语的评论时，已经涉及疼痛概念与疼痛行为之间的关联问题了。就像我们看到的，对于对话者的这种说法——这就相当于主张“疼痛”一词意指哭叫——维特根斯坦以如下这种语法观察予以回应：孩子经训练而学会运用的那种技艺，容许他不仅以哭叫和呻吟，而且以清晰的语言**表达**他的感觉：“疼痛的语言表达取代了哭叫，却并不描述它。”（*PI* §244）

维特根斯坦的这一评论表达了这样的论点：“疼痛”一词与主体感觉到的东西之间的联系，是由这个词所拥有的那种用法、由孩子学会使用“我疼痛”这些词时所掌握的那种语言技艺显现出来的。这一观察结论标志着维特根斯坦关于感觉记号的用法及其同人类行为模式之复杂关系的研究的开始。有许多原因——它们全都和对内在与外在区分的误解有关——可以解释为什么我们很难看清这种关系。如下这些事实，全都会导致我们把疼痛描画为某种“在我们之内的”而且只有感觉到它的那个人才能接近的东西：假装疼痛是可能的；其他人可以隐藏他们的感觉；我们无法像指着哭叫行为那样指着疼痛；可以设想某个举止正常的人实际在忍受着疼痛；如此等等。

我一直强调，就这幅图像是想捕捉感觉表达式与描述行为的表达式之间的差异而言，维特根斯坦承认它是贴切的。此时，它不 174

过就是一幅图像而已。维特根斯坦坚持认为，它似乎概括出了疼痛与哭叫之间的语法差异，可到底如何**应用**它，仍不得而知。当我们去应用这幅图像时，难题就来了，因为正是在我们倾向于对这幅图像做出的那种应用中，才生出了误解和混乱。总是有这么一种诱惑促使我们假定，这幅图像的应用比其实际所是的要简单易行得多，而这会导致我们误解感觉概念的语法，尤其是误解概念表达式与行为之间的关系。一开始作为关于某种重要语法区分的图像的东西，随后却妨碍着我们去获取关于我们概念之语法的清晰观点，从而让我们无法看清概念实际如何发挥作用，也无法把握使这幅图像看似贴切的那种区分的真实本性。只有仔细留意我们倾向于对这幅图像所做的应用同我们运用感觉记号的方式间的冲突，才有望摆脱由它引致的混乱，并获取它想要达成却未能达成的那种理解。

维特根斯坦把这些论点清楚地表达如下。首要的是，我们的心理学概念必然会促使我们认为，它们描述的是“在我们之内的”——从这个意义上说，我们的行为则不在我们之内——思想和感觉：

> **当然**，所有这些都是在你内部发生的。——现在，就让我去理解我们使用的表达式吧。——图像就摆在那儿。而我并不是要质疑它在任何特定情形中的有效性。——就让我去理解这幅图像的应用吧。
>
> （*PI* §423）

图像就摆在那儿；我并不质疑它的**正确性**。但是，它的应用是**什么**？

（*PI* §424）

在许许多多的情形下，我们都努力找寻一幅图像，而一旦找到，其应用仿佛就自行显现了。这样，我们就已经拥有了一幅每次都强使我们接受的图像。——但是，它并不能帮助我们摆脱困难。困难才刚刚开始。 175

（*PI* §425）

维特根斯坦指出，关于我们内部的感觉和思想的这幅图像之所以有一种误导倾向，原因之一是，较之于所要表现的那种语言的语法，其本身少了许多模糊性：

一幅凭魔法召唤而来的图像，似乎**毫不含糊地**把意思固定了下来。较之于由这幅图像所提示的那种用法，实际的用法好似某种混乱不堪的东西。

（*PI* §426）

这幅图像促使我们形成由确定的状态和过程构成的某个内在领域的意象。我们日常心理学语言游戏所具有的不确定性特征——例如，我们可以有意义地怀疑某人是否真的疼痛，可以摸不透某人的真实想法，可以拿不准某个微笑是否友好，如此等等——似乎是一个无损于它所描述的实在的缺陷。于是，这幅关于内在感觉的图像便暗示有位能看透人类意识的神灵，可获知我们只能去猜度的东西——

我们的双眼无以看穿隐藏在行为背后的东西。相比于神灵对感觉记号的用法，我们自己的用法似乎是间接的，而我们开始感觉到对日常语言游戏的某种不满。本想用于把握感觉概念的独特语法的这幅图像，到头来却让我们感到“在实际使用表达式时，我们绕了道，走的是羊肠小路。我们看到，眼前就有通天大路，但我们自然是上不了它的，因为它永久地关闭着”（*PI* §426）。

日常语言游戏似乎是间接的，和它想要描述的现象拉不上关
176 系；“我们被引诱去说，我们说话的方式并不能如实地描述事实”（*PI* §402）。麻烦在于：“一幅图像出现在前景中，可它的意思却远藏在背景之中；就是说，这幅图像的应用并不容易把握。”（*PI* §422）我们真正需要的，不是去摈弃使关于内在之物的图像成为适切的那种区分，而是去弄明白对这幅图像的应用错在哪里。这样的话，我们便可抵御住将“内在”阐释为由内在状态及过程构成的准空间领域的那种诱惑，并得以准确判定使得关于内在之物的图像看似贴切的那些运用感觉记号的独特方式。维特根斯坦试图向我们表明的是：内在与外在区分所具有的那层唯一真实的意思，将这一区分同我们概念的语法，亦即同疼痛概念与哭叫概念起作用方式上的差异联系了起来。我们的错误在于，当关于内在与外在的图像真正所做的只是**描述**这些差异时，我们却假定它对它们做出了**说明**：“问题不是如何依据我们的经验去说明一个语言游戏，而是如何去注意一个语言游戏”（*PI* §655）；“将语言游戏看作**首要的**东西”（*PI* §656）。

疼痛与疼痛行为

那么，我们就回到这个任务上来：描述日常感觉概念发挥作用的方式。我们已经看到，维特根斯坦对感觉记号之语法的描述，如何将我们的注意力引向了日常语言游戏与感觉在行为上的自然表达之间的关联。在《哲学研究》281中，他的对话者这样问道："你所说的难道不就是：例如，要是没有**疼痛行为**，就不存在疼痛?"这个问题可视作这样一种企图：将维特根斯坦的语法观察——例如，《哲学研究》中"我们教孩子新的疼痛行为"的观察结论——重新表述为关于疼痛与疼痛行为之关联的一般论点。而这一重新表述显然导致了同我们的日常实践相冲突的论断，因为我们自然经常会说，某个人处于疼痛中却不表露出来。维特根斯坦对对话者的提议回应如下：

是这么回事：只有对一个有生命的人及类似于（举止像） 177
一个有生命的人的东西，我们才可以说：它有感觉；它看得见；它是盲的；它听得见；它是聋的；它是有意识的或无意识的。

（*PI* §281）

维特根斯坦对对话者所做概括的拒斥，并不否认存在着疼痛概念与疼痛行为间的概念性关联，但却指出这种关联被过分简单化了。疼痛与疼痛行为之间存在着语法关联，但我们用“疼痛”一词玩的语言游戏，比对话者所概括的要复杂得多、微妙得多。我们的感觉记号仅用于描述那些被视为表达疼痛、看、听、注意及做出其他举动的东西（有生命的人及类似于他们的事物），可我们语言的这一区域所表现出的那些形式和可能性，却有着被对话者的概括完全掩盖了的复杂性。

因此，假装、不表露疼痛、怀疑某个表达是否真实、做表演等可能性，全都是我们语言游戏的一个个面相。我们对概念如何发挥作用的描述，一定不能让我们语言的这一区域看起来比它实际所是的要确定得多，或者，让实际是日常语言游戏的独特组成部分的东西看似难堪的累赘。正是语言游戏的这样一些面相，让关于内在之物的图像看似适切的。然而，我们现在被引诱去对这幅图像所做的应用，却引出了关于由状态和过程构成的、确定的内在领域的诱人观念，这种观念促使我们将日常语言游戏的这种必要复杂性看作一种缺陷，或者看作只能间接接近他人心理状态的一个标志。

在《哲学研究》282中，对话者似乎对维特根斯坦的这种弱化了的主张——在心理学概念与行为的特定形式之间存在着语法关联——也提出了质疑：“神话故事中的一把壶也是可以看和听的！”这难道不是表明了“看见”和“听见”这些概念可独立于行为而发挥作用吗？这难道不就是关于这把壶具有哪些**经验**的问题吗？可是，这个神话故事，是如何将一把壶描述得让我们视之为能看见和听见的壶，从而实现其富于想象力的目标的？难道不是通过描述一把在某些重要方面类似于有生命的人的壶吗？我们难道不是通过想象这把壶同其周围发生的一切进行交谈并做出回应，而想象它进行看和听的吗？我们这里是在想象某种完全虚假的东西（壶事实上并不会说话）或者毫无意思的东西（我们不知道将一把壶描述为“会说话的”是什么意思）吗？ 178

维特根斯坦指出，这既不是虚假的也不是无意思的，因为对这把壶的神话式描述属于一种虚构的语言游戏，其发挥作用的方式完全不同于日常言谈。因此，这个神话故事近似于这样一类表演游戏：我们设想，一个玩具娃娃能感到痛，或者我们拥有魔力，或者我们是火车，如此等等。在所有这些情形里，我们都在利用关于真实世界的知识，去创造出一个虚构的世界，而从不需要问自己，在什么样一些情境下，我们当真会说一把壶会说话，一个玩具娃娃感觉痛，一个人拥有魔力，或者我们在用闸刹住人的身体。这种富于想象力的语言用法，乃是表达式的一种“次要”用法；它没有向我们表明任何有关意思和空谈（sense and nonsense）之分界的东西，这种分界主导着它们的首要用法。它无疑揭示出这个神话故事必须通过想象一把壶以某些特定的方式**做出行为**来想象这把能看会听的壶，但我们却必须在关于心理学表达式的首要用法的研究中，去揭示心理学概念同行为方式之间的语法关联。

在心理学表达式的首要用法中，我们只把它们应用于特定的**事物**种类，亦即有生命的人及其他动物。可是，我们为什么只把这些概念应用于某类**事物**呢？维特根斯坦问道："是不是我所受的教育通过把我的注意力集中到我本人的感觉上才把我引到了这类事物上，而我现在又将这一观念传递到了外在于我自己的对象上?"（*PI* §283）。我们这里看到的是对关于内在之物的图像的一种特殊应用：疼痛与我们将它归于其上的事物，被当成了彼此处于某种特定关系中的不同种类的对象。疼痛是一种私人对象（由某人自身的情形而被知道），以某种方式"内在于"身体，而身体本身则是一
179 种公共对象；疼痛属于"心理领域"，身体属于"物理领域"。我们的教育将注意力引向在我们自身心理领域内发生的事情，随后我们又被引导将关于那里所发生事情的观念传递到他人的情形中。因而，疼痛与我们将它归与其上的事物，分属于两个极为不同的"领域"，二者顶多处在某种纯经验的、因果的相互关系中。

这幅图像的这种应用的部分内容——"疼痛"一词可通过内省一个样本加以定义——已在前一章做过考察。这里，我们从不同的角度再来探讨它。现在关注的是这一观念：我对"疼痛"一词的通常用法同我们将它归与其上的事物之间没有本质性的关联，只是作为"某种东西"——某类**对象**——的名称发挥作用，而这种对象是通过内省而知道的，仅仅经验地或因果地同一个身体——疼痛被归与其上的那种东西——关联在一起。为使我们看出这种对内在与外在图像的应用错在哪儿，维特根斯坦问了这么一个相当奇特的问题："我难道不可以设想，我忍受着可怕的疼痛，并在这一过程中变成了石头?"（*PI* §283）

当意识到关于疼痛与身体之关系的图像有效地将后者当成本身是无生命的事物时，我们开始明白维特根斯坦为什么问这个问

题；疼痛充其量只是**被联系**于物理的躯体。就其本身而言，疼痛就是**这个**（THIS），亦即，我们每个人都由自身情形得知的特定现象呈现。所以，当他问“那么，要是我闭上眼睛的话，我如何知道我是否并没有变成石头？”（*PI* §283）时，他不过是指出，就像我们所描画的，疼痛的本质与我的物理躯体没有任何关联。当深刻的物理变化发生之时，从概念上讲，每种东西都可以如它表现出来的那样，依然心理地——现象地——存留着。假如疼痛只是某个特定类型的对象，其同一性可通过它之为**这个**而被现象地确定，那么，我如何可以在不进行实际检验的情况下就简单地摈弃这个问题呢，即在我感觉着疼痛时我的身体是否变成了石头？因为，根据这幅图像，**这个**的出现从概念上说无关乎我的身体，从而也无关乎我所拥有的身体的类型。

那么，权且假定我在感觉疼痛时确实变成了石头。维特根斯 180
坦这时问道：“在何种意义上，**这块石头**拥有疼痛？在何种意义上，这些疼痛可归与这块石头？”（*PI* §283）。假如我们可以设想在身体变成石头时疼痛在继续，那么，在何种意义上这个身体拥有这种疼痛？我们为什么一定要把疼痛与某个身体联系起来呢？真正说来，“疼痛为什么一定得有个载体呢?!”（*PI* §283）就像我们所设想的，疼痛概念是独立于身体概念而发挥作用的，而且从概念上讲，甚至不要求有个身体承载它；它就是**这个**。因此，假如我们将疼痛与人体的关系视作两类对象间的经验关系——从而，疼痛出现在人体中，就像珍珠生在牡蛎壳中一样——那么，身体就不能被当作疼痛的真正载体；它只是和它一道存在。

这样，维特根斯坦便通过让我们设想在遭受可怕疼痛的过程中变成石头的情形，为我们呈现出了这么一幅生动图像：我们如何倾向于在关于疼痛（内在）与身体（外在）之关系的构想中应用关于内在之物的图像。就这样，他让我们得以看清：我们所拥有的是这样一幅关于疼痛的图像，据之我们实际无法将疼痛归与某个身体。我们或许会这样回应说，疼痛并不属于身体，而属于心灵。可是，这个心灵和身体又有什么关系呢？维特根斯坦接着问道："我们可以说一块石头有个心灵，而且正是**它**拥有疼痛吗？心灵与一块石头有什么关系，疼痛与一块石头又有什么关系呢？"（*PI* §283）假如我们把身体本身当作一个事物，而把疼痛当作一种具有纯现象本质的私人对象，那么，我们就既不能使疼痛，也不能使心灵同身体建立起联系；我们看到的是两种互不相干的分立存在。这样，人体（石头）就完全同疼痛失去了关联。但是，这显然是同我们日常语言游戏的语法相违背的，因为我们的日常疼痛概念同身体之间的那种关联，正是这幅图像似乎使之成为不可理解的那一种；我们的概念**只**被用于将疼痛归与有生命的人以及与他们相似的（举止类似的）东西：

> 181 只有对于像人一样做出举止的东西，我们才能说它**具有**疼痛。
>
> 因为人们必须就一个身体，或者——如果你乐意的话——就身体所拥有的一个心灵，说它具有疼痛。
>
> （*PI* §283）

语言游戏中疼痛概念与作为疼痛载体的生命体之间的语法关

联表明，关于内在之物的图像不可能被赋予我们试图赋予它的那种应用。可是，如果疼痛与具有疼痛的身体之间的关系，不能视为两类不同对象间的经验关系，那又该如何看待这种关系呢："身体如何能**有**个心灵呢？"（*PI* §283）维特根斯坦在《哲学研究》284中开始对这一问题做出回应。他首先复述了这种观察意见，即说疼痛的载体是一个事物是没有意思的：

> 盯着一块石头并设想它具有感觉。——我们自己嘀咕说：我们怎么会得到将某种**感觉**归与一个**事物**的观念呢？我们也同样可以把它归与一个数！——我们再来盯着一只蠕动的苍蝇，此时，困惑全都不见了，疼痛似乎可以在这儿**立足**了，而先前这里对它来说太光滑了。

我们倾向于对关于内在之物的图像所做的那种应用，引导我们在深藏于身体内部的某个地方做出本体论分割。这样，身体就被视作属于外在事物的领域，而疼痛则属于某个心理领域，它内在于身体，有意识的经验就发生于其中。《哲学研究》283的思考让我们清楚地认识到，倘若以这种方式应用这幅图像，我们就不再能把疼痛和人体联系起来。将人体归入与感觉概念缺少概念关联的物理事物的范畴，我们便把它完全放在了疼痛概念的范围之外；将疼痛归与这样的身体并不比将它归与一块石头或一个数更有意思。一旦去观察心理学概念实际如何发挥作用，我们便可看出，由语言做出的这种分割并不存在于身体**之内**——不是私人性的疼痛和公共性的 182
身体之间的分割——而存在于类型完全不同的身体**之间**：疼痛概念

可应用于其上的那些身体与疼痛概念不可应用于其上的那些身体。

石头和苍蝇之间的分界线并非经验性的；并不是说我们“发现了”（“猜到了”）石头内部没有疼痛，而苍蝇内部则有。这并不是一个关于某种经验关系——存在于某些物理对象和某一特定种类的私人对象（而非其他对象）之间的关系——的问题。确切地说，它是一个概念性的分界线，反映出存在于我们语言中的、在感觉概念和一类很特别的身体——有生命的人及类似于他们的（举止类似的）东西——之间的概念关联。因而，说一块石头感觉到疼痛是没有意思的，而这样说一只苍蝇是有意思的。由于错误应用关于内在之物的图像而做出的“物理领域”与“心理领域”的虚假区分，被疼痛概念可应用于其上的身体与疼痛概念不可应用于其上的身体之间的识别取代，而这种识别是在语法中做出的。

《哲学研究》284接着这样写道：“同样，我们也觉得，一具尸体完全不可能有疼痛。”并不是说，一个人的死留给我们的，是作为先前同时存在的身体和心灵的一半的那个“东西”，而是说，死亡时人体**变成**这样一个东西，即无法对其进行心理学描述的一个对象。困难在于，如何认识到这种差异的深刻性。这一差异不只涉及如何描述事物，即我们对它们**说**些什么。因为，语言中暗含的生命体与非生命体之分，对于我们的生活形式是根本性的；它表现我们世界的形式。它不只是和我们所说的东西，而且也和我们所有的行为方式及对世界做出反应的方式密切联系在一起。从而“我们对活着的东西的态度和对死了的东西的态度不是一样的。我们所有的反应都是不同的”（*PI* §284）。当对话者回答说“这不可能仅仅源自这样的事实，即一个活着的东西如此这般地活动，而一个死了的东西则不这样”的时候，表明他倾向于认为，身体和石头是同一类对象（比方说，物质对象），只是**举止**或**移动**方式不同。维特根斯坦如此做出回应：指出他要我们注意的那种差异要比对话者所说的这种深刻得多。我们这里看到的是事物的两个不同范畴；是一个“从量到质”（*PI* §284）的转换。

在《哲学研究》285中，维特根斯坦探讨了我关于生命体的经 183
验的一个方面，它揭示了这种“质的转换”的本质：

> 想一想**面部表情**的识别。或者，想一想关于面部表情的描述——这可不是测出面部的尺寸大小！再想一想，一个人何以能不看镜子中自己的脸，而去模仿另一个人的表情。

把一张脸认作友好的、讨厌的、挑衅的或受伤害的，就是识别出对方面孔的**意味**或**意义**。我们对面部表情的描述富含着赋予它们以某种特定意义的术语：“一个友好的微笑”“一个充满敌意的盯视”“一个受惊吓的表情”“一种猥亵的神色”等。我们所看见或描述的并非处在相互的物理关系中的身体特征，而是人的面孔，其表情具有我们所熟知的并对之做出反应的意味。模仿某人的面部表情，并不要求我对着镜子把自己的五官摆列得跟他的一样。我理解他面孔的意义，并在我自己的脸上把这种意义表现出来。

不只是说“一个有生命的东西如此这般地移动，而一个死了的东西则并非如此”，因为一个生命体的移动，具有一种物理对象的移动所不具有的意义。这种差异，可比之于说出或写下的一个句子同胡乱的声音或标记之间的差异。因而，“勿踏草坪”这串符号

便不同于“@ £$!^&%|-/”，只要前者拥有一种构成我们对它的描述所必不可少的组成部分的意味，而这种意味是那堆乱码完全没有的；人类语言与无意义的标记进入我们生活形式的方式天差地远，所以，我们会毫不犹豫地把它们认作不同的事物范畴。同样，活物的移动也区别于物理对象的移动，只要它们拥有一种本质地进入我们关于它们的描述的意味，这种意味将作为一种独特的事物范畴——可对其进行心理学描述的事物——的生命体同非生命体区分开来。

184 这样一来，生命体便和一块石头不属于同一范畴。身体是活着的，不仅是说它能移动，而且是说其移动或姿势的持续保持有着某种特定的意义或意味。因此，意图这个概念与（比如）悄悄逼近一只鸟的猫的移动之间并无差距；这种意图不只是同那专注的神态、那小心翼翼的移动、那准备扑过去的姿势等“关联”在一起，而且正是这一切的意味所在。就这层意思而言，“人的身体是人的灵魂的最好图画”（*PFF* §25）：我们对于意图、期待、悲伤、疼痛等表达式的使用，是建基于有生命的人和其他动物的表达形式中的。

在掌握心理学语言游戏时，我们并非被训练去在某个内在领域内识别不同的过程，随后又得将这些过程转到其他对象上。确切地说，我们经过训练被带去识别日趋复杂的活动模式，以及刻画错综复杂的生活形式的表达式的意味，并对这种意味做出反应。我们的心理学概念关联于生命体的复杂生活形式中的各种不同模式，而并不描述某个隐藏着的内在状态和过程的领域。因而，当维特根斯坦指出“‘内在过程’需要外在标准”（*PI* §580）时，他并不是要提出作为反对私人语言可能性的论证之结论的某个论点。宁可说，他是在就一种概念性关联做出语法观察，这种关联存在于日常语言中的心理学概念与可在人及动物的生活形式中区辨出的各别模式之间；这一评论纯粹是描述性的，而非规定性的。

因此，我们的疼痛概念并不描述藏匿于物理躯体之内的“某个东西”，却在下述意义上同生命体相关联：它描述了其哭叫或姿势所意指的东西、所表示的东西。在《哲学研究》286中，维特根斯坦指出：“但是，说一个身体有疼痛，难道不是很荒唐吗？”例如，我们并不说我的手感到疼痛，而是说“我的手里的我感到疼痛”（*PI* §286）。我们的心理学概念，在语法上同主体的概念联系在一起，而这一主体并不是我的身体，而是“我”。这里又有一种 185
巨大的诱惑促使我们认为，这种情况表明，在身体之外有另一个对象（比如，心灵），它才是疼痛的真正主体。

维特根斯坦想让我们看清的是，这种由“身体”向“感觉疼痛的主体”（向“我”）的转换，并非实体间的转换，而是一种**语法转换**，一种语言游戏间的转换。于是：

> 所争论的问题是：是**身体**感觉到疼痛吗？——如何解决这一问题？是什么让我们可以合理地说，**并非**身体感到疼痛？——嗯，是这样的情况：如果某人手疼，这只手并未说出这种状态（除非它把它写下来），而我们也不是去安慰这只手，而是安慰遭受疼痛的人：我们看着他的眼睛。
>
> （*PI* §286）

乍看之下，“是身体感觉到了疼痛吗?”似乎是一个经验问题、一个事实问题。然而，若思考一下怎样解决这一问题，我们就能看到它是一个语法问题，通过查看将疼痛归与自己和他人的语言游戏便可对其进行回答。并不是身体说“我疼痛”，而是人在说；我们并不安慰身体，而安慰人。回想一下我们的实践，便可发现，人体进入语言游戏不只是作为物理和心理描述的对象，而且也作为具身化的主体：他感觉、思考和行动。初看之下，这里似乎涉及两类实体——做出举止的物理躯体和进行感觉和思考的心灵——之间的不同，但这种不同实际可视为两个语言游戏之间的区分，人类运用语词的两种不同方式之间的区分。

因此，维特根斯坦再次试图表明，以关于内在与外在的图像去**说明**使用表达式的这两种方式之间的语法区分的愿望落空了。我们力争做出的那种区分，一直就在我们眼前，就存在于我们语言游戏之间的语法差异中，就在我们运用感觉记号及物理状态或过程的记号的方式的差异中。而就在这种情形之下，我们费尽心思构造出来的，却是一个让我们无能为力的神话实体：去具身化的心灵（the disembodied mind）。

关于私人对象的观念 186

在《哲学研究》开篇所引的那段《忏悔录》里的话中，奥古斯丁认为，婴儿的灵魂和成人的灵魂没什么不同：孩子还不会说话，却可以思考；他还不会说“希望……”，却有了愿望；他还不会问某个东西的名称，却已掌握了命名的概念；如此等等。由维特根斯坦关于心理学概念的语法研究得来的图像，则大为不同。尽管我们的语言游戏植根于疼痛、饥饿、恐惧、愤怒、快乐这些自然的人类表达以及我们对这些表达的反应，但是，语言用法训练的结果，却把孩子带入了复杂的人类生活形式。这种生活的各种模式在思考、想象、期待、希望、梦想、意图等语言游戏中确定下来。

在习得运用语词的特定方式——它们体现了我们复杂的生活形式——的过程中，孩子逐步具备了有心智的人类（minded human being）的独特形式。这一过程是相当漫长的。它既包含孩子学会在适当情境下运用“我思考”“我期待”“我希望”“我梦想”“我意图”“我愤怒”“我疼痛”等词语，也包含他学会识别他人的特定表达形式，并以适当的方式对它们做出反应。孩子并不是被教会去识别内在于他的私人对象，而是被训练以一种我们独特的生活形式所必需的方式去使用语言。他不是通过受教育而认识到，他人内部有他自己内部所有的那种东西，而是被训练去不仅对他人的语言用法，而且对心理学概念以其为背景发挥作用的那些特定的移动、姿势、面部表情等模式做出反应。

上一章关于维特根斯坦论私人实指定义的评论的讨论已揭示出，以下这个观念是很成问题的：我们是通过将注意力向内转并说出“**这个**”，而引入疼痛的同一性标准的。这种讨论的目标是表明，确定疼痛是怎样一种东西的，乃是“疼痛”一词在我们日常语
187 言游戏中的用法，而不是内在实指的动作。在《哲学研究》288中，维特根斯坦从不同角度探讨了同一话题：他表明，我们日常语言游戏的语法，完全不适合于奥古斯丁关于某个内在世界的图像，在那里，心理状态就像是存放在一个盒子里的许多对象。

他再次引入这幅图像，借助的是他关于这幅图像如何设想（比如）疼痛与身体之间关系的那一生动比喻：“我变成了石头，而我的疼痛在继续。”疼痛再次被视作这样一种“东西”：它只存在于同身体的某种经验关系中，我们通过向内窥视而识别它。这样的话，便会出现我是否已把正确的“某种东西”识别为疼痛的问题：“要是我弄错了，它不再是**疼痛**了呢?”（*PI* §288）但是，这个问题不可能出现在我们的日常语言游戏中：“怀疑我是否疼痛，这毫无意义！”（*PI* §288）这种张力再次表明，我们是多么地倾向于错误应用关于内在与外在的图像。我们对疼痛概念的用法中有某种东西，使得关于“内在”的图像是贴切的，然而我们随后对这幅图像的应用，却完全有悖于“疼痛”一词在日常语言中的用法。因为，假如我们以一种忽略我们语言中疼痛概念与表达其感觉的活人之间

的语法关联的方式应用这幅图像，则我们所描述的就是这样一个概念，我们有可能对它是否被正确地识别做出了某种怀疑，但这种怀疑的可能性实际是不存在的。

按这种对维特根斯坦评论的阐释，他并非想证明，疼痛概念的可理解性有赖于关于应用的行为标准的存在，而该词的第一人称用法可参照这些标准加以检验。这一论点是纯语法的。要是我们以一种忽略语言中疼痛概念与表达其感觉的活人之间的语法关联的方式去应用关于内在的图像，那我们便是在设想“疼痛”一词的某种与我们实际使用它的方式相违背的用法，因为“在这个语言游戏中是没有怀疑的位置的”（*PI* §288）。一般而言，怀疑它是不是我真实感觉到的**疼痛**，是没有任何意思的。如果我们切断这些语法关联，并将疼痛描画为我们每个人向内窥视时所辨识出的内在对 188
象，那么“我似乎又可以**合法地**开始怀疑了”（*PI* §288）。并不是说，人的行为提供了某种必要的检验，而是说，疼痛概念与表达它的行为间的语法关联的缺失，会预示该词的一种完全不同于其实际具有的用法：“假如我同意废除通常用某个感觉表达式玩的语言游戏，我就需要这种感觉的同一性标准；这样的话，错误的可能性也就存在着。”（*PI* §288）

然而，我们也许很难放弃关于指导我使用“疼痛”一词的某种内在识别动作的图像，因为，要是没有这么一种动作，疼痛一词的用法似乎就是随意的了；没有什么东西可供参照，以为它在某个特定情境下的用法做辩护。因此，我们想说：“当我说‘我疼痛’时，我无论如何，是**在我自己面前**得到辩护的。”（*PI* §289）维特根斯坦这样反问道：

> 这是什么意思？是不是指“如果另一个人可以得知我称为‘疼痛’的东西，他就会承认我在正确地使用这个词”？
>
> （*PI* §289）

要这样的话，我们就并不是在实际为该词的用法做辩护，而只是设想为它做辩护。我们“在我们的想象中”，完成对该词用法的辩护动作，但是，我们已看到，这样做并非为一个词的用法做辩护。我们以为该词的受规则主导的用法中必不可少的这种动作，实际上毫无用处。

如果说这些思考似乎让我们对“疼痛”一词的使用看似随意的话，那么，我们应当记住：“不加辩护地使用一个词并不意味着错误地使用它。”（*PI* §289）当我的语言训练使我掌握了一个表达式的用法之后，我就不去寻找理由了，而只是不加反思地依照我受其训练的那种实践直接去使用语言。正是我对以“疼痛”一词进行的那种语言游戏的掌握，赋予了我按照我自己的方式使用它的权利，而并不是某个内在的辩护动作。因而，根本就不存在“依据标
189 准识别我的感觉”（*PI* §290）这么一个动作。我只不过像我被训练的那样，直截了当地用“我疼痛”这些词作为表达我的感觉的工具。我们可以把这叫作“描述我的感觉”或者“描述我的心灵状态”。不过，我们一定不要被这样的事实——我这里用到“描述”（describing）一词，而在别的地方也会说“描述我的房间”——引诱去假定有单一的“描述”语言游戏。“描述”这个词，类似于“命名”这个词；它是一个消除了语法差异的属名。因而，“我们称

作**‘描述’**（descriptions）的东西乃是特定用法之工具”（*PI* §291）。如果我们不想被引导以某种特定的描述类型（“描述我的房间”）为基础去描画所有这些工具，我们就“需要回想语言游戏之间的差异”（*PI* §290）。

于是，一旦去观察概念实际是如何被使用的，我们便可看清，被称作“描述”的这种东西是如何地变化多端：“试考虑有多少种被称为‘描述’的东西：按其坐标描述某个物体的位置；描述一种面部表情；描述一种触感；描述一种情绪。”（*PI* §24）在所有这些情形中，我们都做着完全不同的事情：在第一种情形下，我们在一个坐标格中测量出一个位置，正确描述与不正确描述之间的区分一目了然；在第二种情形下，我们如何对这张脸做出反应，是同我们对它的描述密切联系着的，这里有出现分歧的余地；在第三种情形下，我们可能会寻求比较（“它摸起来就像丝绸”）；在第四种情形下，我们也许会沉浸在这种情绪中，让言辞自然流露出来。将它们全都称为“描述”，“无法让这些用法本身更加彼此类似。因为，我们已经看到，它们绝对是不同的”（*PI* §10）。仅仅说“我描述我的心灵状态”和“我描述我的房间”，并不能告诉我们任何东西；只有通过观察使用中的语言，我们才可辨别出揭示了这两种完全不同的语言游戏的本性的那些语法区分。

这些语言游戏之间的差异，也可根据真理概念在它们各自中间发挥作用的方式进行观察。如果想一想用于判定关于某个动机的表白，或者关于一个梦的报告的真实性的标准，我们就会发现，它们发挥作用的方式，完全不同于用于判定关于某人正观察的一个过程的描述，或者关于我无法看清的一个盒子中所装东西的描述的真

190 实性的标准。不仅用于判定报告的真实性的标准在后两个情形中要直接得多，而且还存在着在说话者给出关于他之所见的真实报道与这个报道确实为真之间做出区分的余地。因而，我们可以有意义地假定，可这样来纠正某个说话者关于盒中物品的真诚报告：把他的报告同我们自己翻看这只盒子的所得相比较，发现这名说话者误认了一个或多个对象。在关于一个动机、一种情绪或者一个梦的真实报告的情形中，则无法做出这种区分来。在这样的情形下，所生出的问题是完全不同的。

假定我们承认关于某个动机的报告是真诚的，我们可以怀疑说话者是否在自欺欺人；或者，如果这个报告涉及很久以前发生的事情，我们可以质疑他的记忆是否准确。但是，这些问题中没有哪一个是通过将这个报告同某个内在过程相比较而解决的。即便这些问题是由说话者本人提出的——这也是完全有意义的——它们也将通过观察说话者行为的更广阔背景，或者通过尝试对所说过的话和所做过的事进行不同的解释等而得到解决。而且，无论是谁问了这些问题，说话者对关于某个动机的报告的真诚赞同，总是具有特殊的意义；只在非常特别的情境之下，我们才可对其表示质疑。维特根斯坦想让我们看清的是，我们在不同语言区域运用语词的方式上的这些差异，并不是某种要求得到说明的东西，也不是某种可以被说明的东西。确切地说，正是我们概念发挥作用的方式上的差异，为我们所谈论的各种事物间的区分提供了基础；要把握我们想要在心理学概念和行为概念之间做出的那种区分，只有一条路可走，那便是由关于我们语言游戏的独特语法的描述所指明的道路。

在《哲学研究》293中，维特根斯坦以如下这个比喻回应了将疼痛描画为本质上就是“**这个**”的某种私人对象的图像：

> 假定每个人都有一只盒子，里面装着一样东西：我们称之为“甲虫”。没有谁可以看到别人的盒子的里面，而每个人只能通过窥视**他本人**的甲虫，而说他知道这一只甲虫是什么。——在这里，很可能每个人盒子里的东西都是不一样的。甚至可以设想，这么一个东西一直在不停地变。——可是，要是“甲虫”一词在这些人的语言中无论如何都有一种用法呢？——要这样的话，它不能用作某物的名称。盒子里的东西并不属于这一语言游戏；甚至不能作为**某种东西**：因为盒子甚至可能是空的。——不，我们可以拿盒子里的东西进行“约分”；无论它是什么，都可以把它消除掉。 191

这一比喻一开始提出了一个关于如下观念的物理类比：我们每个人都是基于识别出一个内在对象而知道何为疼痛的。正如我把自己描画为通过识别一个内在于我的身体且只有我才能接近的“某物”，而得到关于疼痛的知识一样，维特根斯坦把一名说话者描画为通过窥视一只别人无法向里看的盒子，而得到他关于一只“甲虫”的知识。他观察到的第一件事情是，我们无法做出任何关于每个人的盒子里是否有同一种对象的假定，甚至无法做出关于这些对象在时间中的稳定性的假定。然而，我们又得假定，“甲虫”一词在这些人的语言中确有一种用法。维特根斯坦没有说这种用法是什么，但他显然要我们设想，“甲虫”一词是在这种语言的所有使用者共同参与的一种稳定而统一的语言游戏中被使用的。

这么一来，他便造出了这样一个情境，其中有两件事情发生着。一方面，有每个说话者窥视其盒子并说出“**这**是一只‘甲虫’”的动作；另一方面，又有在某个稳定的语言游戏中使用“甲虫”一词的固定技艺。问题是：这两件事如何关联起来？这一比喻想让我们看清的是，它们全无关联。用“甲虫”一词进行的语言游戏，可独立于说话者打开自己盒子时发现的东西而被教授、被学会、被参与，因为我们已经看到，可以设想每个人盒子里的东西都不一样，或者，盒子里的东西一直在不停地变，或者，盒子里甚至
192 什么东西也没有。正是通过看到“甲虫”一词在这一语言游戏中的用法——“甲虫”在这些人语言中的意义——与他们每个人盒子里的东西之间没有任何关联，我们才得以认识到，这一比喻开头描述的那种仪式，对于“甲虫”一词在这些人语言中的意义来说，是毫无用处的。就“甲虫”一词的意义而言，“我们可以拿盒子里的东西进行‘约分’；无论它是什么，都可以把它消除掉”。

按这种阐释，关于盒子里甲虫的比喻并非要表明，我们的心理学概念必须拥有公共的应用标准。其寓意毋宁是：假如我们受对疼痛与哭叫之分的觉察的诱惑去假定“疼痛”一词是作为我们每个人向内窥视时识别出的某个对象的名称发挥作用的，那么，这一对象就无法同“疼痛”一词在我们日常语言中的用法关联起来。因为我们可以设想，这一私人对象，就像物理上属于私人的盒子里的那个对象一样，在每个人的情形中是不同的，或者它不停地在变化，或者根本就没有这个东西。但这只是表明了，不管这一对象是什么，我们的日常语言游戏，都可以被教授、被学会、被参与：“这个对象毫不相干，无须考虑。”（*PI* §293）我们应当得出的结论是：

企图通过说“疼痛”命名一个我们每个人由自己的情形知道的私人对象去把握疼痛与哭叫的区分，乃是错误的；由疼痛与哭叫之区分引出的关于内在与外在的图像，完全无法以这种方式加以应用。我们关于“疼痛”和“哭叫”这两个词的意义差别的觉察，不可以凭据关于为每个人所知的某个私人对象与可被我们所有人接近的某个公共对象之间的对立的观念去把握。因为“如果我们按照‘对象与名称’的模式去理解感觉表达式的语法，这个对象就毫不相干，无须考虑”（*PI* §293）。

然而，若是没有关于私人对象的观念，我们似乎又面临着失去疼痛与表达它的行为之间的区分的危险。对话者表达出这样的忧虑：

> “是这样。可是，一直有**某种东西**伴随着我因疼痛而发出 193
> 的哭叫。而正因为有这种东西我才发出哭叫声。这种东西是重要的——而且是可怕的。”
>
> （*PI* §296）

维特根斯坦回应道：

> 只是我们在向谁通报这种情况呢？是在什么情境之下？

“疼痛”一词所描述的（被用于表达的），是促使我哭叫的那种感觉而不是哭叫本身——这种情况并不是我可以向任何理解这个词或掌握它的使用技艺的人**通报**的某种东西。“我疼痛”这几个词表达了某种感觉——这一点由它们拥有的这种用法表现出来，而对这种用法的把握对于我们理解“疼痛”一词的意义是必不可少的。真正重要的是这种感觉，而不是哭叫声，而且这种感觉是某种可怕的东西——这些乃是该词用法的不同方面；它们属于语言游戏的形式，或者属于同“疼痛”一词相关的那种语言技艺的本性；它们并不是我在学会“疼痛”一词的用法之后，基于检查和描述我的某个特定私人对象而得出的观察结论。

因此，对话者的话并未告诉我们任何他“得到了”而我没有得到的东西；它们告诉我们的东西，都已存在于我们语言游戏的独特语法，亦即我们所有人运用“我疼痛”这几个词的方式中了。不过，他感到有必要说出这些东西，说明他不再只满足于我们概念间的语法区分；他感到一切似乎都是表面的，而要达至**关键性的**东西——哭叫背后的疼痛，他感到必须求助于某个内在的注意动作。他仿佛要去追寻一个内在世界，它就隐藏在由疼痛概念的语法与哭叫概念的语法之区分所界定的东西背后。

维特根斯坦试图揭示这种突然对在我们语言的语法范围内做出的这些区分感到不满的反常行为。他用了下面这个类比：

194 自然，壶里的水烧开了，蒸汽就会从壶里冒出来，而在一幅图画中，蒸汽也从壶里冒出来。可是，要是有人硬说画中的那只壶里，也一定有某种东西烧开了呢？

（*PI* §297）

这一类比呈现给我们两种不同的现象范畴，分别与两种完全不同的语言游戏相联系。一方面，有一把烧开水的物理的壶，烧开的液体导致蒸汽从壶里冒出来。另一方面，有一幅表现蒸汽从一把壶里冒出来的图画。在一种情形下，我们有这样一种语言游戏，它交织在我们使用“壶”“水”“热量”等词语的实践中，同烹调及其他各种活动联系在一起。在另一种情形下，我们有这样一种语言游戏，它交织在我们利用图画去做图解、去做指导、去讲故事的实践中。使用图画并对它们进行讲述的语言游戏，就像烹调一样，乃是我们人类自然史的一部分：人们就是要使用并回应作为他们日常世界的某些方面的表象的图画。这种以图画表象世界的语言游戏实际如何发挥作用，或许并不那么一目了然，但无论如何发挥作用，它显然十分不同于那些交织在由这些图画表现的实在中的语言游戏。

我们现在已能看到，硬说画中那只壶里一定也有某种东西烧开了的那个人，由于感到存在于这幅图画表面的东西是不够的，而被引诱去混淆这两种语言游戏。鉴于这幅图画画的不只是蒸汽和一把壶，而是一把烧开了的壶，这幅图画里似乎必定有比我们看到的更多的东西；因为一把烧开了的壶，不只是一把壶和蒸汽。由于看到这把烧开了的壶出现在图画中的方式，与蒸汽和壶出现在图画中的方式是不同的，这名说话者便被诱惑去设想，必定有某种东西隐藏在表面之物的背后，而这种东西之隐藏在关于这把壶的图画中，正如开水隐藏在物理的壶中一样。因而，如果我们要得到比关于蒸
汽和一把壶的图画更多的东西，似乎就一定得实际存在着在画中壶 195
里被烧开的某种东西。这一类比的力量在于，它让我们清楚地看到这里面是有问题的：这幅图画并不是由某种（不知怎地！）在壶中被烧开的东西，而成为关于一把烧开了的壶的图画的。宁可说，蒸

汽和一把壶在这幅画中并置在一起，这对我们来说，具有某种**意义**；我们以特定的方式对这种并置**做出反应**；这幅图画的意义以这样的方式进入我们关于它的经验中：在没有从任何意义上超出这幅图所表现内容的情况下，我们便不知不觉地就将它描述为“一幅关于一把烧开了的壶的图画”。

硬要说“一直有**某种东西**伴随着我因疼痛而发出的哭叫”的那个人，犯了一个类比错误。由于看到疼痛不像哭叫那样是公共的，他就不满足于存在于表面的东西，并援用一个错误的类比——关于隐藏在一个容器中的某个对象的类比——企图去理解这种哭叫如何不只是一声哭叫，而是**疼痛**哭叫。所以，如果我们要拥有比哭叫（纯粹的行为）更多的东西，似乎就一定得有某种隐藏在哭叫背后的东西——私人对象——由于它，哭叫才成为疼痛哭叫。我们需要认识到的是，一声哭叫并不是由于某种隐藏在身体内的东西而成为疼痛哭叫的，就像一只盒子并不是由于装在里面的东西才成为一件礼物一样。这样来描画事物，我们便会受一个错误类比的引导去误解这一语言游戏发挥作用的方式。

确实，疼痛不像哭叫那样是公共的，但只要这种哭叫被交织进人类生活的某种型式中，以致在某些情境下具有了疼痛哭叫之意义，那么疼痛便进入了语言游戏；哭叫在这些情境下所具有的这种意义进入了关于这种哭叫的经验，并出现在我们对所听到的东西的不加反思的描述中。并不是：我们听见一声哭叫，猜想它是由某个特定种类的私人对象（“**这个**”）所伴随的；而是：在适当的情境下，我们听见疼痛哭叫、恐惧尖叫、快乐呼喊等。疼痛、恐惧、快乐并不像哭叫、尖叫、呼喊那样是公共的；但只要我们在这些情境下经验到的这些声音具有某种特定的意义，疼痛、恐惧、快乐的概 196
念便实质性地出现在我们关于所听到东西的描述中。

心理学语言游戏的不确定性

维特根斯坦就这样试图让我们看清：在某些特定情境中做出的一个姿势、一声叹息、一个怪相的意义之所以同这些东西关联起来，并不只是在于它是某种被猜测到的东西、某种我们基于观察到的关联推断出的东西。在适当的情境下，我听到一声叹息，也就知道了它的意义，一如在某个特定场合，听人说出“这里很冷”这句话便理解了它的意思。一声叹息的意义不是伴随着它的某种东西，而是在其中被表达出来的东西：

> 可以这么说：“我在他脸上看到了胆怯”，但无论如何，这种胆怯并不只是与这张脸外在地联系在一起的；恐惧就生动地写在脸上。如果面色略微改变了，我们就可以说恐惧也相应改变了。要是有人问：“你也可以把这种面色看作表达了勇敢吗？”——我们似乎就不知道如何把勇敢纳入这种面色了。（*PI* §537）

可是，我们都知道，面部表情也和语词一样充满了歧义性。

维特根斯坦想让我们看出，心理学概念在用法上体现出的这种歧义性或不确定性，并非一个缺陷，而是语言游戏必不可少的组成部分，体现着人类心理现象的本质。即便是上述的那副胆怯面孔，也容得下不同的反应。所以维特根斯坦才提出，我们可以对是否能把这副面孔视作勇敢的表达这个问题做如下应答："'嗯，我现在明白了：这副面孔似乎表现出了对外在世界的冷漠。'这样我们便设法把勇敢也纳入了对这副面孔的理解中。人们会说，现在勇敢又**适合**这副面孔了。"（*PI* §537）但是，为使勇敢适合这副面孔，我们做了些什么？或许，我们对自己讲了一个故事，也或许，我们将这 197
种表情纳入了一种不同的行为模式中，或者纳入了对于未来反应的一系列不同期待中，如此等等。一个面部表情的意义，就像我们说出的词的意义一样，是随着情境的变化而变化的，而我就一种表情所设想的情境的变化，也可改变其意义。于是：

> 我看见一幅表现一张笑脸的图画。我是怎样把这种笑一会儿看作善意的，一会儿看作恶意的呢？难道我不是经常把它放在一个要么是善意的，要么是恶意的时空情境中加以设想的吗？这样我就会为这幅图像加入这样的想象：面带笑容的这个人或者是在嬉戏中对着一个孩子微笑，或者是在对着一个敌人发出冷笑。
>
> （*PI* §539）

这倒不是说，在日常生活中，我们会没有任何特殊理由地修正我们对某一情境的第一反应，并将它放在更广阔的背景下给予不同的解释：“如果没有什么特殊的情境扭转我的阐释，我会将一个特定的笑视作善意的，称之为一个‘善意的’微笑，并相应地做出回应。”（*PI* §539）当然，我也会漫无目的地进行这类再阐释活动，例如，我试着把大街上的人都想成自动机，或者，我会把我看见的一个大笑的人想成是处在可怕的痛苦中。但是，这要经过一个特别的想象动作，而我得自觉自愿地完成这种动作，或许正如维特根斯坦所说的，带着一丝别扭的感觉。这些想象动作无法成为一种真正的（切实体验的）怀疑的根据，因为它们不会对我的反应造成侵害，这些反应已通过训练成为我的第二本性，并密切关联于我对所见之物的真诚描述。在同他人的日常交际中，我们完全无法抓住这些观念不放；我们的自然反应无可抗拒，我们以通常的方式对人类生活形式的特定模式做出反应：

> 可是，我难道不可以设想周围的人都是自动机，缺乏意识，即便他们举止如常？——假如我此时——一个人待在房间里——设想我看见人们面目僵硬地（似乎处于一种恍惚状
> 198 态）忙他们的事情——这种想法也许有点奇怪。那你就试着在同（比如）大街上的人进行日常交际时，牢牢抓住这种想法吧！
>
> （*PI* §420）

不过，我们的反应在我们设想一个情境时所发挥的作用，却打开了一种充满分歧和不确定性的可能性，这种可能性是我们的心理学语言游戏所特有的。比如，一个生来就容易相信他人的人

和一个生性多疑的人，会以完全不同的方式看待一个微笑。这乃是我们复杂生活形式的一个特征："对于某种感觉的表达是否真实这一问题，一般而言……并无一致的看法。"（*PPF* §352）或许会是这样的情况："我**确信**（某人）不是在装模作样；而另一个人则不这么认为。"（*PPF* §353）维特根斯坦问道，我是否总能让对方信服呢？而要是我不能让他信服的话，是否意味着我们中的一个人观察有误？对话者说道："一个表情的真实性是无法证明的；得去感受它。"（*PPF* §357）此间，我们所熟知的提示是极其微妙的。维特根斯坦把它们描述为"无以估量的证据"，"其中包括妙不可言的一瞥、意味深长的姿势、韵味十足的音调"（*PPF* §360）。

因而，"我可以认出一副真正可爱的面孔，把它同装模作样的面孔区分开来……但我也许怎么也描述不出这种差异来"（*PPF* §360）。在这一情形下，我的判断或许有十分具体的证实。但是，在别的情形下，情况也许要纷乱得多，很难弄出个所以然来。在有些情形下，我们可能永远也别想达成最终的一致判断，从而陷入这样的境地：谁也不服谁。要是被引诱去认为，再怎么样也总有个事实吧，那我们就要这么想一想：当事者本人或许也感觉到了同样的不确定性（"我真的爱她吧？""我真的感到惋惜吗？"）。这样的话，当事者就会像其他人一样，通过找寻某种独特的行动和反应模式，来形成自己的判断，而他为其动机所做的解释，也同样要受制于这种需要：为实际所说的话、所做的事，提供一套连贯的说辞。

维特根斯坦试图这样来捕捉心理学语言游戏的独特妙处和不 199
确定性：

关于感觉表达的真实性有没有所谓的“专家判断”？——即便在这里，也可分出哪些人的判断“好一些”，哪些人的判断“差一些”。

正确一些的预测，一般来自更了解人类的那些人的判断。

我们可以学到关于人类的知识吗？是的；有的人可以。不过，并不是靠修一门课程，而是得通过“**经验**”。——在这方面，一个人可以做另一个人的老师吗？当然可以。他时不时地给他提出正当的告诫。——这里的“教”和“学”就是这么回事儿。——此间，我们获取的不是某种技艺；我们学会了正确的判断。也有一些规则，但不成系统，唯有经验丰富者方可正确应用它们。跟那些计算规则不一样。

这里最难做到的，是把这种不确定性准确无误地用语言表达出来。

（*PPF* §§355–356）

就像我们已看到的，正是这种可能性，即追问某人的感觉表达是否真实，在某种程度上让关于内在的图像看似如此贴切。在有疑问的情形中，我们自然会把这种疑问表达为这样的问题：“在他的内部到底发生着什么？”我们想要看看，他脑子里究竟在想些什么。但这不过就是一幅生动的图像而已。我们用它意指的是：“我们想要知道他在想什么时，通常所意指的东西。”（*PI* §427）这是一幅很自然的图像，只是我们对其应用尚不明了。要是觉得某人并未坦率地表达其想法，我们确实就会说，他在掩饰着什么东西，他对他的感受守口如瓶，如此等等。但这些图像只是换了个说法来表明，他并未把他的感觉告知我们。只有当我们被一种错误的类比——把感觉比之于被物理地掩藏，或被物理地封入一只瓶子的东西——引导到对这幅图像做出不适当的应用时，混乱才会产生。而 200
一旦注意到这种应用如何同心理学概念实际发挥作用的方式相冲突，我们便能看出这种应用是不适当的。

疼痛既非某物亦非空无

可是，在做哲学时，还是难以克服这样一种感觉：总得坚持主张，在用“他疼痛”这几个词描述某人时，我们不只是描述他的行为，而且也描述他的疼痛。在《哲学研究》300的开头，维特根斯坦指出了这种持续的诱惑：

> 我们想要说，在用“他疼痛”这几个词进行的语言游戏中，不光有关于行为的图像，还有关于疼痛的图像在起作用。或者说，不只是有行动的范式，还有疼痛的范式。

接下来，他就着手揭示由这种哲学诱惑显现出的混乱。首要的是，因为急于想着不要否定这种感觉，我们未能留意到疼痛与表达疼痛的行为之间的一种语法区分：

> 说“关于疼痛的图像，是随同‘疼痛’一词进入语言游戏的”，乃是一种误解。疼痛的意象并不是一幅图像，而在语言游戏中，**这种**意象是不可以由任何我们应称之为一幅图像

的东西取代的。——疼痛的意象确实在某种意义上进入语言游戏；只不过不是作为一幅图像。

（*PI* §300）

谈及一幅“关于疼痛的图像”，就和谈及关于某个数或某个声音的图像一样，都是没有意义的。这一概念的语法是这样：它使得我们谈及**去设想**疼痛而不是去图示它或使之形象化有意义。这样，我便可以设想疼痛，就像我可以设想某个声音（尽管不可以设想某个数）一样，而且我可以无须设想以任何特定的方式做出行为而去这样做。而且，我设想的东西确实就是“疼痛”一词所指称的那种感觉。就“疼痛”一词指称的是某个感觉而言，它所指称的是某种可设想的东西，而不是某种能被图像化或形象化的东西。我们这里 201 仍然是这样来对待疼痛与疼痛行为之分的：并不试图把它们当成平等的搭档——这边是行为的图像，那边是疼痛的图像——而是去观察这两个概念之间的语法区分：可以有一幅图像对应于我关于疼痛行为的意象，却没有图像对应于我所设想的疼痛。正是通过这些语法区分，我们才把握到了关于所谈论事物的类型差异的那种直觉的真正根据。

《哲学研究》300开头所表达出的这种诱惑，是同另一种诱惑联系在一起的，这种诱惑就是：假定对“疼痛”一词的理解要求我们设想某种与之关联着的东西。我们由自己的情形获知“疼痛”一词的意义，随后又把这种观念传达给别人——这样的想法，赋予了想象以一种对于理解感觉概念的独特作用。我们已结合维特根斯坦关于私人展示概念的评论，考察了想象在理解疼痛概念中所起的作用，但是，在《哲学研究》302中，维特根斯坦是从另一视角来考虑想象的作用的：

> 假如一个人必须依照自己的疼痛去设想另一个人的疼痛，那绝不是一件容易的事情；因为我不得不依照我**确切感觉到的**疼痛，去设想我**并未感觉到的**疼痛。即是说，我所要做的，并不只是把想象从疼痛发生的一个地方转到另一个地方。就好比由手上的疼痛转到胳臂上的疼痛。因为我并不是要去设想，我在他的身体的某个部位感觉到了疼痛。（这也是可能的。）

维特根斯坦这里关注的，并不是如下这一观念的空洞性：我们通过“以我们的想象”指着一个感觉来定义“疼痛”一词；而是这样一种幻觉：理解疼痛概念的第三人称用法，涉及我形成关于疼痛的某种意象（我随后又将它传达给他人）。想象如何发挥我们这里试图赋予它的作用呢？我关于疼痛的意象如何能成为另一个人的疼痛的模型呢？形成关于某种感觉的意象，不过就是设想感觉到某物。要将我关于疼痛的意象传达给另一个人，我就不得不设想我并
202 未设想感觉到的一种感觉，而这纯粹就是一个矛盾。我们对内在与外在图像的这种应用，忽略了关于某种感觉的概念与关于某个感觉到这种感觉的主体的概念之间的语法关联。我不可能撇开某个正感觉着的主体，只设想这种感觉本身，然后再补充说，要么他有这种感觉，要么我有这种感觉；要么我设想我在感觉疼痛（形成关于疼痛的意象），要么我设想另一个人在感觉疼痛。后者并未让我形成

关于疼痛的意象，也不需要我设想对方以任何特定的方式做出行为。例如，我可以设想某人处在疼痛中而没有表达出来。这或许要求我讲一个精心编制的故事，但它并未让我依照自己的疼痛去设想他的疼痛。我们企图通过让关于疼痛的意象成为理解这一概念的根本而去区分疼痛和疼痛行为的愿望，不仅有悖于我们实际使用该词的方式，而且把我们引入了毫无意思的空谈。

很难承认，正是感觉概念的独特语法使得关于内在之物的图像成为贴切的，并表明了内在与外在之分到底是怎么回事儿。我们通过把疼痛描述为内在的、把哭叫描述为外在的而意指的东西，全都在这些概念如何发挥作用的语法差异中了。关于内在与外在的图像，导致了这样一种应用：它引导我们忽略明摆在我们运用表达式的方式中的那种区分，还引导我们把感觉本身视作隐藏在我们最初以关于内在之物的观念捕捉到的东西背后的某种东西。在拒绝这幅图像的这种应用时，维特根斯坦看似在否定内在世界，可他所做的不过是：提醒我们留意我们的图像想要捕捉的那种区分的真实本性，并揭穿我们的那些毫无意思的应用的真面目。

因而，当对话者问："可你肯定得承认，在有疼痛伴随的疼痛行为与没有疼痛伴随的疼痛行为之间，存在着某种差别吧？"（*PI* §304）这时维特根斯坦回应道："承认这一点？这能有多大差别呢？"（*PI* §304）这是一种存在于我们语言游戏的语法中的区分。我们语言的这一区域就有这样的特点：某人可以就他感觉到的东西撒谎，也可以装痛，还可以演一个忍受疼痛的人，如此等等。学会这 203
种语言游戏，既包括掌握这些不同的把戏——不仅学会用清晰的语言表达疼痛，而且学会表演某人处于疼痛中——也包括识别和理解应用于他人行为中的这些区分。在有些情形下，后者会包括：发觉并适当回应这些微妙而复杂的行为模式，对于这些行为模式，我们能嗅出某种东西来，却永远也无法弄得一清二楚。对话者觉得必须坚持的那一区分，并未被否定，因为它乃是我们语言游戏的典型特征。可是，对话者为什么会以为维特根斯坦否认这种区分呢？

对话者这样表达他的关切："可你一再得出这样的结论：感觉本身是一个空无。"（*PI* §304）维特根斯坦回答道："完全不是这样。它既非一个**某物**（Something），亦非一个**空无**（Nothing）！"（*PI* §304）他并没有暗示，在真实的哭叫与纯粹的假装之间没有任何差异；也没有断言，除了行为之外再也没有任何别的东西。确切地说，是这么回事：如果我们把感觉设想为每个人由自己的情形得知的对象，那么"一个空无，就会像一个某物一样管用"，因为这种私人对象与"疼痛"一词的用法（意义），没有任何关联；它是"某种无法就其说出任何东西的东西"（*PI* §304）。

维特根斯坦的回答，并不是要否认疼痛的存在，而是要拒绝"试图在这里将自己强加给我们的某种语法"（*PI* §304）。因为，"要消除这一悖论，我们就得彻底弃绝这种观念：以某种方式发挥作用的语言，总是服务于同一个目的，那就是传达思想——可以是关于房屋的、关于疼痛的、关于善恶的，或者关于任何别的东西的"（*PI* §304）。一方面，正是通过认识到语言的这些不同区域发挥作用的方式上的差异，我们才得以摆脱不适当应用内在之物图像的冲动，而这种冲动就隐藏在对话者关于某种东西被否定了的感觉的背后；另一方面，也正是通过这种认识，我们才把握了对话者感到必须得坚持的内在与外在区分的真实本性。关于维特根斯坦一心要否定某种东西的印象“源自我们坚决反对关于‘内在过程’的图像。我们否认的是，关于内在过程的图像给了我们关于（心理学表达式）之用法的正确观念。我们说，这幅图像连同其衍生物，妨碍着我们如实地看待（这些表达式）的用法”（*PI* §305）。于是，当对话者问：“你难道不就是一个遮遮掩掩的行为主义者吗？你归根到底不就是在说，除了人类行为之外，一切都是虚构吗？”维特根斯坦回答说：“要是我说到了某种虚构，那就是一种**语法**虚构。”（*PI* §307） 204

我已描述了维特根斯坦如何利用语法研究的技艺来表明：我们倾向于对关于内在之物的图像所做的应用完全是空洞的。他逐步使我们看清，对这幅图像的这种诱人的应用，不仅和心理学表达式实际被使用的方式扯不上任何关系，而且企图阐明业已在我们语言的语法中展露无遗的那种区分也是白费力气。不只是对关于内在之物的图像的这种应用是空洞的、导向空谈的，就连关于隐藏着的心理事实提供了某种至关重要的、缺了它我们就只是事物而已的东西的观念本身，也被表明植根于这个根本错误的观念，亦即，关于心理学概念与人及其他动物机体的移动、姿势及表情的特定形式之间关系的观念。

我们错误地倾向于在公共对象与私人对象之间做出的划分，被表明实际建基于我们表达式的用法类型的差异之上。尽管如此，我们却仍感到有个难题尚未解决。在对维特根斯坦的评论进行解说的过程中，我一直将生命体所做出的移动、姿势、声音等的意义，视为进入了我们关于它们的经验的。所以，在把一声哭叫描述为疼痛哭叫，把一个微笑描述为善意的，把一个面孔描述为敌意的时候，我并未超出知觉范围，或者去沉思隐藏在它们背后的东西的本性。但是，这是如何可能的呢？一声哭叫，或一个微笑，或一副面孔的意义，如何可能进入我们关于它的经验呢？假如某人看见一个微笑却没有看出它是一个微笑，那不是因为他的视力有什么问
205 题，正好像一个人未能把握用他不懂的一种外语说出的一句话的意思，并不是因为他的听力有问题。我们把这个微笑**看成**善意的，或者把这声哭叫**听成**疼痛哭叫——这种观念是和下面这个诱人的观念相冲突的：一种知觉性质就是可为任何一个拥有适当的知觉装备（perceptual equipment）的人所觉察的性质。我将在第八章回到这一难题。

标 准

整个这一章里，我都求助于我们语言中疼痛概念与表达疼痛的行为之间的语法关联。我们有时会这样来表达疼痛和疼痛行为之间的语法关联：指出疼痛行为乃是某人处于疼痛中的一个**标准**。维特根斯坦在《哲学研究》中用到标准概念，而这一概念显然在他的语法研究观念中居于核心位置。因此，在对某一给定概念X（理解、打算、意指、处于疼痛中等）进行研究的过程中，他通常会问什么可算作某件事乃是X的一个情形的标准（例如，“判定一个公式被用来意指什么的标准是什么?”［*PI* §190］），或者指出我们会接受某件事作为X的不同标准（例如，“对于［什么时候我们应该说我所意指的投影方法出现在他心灵中］，我们认可了两种不同的标准”［*PI* §141］），或者在不同的情境下，我们对某件事作为X采纳不同的标准（例如，“在不同的情境下，我们对某人的阅读活动运用不同的标准”［*PI* §164］）。

有些阐释者认为，维特根斯坦对标准概念的使用，乃是对有关他人心灵的知识之可能性的争论的一个重要贡献。在本章最后一节里，我想指出阐释者们就标准概念在维特根斯坦对心理学概念的处理中发挥怎样的作用所产生的一个根本分歧。

有这么一个根深蒂固的阐释传统，它将标准概念视作哲学上
206 的一个重大发现，这一发现为理解心理学概念如何发挥作用提供了基础，而且引向了对他心怀疑论（scepticism about other minds）的反驳。这一传统源自诺尔曼·马尔康姆和罗杰斯·奥尔布里顿的工作，并通过其他许多阐释者（包括彼得·哈克尔、克里斯品·赖特和约翰·麦克道尔）的工作得以延续下来。后面这几位对维特根斯坦标准概念的理解有着不小的差别，但他们都一致同意赋予其以认识论的重要性，或者说，他们均主张这一概念表明了外在行为如何能让一个关于**知道**另一个人的心灵状态的论断合法化。这里无法深入认识论式阐释中对标准概念的不同探讨的具体细节，不过，我还是简要地考察一下上述三位阐释者的观点，一方面想借此展现这些采取同一进路的阐释之间的某些重要差异，另一方面也想借此指明由这一解读进路所引出的一些根本性的困难。

彼得·哈克尔认为，维特根斯坦的标准概念引入了一种新颖的证据关系形式。标准关系（the criterial relation）是陈述间的这样一种证据关系：与经验证据关系（用“征候”这样一个相对立的术语指代）不同，它们乃是语法的或逻辑的关系，亦即作为定义而成立。若一种标准关系在命题p和q之间成立，则对p的意思的理解，至少部分地在于领会到q的真乃是p的真的证据。通常会有p的多种标准，而且，在某一系列情况中作为p的一个标准的东西，在另一系列情况中有可能就不是p的一个标准了。不过，如果p具有某种意思，就必定存在为关于p的断定做辩护的标准：p的意思部分地由为其断定做辩护的标准所构成。

这类阐释的核心任务之一，便是弄清楚这种证据关系的确切本性。按定义，这种关系是一种逻辑关系：q是p的证据，并非基于归纳，而是先天的、关乎逻辑或语法的。然而，这种关系仍不是一种逻辑蕴涵关系，因为大家公认，在某些情形下，q可能为真而p可能为假。如果某人大声哭叫并抱住自己的膝盖，那么，这便是他处在疼痛中的先天的、非归纳的、约定俗成的证据。然而，在此 207
人假装疼痛，或者在做表演，或者在演示另一个人的举止等这样一些情形下，前者为真而后者为假。哈克尔指出，这表明我们需要认可一种新颖的逻辑关系，这种逻辑关系弱于蕴涵，强于归纳证据。标准关系要理解为“先天的、非归纳的或者必然好的证据关系”（1972, p.293）。因此，p的一个标准的出现，并不构成p的决定性证据，但哈克尔却论证说，在没有特别的怀疑根据的情形中，标准的出现“会为某人确定地断定‘p’提供辩护”（1972, p.304）。

克里斯品·赖特赞同哈克尔的这种观点：标准要理解为这样一种关系，其作为证据的地位是关乎定义或约定的事情。不过，他却争辩说，证据关系为断定关于他人心灵状态的陈述所提供的那种支持，并不能将确定性赋予这一断定。赖特论证说，p的一个标准要确定地为断定p做辩护，它必须为p提供**结论性的**证据；可是，关于他人心理状态的一个陈述无论看起来多么可靠，我们总可以设想未来的发展会是这样的情况，即说话者将被迫撤回它：“基于其标准而做出的一个论断，随后会被抛弃，而这无妨于我们仍相信那些标准是得到满足的。”（Wright, 1986:97）

赖特论证道，未来的废除性证据（defeating evidence）的可设想性，意味着标准支持本质上是可废除的。赖特承认，存在着这样一些场合，在那里我们什么也不怀疑，但这并不等于说，怀疑是不可能的，或者说，命题是确定为真的。尽管如此，他仍相信，某个拥有p的标准支持的人在声称知道p而不只是断定他相信p是实情时，依然是得到辩护的。若要维护标准与征候之间的区分，那么，p之标准的满足就必须在某些情境下确证某个关于知道p为真的论断。

不过，如果我们承认赖特对哈克尔的批评是有效的，而且
208 任何尚不构成蕴涵关系的证据关系本质上是可废除的，这样的观念——标准可让关于**知道**他人所处心灵状态的论断合法化——似乎就会受到威胁。因为大家都承认，即便是在最有利于断言另一个人（比如）处于疼痛中的场合下，我们可共同获得的也只是这么一种东西，它必定被认作同此人并不疼痛相一致。赖特承认，在这样的情境下，此人处于疼痛中的标准被满足了，可是，由于这些标准是可废除的，所以关于此人处于疼痛中的论断依然可能是假的。

然而，这便等于提出了如下主张：我们在断言知道p时是得到辩护的，即便我们的论断建基于其上的论据使得¬p是可能的。假装的可能性会导致将公共可得的标准证据的价值降低到这样的程度，以至于它似乎已无力支持关于知道而不只是相信另一个人处于疼痛中的论断了。因此，标准证据观念的倡导者远未能表明如何抵御关于他心的怀疑论，最终反倒被迫承认：根本就**不存在**这样的情境，在那里关于他人心灵状态的怀疑被逻辑地排除了。所能说的只是，存在着这样一些情境，在那里我们**并不**怀疑，或者说，要是怀疑的话就和日常实践的约定相冲突了——而这很难算作对怀疑论的驳斥。对维特根斯坦标准概念的这种阐释，似乎仍需将疼痛描画为

某种伴随着行为证据的东西，而从第三人称视角来看，它出现与否只能凭猜测加以判定。

约翰·麦克道尔接受了这一观念：标准是用来表明公共可得的东西如何能将关于知道p的论断合法化的。不过，他也承认，若p的一个标准满足同p被证明为假不相冲突，则标准无法使关于知道p的论断合法化。他指出，似乎正是假装的可能性迫使我们承认标准是可废除的。但是，他论证道，只有在我们做出这样的假定——在某人成功地假装了处于疼痛中的情形里，他处于疼痛中的标准被满足了——的情况下，才会发生上面说的事情。他还论证说，这一假定并非强制性的。因为我们可以这么认为，某人在假装疼痛时，只不过是让标准**看似**得到满足了。他声称，这容许我们坚 209
持这样的观念：当标准被满足时，另一个人的心灵状态就显得易于为我们所认知了。即是说，它容许我们坚持这样一种观念：在标准的实际满足（与“仅仅表面的满足”相对）与此人处于相关的心灵状态之间有某种不可废除的关联。

麦克道尔论证说，这并不意味着要把标准理解为某种特别的、不可废除的证据类型。确切地说，这意味着承认标准在其中得到满足的那些情境乃是这样的情境：在那里，我们可基于某人的言语和行为说出他处于怎样的心灵状态。他论证道，在这些情境中，不只是心灵状态的证据，就连心灵状态本身也在此人的言语和行为中显现出来了，从而可为任何掌握相关概念的人所认知。不要以为由此推出我们对他人心灵状态的认知是不会错的。关键是要看出，公共可得的东西在欺骗和非欺骗的情形中是根本不同的：在欺骗情形中，我们面对的只是标准被满足的表面现象；而在非欺骗的情形中，标准真的被满足了，而且对方在表达他的心灵状态。在后一情形下，对方的心灵状态完全显现给了具备相关概念能力的人。在标准被满足时具备相关概念能力之人所看清的事态，是同此人被证明并不处于相关心灵状态相冲突的。麦克道尔争辩说，按这种解释，我们有可能看清标准的满足如何让我们得以**知道**他人的心灵状态。

尚不能确定麦克道尔的解释是否成功地实现了这一目标：表明标准概念如何可被用于让我们关于他人心灵状态的知识成为可理解的。在麦克道尔看来，若p的一个标准被满足，我们便得到了事实p，而这为我们关于知道p的论断——这一论断同关于该论断被证明为假相冲突——提供了依据。然而，或许会有人反对说，单凭（比如）另一个人处于疼痛中这样一个事实的公共可得性，并不足以表明，那些知觉地面对这一事实的人能够宣称知道它是成立
210 的。因此，有人会争辩说，仅当能够将事实p识别为一个事实，我们在公共地面对事实p时才能够宣称知道p。而且，还会有人争辩说，仅当可以说出我们所面对的是标准在其中被满足的情形而不是标准在其中只是看似被满足的情形，我们才能够将事实p识别为一个事实。然而，麦克道尔对假装的可能性的认可，意味着情况并非如此。

按麦克道尔的解释，只有在行为实际表达了相关心灵状态的情形中，我们才能谈到标准被满足的事情。但考虑到他承认没有办法说出标准被满足了还是看似被满足了，所以弄不清是不是有哪个人能够知道标准被满足了，从而能够说他面对着他者处于相关心灵状态的事实。麦克道尔提出了一种对何为知道某种东西的理解，试图对上述反对意见做出回应，但尚不清楚这种回应是否成功。

上述三种解释都将维特根斯坦的标准概念与我们宣称知道他人心灵状态的认知资格问题联系了起来。这一概念被认为在回应关于他心的怀疑论中起到了核心作用：它被用于表明，在某些场合下，我们能够知道另一个人处于某一给定心灵状态。然而，尚不清楚所考察的这些解释是否成功终结了怀疑论者的质疑。现在，我想转向另外一种对维特根斯坦思想中标准概念的作用的完全不同的阐释，这种阐释拒绝如下观念：这个概念是要用来说明关于他心的知识如何可能形成的。这种对标准概念的另类理解是由斯坦利·卡维尔（Cavell, 1979）明确提出的，而这种理解同我所提出的关于维特根斯坦语法研究构想的阐释不谋而合。

卡维尔注意到，维特根斯坦的标准概念在《哲学研究》中被引入，从来都不是同我们感到确定的权利或宣称知道某种东西的权利联系在一起的。确切地说，这一概念是在如下这些背景下被使用的：要么提醒我们关于某种东西的标准是什么，要么指出我们在不 211
同情境下应用不同标准或者指出我们的标准比我们以为的要复杂得多，如此等等。没有哪种情况表明，维特根斯坦把标准这一术语用作专门的哲学术语，或者，他要用它去驳斥怀疑论者。确切地说，引入标准同清晰把握语词用法有关，同我们如何辨别或区分情形有关。提醒我们借以判定某人是否理解某个词，是否掌握了自然数系列，是否在自言自语，是否在等人喝茶等的标准，乃是维特根斯坦语法研究所采取的方式之一。他至少部分地借助于这些提醒，去克服由于未能看清我们的概念如何发挥作用而生出的误解和悖论。其目的在于描述语词的用法，而不在于使这种用法合法化。

然而，或许会有人反驳说，即便承认维特根斯坦是在纯描述的语境中使用标准概念的，他也依然是以这样一种方式使用它的：这一方式暗示，我们在基于标准判定某件事情如此这般时，我们的判断是**正确的**。因此，这里便假定了：在依据我们的通常标准判定某人理解一个词或处于疼痛中时，我们成功地将某件事情识别为某人理解一个词或处于疼痛中的一个情形。但是，在给定假装的可能性的情况下，我们难道不是有可能在p为假的情境下得到p的标准吗？而这难道不会威胁到维特根斯坦的假设吗？因为，我们难道不是被迫承认，无论处在怎样有利的位置，我们所得到的证据都只能是同我们的判断被证明为假相一致的吗？

在《哲学研究》354中，维特根斯坦似乎承认有这样的危险：

> 标准和征候之间的这种语法波动，让人觉得似乎除了征候之外再也没有什么东西了。比如，我们会说："经验教给我们，晴雨表读数下降时会下雨，但它也教给我们，当我们有某些湿和冷的感觉时或者有如此这般的视觉印象时天会下雨。"作为支持这一点的论证，人们会说这些感觉印象会欺骗我们。

212 他对这一难题做了如下回应：

> 但这里人们忽略了这一事实：它们恰巧**在下雨这件事上**欺骗了我们，是基于某个定义的。

那些将标准概念与认知资格联系起来的阐释者认为，要把维特根斯坦的这种回应看作是指向这一事实的，即“我正有某些湿和冷的感觉”和“天在下雨”这两个命题之间的联系是语法的而非经验的：命题“我正有某些湿和冷的感觉”的真为断定“天在下雨”提供了辩护，这乃是“天在下雨”的意思的一部分。赖特认为，欺骗的可能性意味着，尽管上述两个命题的关联基于一个定义，但前者充其量只为后者提供了可废除的依据。麦克道尔认为，这种语法联系使得标准的满足同虚假不相容，而且，在我们遭受欺骗的情形中，标准只是看似被满足了。就这两种解读均暗示仅在标准未被废除或者下雨的标准被满足的情形中下雨的概念才是相关的而言，哪一个都不能说完全把握了维特根斯坦回应的力量：即便在我们受到了感觉印象的欺骗的情况下，它们“恰巧**在下雨这件事上**欺骗了我们”，而这一事实“是基于一个定义的”。

关键点是，在欺骗的情形中，我们说“天看似要下雨”这一事实，乃是我们对这一概念的日常使用的一部分；在欺骗的情形中，下雨的概念并没有停止发挥作用，而是依然处在我们对所显现之事的描述的核心位置：现象恰巧是一个下雨的现象。这表明，我们关于下雨的标准在欺骗的情形中也被使用，就像在非欺骗的情形中一样。无论是在直截了当的判断中，还是在描述事情如何呈现的命题以及未承诺断定事情如其所显现的那样的命题中，对下雨这个概念的把握都包含着获得使用它的能力。一旦我们将维特根斯坦理解为是要描述语词的日常用法，而不是要关注我们宣称在某些情境下**知道**事情如此这般的认知资格问题，上述这种对其论点的阐释就 213
是自然而然的了。

对《哲学研究》354的解读，乃是卡维尔关于维特根斯坦标准概念的阐释的核心。因此，按卡维尔的解读，疼痛的标准由疼痛行为的出现来满足。如果在某些情境下（比如，作为对一个冷笑话的反应），呻吟就不是疼痛的一个标准——不是疼痛行为——那么，这个主体是否处于疼痛中，便不是要考虑的问题。卡维尔论证说，这便意味着，只有**某些**不期而至的事件才算作他**并非**处于疼痛之中：在他假装疼痛、在做表演、在恶作剧、在排练节目等情境下。在这些情形中，对主体不处于疼痛中所做的说明，预先假定了他假装正感觉到的**恰巧是疼痛**。这么一来，我们的说明用到了疼痛概念，而这意味着应用这一概念的标准出现了；正因为标准在这里出现了，我们将这个主体描述为在假装**疼痛**。

卡维尔指出，对维特根斯坦标准概念的用法的这种解读，有赖于我们认识到，标准从来不是要用作某个东西确实**存在**的标准。他争辩说，维特根斯坦是按其平常意思使用标准概念的：X的一个标准就是这样一个基础，我据之称某物为“X”或者认出某物为“X”。这样来理解的话，标准在我们描述某人假装有感觉的情形中是相关的，正像它们在我们描述他正感觉到什么的情形中是相关的一样。我们据以将某人描述为处于疼痛中的那些标准的出现，恰恰让我们得以识别出某人当下所做的是假装疼痛。这表明，我们应将孩子学习使用心理学概念同这样一个关于假装的观念——作为他在并没有怀疑或假装问题出现的情形中使用这些概念时所碰到的一个难题——联系起来加以看待。

按这种理解，标准并非某种特别的证据，而是这样的东西，在日常语言游戏中我们依据它们将某个情形识别为这样的情形：在这里，使用疼痛概念是贴切的。一旦将怀疑和假装的可能性看作源于更原始的语言游戏——在那里怀疑的可能性尚未出现——的难题，我们便可将这些可能性的打开视为我们对标准的使用的一种发展、一种复杂化。这种发展并不会将标准降格为纯粹的证据，尽管它确实意味着我们的成熟语言游戏的一个特征，就是对我们与他人之关系的某种怀疑。在不涉及某人表演、恶作剧、排练节目等问题的情境中，标准的出现便会将该情形识别为某人在其中处于疼痛中的情形，而不只是某人在其中看似处于疼痛中的情形。 214

然而，所有这些都不应被视为企图为确定性做辩护，或者企图回应他心怀疑论者；这只是对日常疼痛概念如何发挥作用的描述而已。在掌握“疼痛”一词用法的过程中，我们掌握了据以将疼痛归与他人的证据。维特根斯坦的语法研究促使我们回想起了标准是什么，也回想起了说某人装痛的标准是什么，还回想起了对后者的把握是如何从对前者的把握中发展出来的。要说维特根斯坦的研究中有某种反怀疑论的意思的话，这层意思就体现为他反复不断地致力于克服将感觉与表达感觉的行为分割开来的诱惑。但这要理解为有关与疼痛概念相关的那类技艺的语法论点，而不要理解为对我们关于他人处于疼痛中的确定性的哲学辩护。要是我们试图将它变为后者，那么，就像前面所看到的，结果会令人失望。

参考文献及进一步阅读材料

Albritton, R., 1966, "On Wittgenstein's Use of the Term 'Criterion'"（《论维特根斯坦对"标准"这一术语的使用》）, in G. Pitcher, ed., 1966:231–50

Budd, M., 1989, *Wittgenstein's Philosophy of Psychology*（《维特根斯坦的心理学哲学》）（London: Routledge）

Cavell, S., 1979, *The Claim of Reason: Wittgenstein, Skepticism, Morality and Tragedy*（《理性的要求：维特根斯坦、怀疑论、道德与悲剧》）（Oxford: Oxford University Press）

Finkelstein, D., 2003, *Expression and the Inner*（《表达与内在之物》）（Cambridge, Mass.: Harvard University Press）

Fogelin, R.J., 1987, *Wittgenstein*（《维特根斯坦》）（London: Routledge）

Hacker, P.M.S., 1972, *Insight and Illusion*（《洞见与幻象》）（Oxford: Clarendon Press）

215 ——, 1993, *Wittgenstein: Meaning and Mind Part I: Essays*（《维特根斯坦：意义与心灵》）（Oxford: Wiley Blackwell）

Hertzberg, L., 1994b, "The kind of certainty is the kind of language game"（《有什么样的确定性就有什么样的语言游戏》）, in L. Hertzberg, 1994:63–95

Johnston, P., 1993, *Wittgenstein: Rethinking the Inner*（《内在之物再思考》）(London: Routledge)

Kenny, A., 2006, *Wittgenstein*（《维特根斯坦》）(Oxford: Oxford University Press)

McDowell, J.H., 1998f, "Criteria, Defeasibility and Knowledge"（《标准、可废除性与知识》）, in J.H. McDowell, 1998B:369–94

Malcolm, N., 1966, "Wittgenstein's *Philosophical Investigations*"（《维特根斯坦的〈哲学研究〉》）, in G. Pitcher, ed., 1966:65–103

Mulhall, S., 1990, *On Being in the World: Wittgenstein and Heidegger on Seeing Aspects*（《论在世：维特根斯坦与海德格尔论看见面相》）(London: Routledge)

Pears, D.F., 1987, *The False Prison,* vol. 2（《虚假的牢狱》第二卷）(Oxford: Oxford University Press)

Schulte, J., 1993, *Experience and Expression: Wittgenstein's Philosophy of Psychology*（《经验与表达：维特根斯坦的心理学哲学》）(Oxford: Oxford University Press)

——, 2011, "Privacy"（《私人性》）, in O. Kuusela and M. McGinn, eds, 2011:429–50

Witherspoon, E., 2011, "Wittgenstein on Criteria and the Problem of Other Minds"（《维特根斯坦论标准与他心难题》）, in O. Kuusela and M. McGinn, eds, 2011:472–98

Wittgenstein, L., *LSDPE*（《关于感觉材料和私人经验的语言》）

——, *LWPP 2*（《关于心理学哲学的最后著述》）

——, *RPP* Ⅰ（《心理学哲学评论》第一卷）

Wright, C., 1986, "Realism, Truth-Value Links, Other Minds, and the Past"（《实在论、真值关联、他心与过去》）, in C. Wright, *Realism, Meaning and Truth*（Oxford: Oxford University Press）

——, 2001e, "Wittgenstein's Later Philosophy of Mind: Sensation, Privacy and Intention"（《后期维特根斯坦的心灵哲学：感觉、私人性与意图》）, in C. Wright 2001:291–318

第六章

意向性：思考、想象、相信

《哲学研究》316—427；

《心理学哲学——一个片段》第十节 86—110

导 言

《哲学研究》第二部分给人这样的印象：比第一部分更加零碎和散乱。我们前面已考虑过的那些评论，尽管有关注点的明显转换，也有另辟蹊径、剑走偏锋情形的发生，但仍可将它们视为呈现了关于有限数量论题的持续讨论：意义、理解、遵守规则、感觉和私人性。此外，这些评论有一个清晰的次序，而只要从头至尾对它们进行系统考察，便会收获满满。在本书第二部分，这种模式似乎被打破了。在这里，可以更明显地看到对众多论题的简略、不连贯——而且恼人地未做结论——的探讨：思考、想象、期待、希 217
望、意图（intending）、意愿（willing）等。我想表明，这些涵盖甚广的评论其实有着重要的深层主题，这些主题是通过对广阔的概念景观进行考察，而不只是通过关注几个主要概念，而一点点地浮现出来的。

首先，尽管维特根斯坦研究的这些概念之间有着重要的差异，但它们一起形成了一个松散的语法范畴：它们都是关于我们有时所称的“意向性状态（intentional states）”的概念。这些评论共同呈现了对这组独特概念之语法的扩展研究。这种语法研究的目标是获取关于“思考”“想象”“相信”“意图”等语词之用法的清晰观点，从而克服将意向性状态描画为出现在主体心灵中（或大脑中）的状态或过程的诱惑。其目的是表明，这幅图像错误地表现了这些语词的用法，从而制造出了一个语法幻想——关于隐藏在这些心理学动词的用法背后并为之提供辩护的心灵状态或过程的观念——而这种幻想，反过来又成为一系列难题和悖论的根源。

在上两章里，我们已经看到，维特根斯坦是如何展现他对“疼痛”一词用法的语法研究方法，以便反对如下观念的：我们基于内省将注意力向内转并看见我们疼痛时内部所发生的事情，从而获知疼痛是一种什么东西，亦即，“疼痛”一词意指什么。也存在同样一种诱惑去假定，通过将注意力集中在我们思考或想象某种东西时所发生的事情，我们发现了意象的本性，以及思考是什么。我们即将集中考察的这些评论的一个重要线索，又表明上述研究进路的无效性。维特根斯坦不仅运用他的语法研究方法，来反对我们通过内省过程更多地了解心理学表达式的想法，他还相信，诉诸内省的诱惑，反映出我们未能看清这些概念的语法：

> 为弄清“思考”一词的意义，我们观察自己思考的过程；我们观察到的东西，就将是这个词所意指的东西。但这个概念却**不是**这么被使用的。
>
> （*PI* §316）

218 这种想法——我们通过在我们思考时观察自己，澄清了思考这个概念——假定了“思考”一词代表着这么一个过程：我们通过在其出现时观察它而更好地了解它。如果不对“思考”一词如何实际被使用进行研究，我们便会将它当成思考时发生在我们内部的一个过程的名称。维特根斯坦的目标是，通过进行我们倾向于忽视的这种语法研究来克服这种偏见：

> 我们无法猜测一个词如何发挥作用。必须审视其应用，并从中学到东西。
>
> （*PI* §340）

在集中探讨“思考是什么？”这一问题的两个评论中，维特根斯坦表露出了诉诸内省的诱惑：“嗯，你难道从未思考过吗？你难道不可以观察自己并看到正在发生的事情吗？这相当简单啊。”（*PI* §327）我们这里正使用一个简单的模型在工作，而维特根斯坦则通过问一系列问题来做出回应，以此表明，我们离清楚把握“思考”一词如何发挥作用还相当遥远：

> 嗯，我们把什么称作“思考”？我们学会使用这个词是为了什么？——如果我说我有思想——我得总是正确的吗？——这里为哪类错误留下了空间？有没有这样的情境，我们在其中问：“我那时所做的事情真的是在思考吗？我难道不会是犯了一个错误吗？”假定某个人在一个思绪过程中做着测量工作：假如他测量时不对着自己说什么，那么，他是不

是中断了思考呢？

（*PI* §328）

我们对如何回答这些问题所表现出的犹疑不定，表明说这件事“相当简单”乃是一个幻觉。事实上，我们对“思考”一词如何被使用所知甚少，而说它代表着一个心灵过程也无助于澄清其用法。

维特根斯坦针对“思考”“想象”“相信”“期待”“意图”等语词所做的语法研究，援用了我们看见他在《哲学研究》中反复使
219 用的那些技艺。这些技艺包括，比如，问我们是如何学会这些语词的用法的，我们是如何教某人默读或在头脑中计算的；问我们如何知道他可以做这些事情的，以及他是如何知道他正在做他被要求去做的事情的；问我们是如何学会“对自己说话”的；问我们如何知道某人正在想象红这种颜色的；如此等等。设计出这些技艺，是要唤起我们凭这些表达式所过的生活。其目的是让我们不仅看清这些词语在句子中的位置，而且看清它们在我们凭语言而过的生活中所起的作用，我们是如何被教会在日常生活进程中使用——运用——它们的。

这项研究的方方面面已经在关于遵守规则的讨论中被预示了，尤其在这些评论中：“现在我理解了”和“我已经知道，在我发出这道指令的时候，他应当在1000之后写1002”。某些主题再次出现了，尤其是：对自然反应在我们学会表达式用法时的重要性的强调；对促使我们将一个语言游戏看作对另一个语言游戏的复杂化的关切；还有对促使我们看清人类凭语言而过的生活的发展过程中的

某种次序的关切。在所有这些当中，第一/第三人称非对称性主题是根本性的；维特根斯坦的主要任务之一，就是表明这些表达式指称某个内在过程的想法错误地表现了它们的第一人称现在时直陈式用法。

思　考

在《哲学研究》318中，维特根斯坦提醒我们注意“思考”一词的两种用法。一方面，我们说某人在说话或写字时进行思考，这种情形下，我们不把思想同其表达分离开来。另一方面，我们也说一个思想像闪电般穿过心灵，或者，说一个难题“瞬间”变得清晰起来。他指出，“自然会有人问，在闪电般的思想中发生的事情，是否也在并非不假思索的言谈中发生——只是前者极其迅速而已”（*PI* §318）。这里的诱惑便是将思考描画为一个要么公开要么不公
220 开进行的过程。在公开的情形下，这一过程发生的速度，受到说话或写字所费时间的限制，而在不公开的情形下，这一过程发生得更快：“在第一种情形下，发条装置仿佛一下子松弛下来，但在第二种情形下，这一装置被语词一点点地刹住。”（*PI* §318）在接下来的评论中，维特根斯坦试图通过语法研究打破这幅图像的专横。

他从下面这个对比开始：

> 我可以瞬间看见或理解，一个思想在我心灵之眼前完成，一如我可以用几个词或几道划线做一则笔记。

是什么让这则笔记成了这一思想的概要呢?

（*PI* §319）

这里不存在一种诱惑让我以为，我为将在一次讲演中展开的那些思想所做的简要笔记，不知怎么就已隐隐包含了我要说的那些精巧的句子。仅当这些简要笔记激起了我在讲演中展开的思想时，它们才成其为这些思想的概要。这里不存在什么神秘的东西。当我突然明白某个难题时，或者当我突然看见对另一个人所说的东西的一个反驳时，如果我反思穿过我心灵的东西，我所表述的东西，可能就跟我为一次讲演所做的简要笔记一样：几个词或一幅意象。使得我所描述的东西成为我将在讲演中表达的思想概要的，并不是隐藏在我的理解中的、不知怎么就等同于我将说出的言语的某种东西；而是我做如下这些事情的能力：可以继续下去并给出难题之解答，可以流畅地表达反对意见，等等。有关作为我在讲演中所表达思想的加速对等物（the accelerated equivalent）的内在过程的想法，压根儿就没有进入这幅图像。

维特根斯坦还将闪电般的思想与所说出的思想之间的联系，同代数公式与我将展开的数列之间的联系进行了比较。他说，假如给了我一个熟悉的代数公式，那么我就“确定能求出对于1，2，3……直到10这些自变量的值”（*PI* §320）。同样，在闪电般的思想中，我确定我能解决这个难题，能对所说出的东西做出反驳，等等，即便我心灵中闪现的不过就是相当于“几个词或几道划线”的东西。在某些情境下，当给了我公式，或者当我突然有了一个思想，我可以继续下去的确定性将是“有充分根据的”或得到辩护 221

的。可是，对我确信能继续下去做了辩护的那些情境，同某个过程的出现没有关系。确切地说，它们与之有关系的是这样的事实：我学会了计算这些函数，我碰见过类似的难题，我对所讨论的论题很熟悉并实际参与过辩论，等等。也会有这样的情形，在那里说不出什么东西来为我的确定性进行辩护，“尽管如此，这种确定性还是会由成功而得到辩护”（*PI* §320）。

其实，对于突然理解一个数列的原理，看出对一道难题的解答，或者看出某个论证中的漏洞，可能确实存在着特定的心理伴随过程，但是“现在我理解了”“现在我知道怎么继续下去了”并不是作为对这些心理过程的描述而发挥作用的。因此，“突然理解”这几个词意指什么的问题，并不是由对某人突然理解时所发生的事情的描述来回答的。维特根斯坦指出，“现在我理解了”“现在我知道怎么继续下去了”这些词可比之于一声惊叫，“一个本能的声音，一次愉快的惊动”（*PI* §323）。为这些言语的说出提供辩护的，并不是在它们被说出时所发生的事情，而是赋予它们以意义的那个语境，以及我最终继续做下去的事情。维特根斯坦小心地指出了这里存在的一种独特的复杂性。因为存在着这样一些情形，在那里，即便我在试图继续下去时被卡住了，我在说“当我说我知道怎样继续下去时我**确实是**知道的”时仍然是得到辩护的。但这些词的用法同样不是由我说我知道时出现的某个过程来辩护的；宁可说，要是我能为我的失败找出原因，它们就是得到辩护的：出现了未预料到的打断，或者，发生的某件事令我失去了思路。重要的是看到，我们的标准是多么复杂，我们实际用这些词所进行的语言游戏是多么难解。

然而，这里有这样的诱惑让我们以为，要是我无法为我的确定性——这种确定性保障我到时候能继续下去——提供根据的话，222
那么，我对“现在我理解了”这些词的使用就是未得到辩护的。我们觉得，必定有某种东西为我自信可以继续下去并展开数列或者提出论证中的漏洞提供了辩护，否则，我说出这些话就只是在夸海口：在它们被说出那一刻，我说出它们是未得到辩护的。如果出现在心灵中的东西并不能确保我能继续下去，我们就可能会被引诱去假定辩护必定是跟归纳相关的事情：是关于我过去成功的知识，为我感到能正确地继续下去时说“现在我理解了”提供了辩护。维特根斯坦在《哲学研究》324中说到了这一点：

> 如下这些说法对不对呢？——这是一个归纳问题，我确定我能把这个数列继续写下去，一如我确定要是松开手这本书就会掉到地上；而要是在展开数列时被莫名其妙地卡住了，我将感到无比惊讶，就像看见书不是掉落而是悬浮在空中一样。

维特根斯坦的回应拾起了他在《哲学研究》1中引入的那个主题，而且，我们已看到他反复不断地回到这一主题：

> 对此我将回复说，对**这种**确定性我们不需要任何根据。有什么比成功**更能**为确定性提供辩护呢？
>
> （*PI* §324）

人类凭语言而过的生活——我们受训练去做判断或进行计算的方式——的特点就是：我们所做的大部分事情，都涉及本着完全的确定性去行动。确实，我们本着完全的确定性去行动，一般会由于成功而得到辩护，而且有可能是这样的情形：正是我以往关于能继续下去的自信一般都获得了成功这一事实，说明了我为什么毫不犹豫地确信，在给了我熟悉的函数的情况下，或者当对某个论证的驳斥突然出现在我心灵中时，我就能正确地继续下去。但维特根斯坦这里又急切地指出，这并不意味着我过去的成功就是我当下的确
223 定性的**根据**，因为我不是这样跟自己说理的："我以前有这种确信的感觉时总是能继续下去，所以现在也会一样。"

一般情况下，关于能把一个数列写下去或者能解决一个难题的确信之基础的问题，根本就不会出现。确切地说，在某些情境下，纳入这样一些事实——我经过了某种数学训练，我自信地说出"现在我了解了""现在我知道怎样继续下去了""现在我明白了"——便是我掌握了数列的原理或者找到了答案的一个标准。我们一般会采信某人的自信，这由我们如何思考、如何生活表现出来。关键是要看到，维特根斯坦相信"理由的链条总有个头"（*PI* §326）；位于我语言游戏根基处的，是我们按照经过训练的方式，不问理由自信满满地行动。

思想和语言

接下来，维特根斯坦转向了思想和语言的关系问题。他一开始就表达了如下的思想：

> 我用语词进行思考时，除了言语表达式之外，我心灵中没有任何“意义”。确切地说，语言本身就是思想的载体。
>
> （*PI* §329）

这里所表达的思想，有点像我们倾向于就思想和语言之关系所说的那种东西。它同思想作为一种言语形式的图像相伴而来，按这幅图像，思想要么在我们说话或写作时公开地进行着，要么在我们不说话也不写下思想时不公开地进行着。从另一方面来说，思考又不只是出声说的或对自己说的言语，否则我们就得说一只鹦鹉在思考。而这可能会导致我们说思想“是将带思想的说同不带思想的谈话区分开来的东西。——所以，它似乎是说的一个伴随物。一个可能伴随有别的东西或者独自进行的过程”（*PI* §330）。因此，如 224
果我们开始将言语看作思想之所是的模型，我们很快就会被引导去将思想描画为一个将生命赋予说并且将我说出的言词从纯粹声音转化为思想表达式的过程，而非说本身；这一过程可以伴随说也可以独自进行。

维特根斯坦的回应是这么开始的：对于我们被引导去在这两个过程——言说与思考——之间做出的那种区分，我们没有清晰的观念：

> 请说："是的，这支钢笔秃了。哦，好吧，就用它吧。"首先，带着思想说；再不带思想地说；再不用语词只思考这个思想。
>
> （*PI* §330）

我们感到他是在让我们做荒唐的事情，而这会让我们觉得，思想是一个非常难以把握的过程。然而，维特根斯坦现在让我们设想这样一些事例，在其中我们会说某人有了特定的思想，尽管他既未大声说话也未对自己说话：

> 嗯，在写字的时候，我会试试笔头，做个表情——然后以签名的姿势继续写。——同样，在做测量的时候，我会以这样一种方式进行操作，以至于旁观者会说我在默默地思考：如果两个量值等于第三个量值，那么它们是相等的。
>
> （*PI* §330）

我们在设想平常事例时会看出，我们确实常常说，某个既未大声说话也未对自己说话的人在思考如此这般的事情。然而，同样很明显的是，这里所涉及的并不是“这么一个过程，要是这些词语并不是被不带思想地说出的话，该过程就一定得伴随着它们”（*PI* §330）。

如果考虑一下用于判定某个并未用言语表达思想的人具有如此这般思想的标准，我们便会看出，它们完全不同于用来判定一个未见过程的发生的标准。这并不是有关某个不可观察之物的证据的问题，而是涉及我们在某人的行为中看出某种可理解的模式的问题。如果我们想到什么东西会证伪我们的归与，则所涉及的并不是 225
如何表明某件事情没有（在其心灵或大脑中）发生的问题，而是看出我们以为在其行为中识别出的模式，如何被随后发生的事情或者被这些行动的大背景推翻或驳斥的问题。关于赋予言语以生命却也可以独自发生的某个未见过程的图像，同我们实际使用“他如此这般地思考”这些词的方式没有什么关系。某人所说的话，并非他之所思的唯一标准，而且，维特根斯坦认为，一旦将标准弄清楚，我们便可抛开思想作为赋予言语以生命的内在过程的图像：这一表达式并不是这么被使用的。

接下来，维特根斯坦把注意力转向了这样一些情形：在那里，我们力争找到思想的正确表达。要是某人说我找到的那种东西是模糊或混乱的，我会对他说“那么你其实是想说……”，并给他提供一种关于其思想的不同表达。这些情形会引诱我们将思想看作不同于其言语表达的某种东西，看作言语表达或好或坏地与之相符合的某种东西。因此，我们将他真正“想说的”描画为“在他清晰地表达出来之前已经出现在他心灵中的”某种东西（*PI* §334）。同样，如果在撰写讲稿和书信时我搜肠刮肚地想要找到思想的正确表达，我们就会被引诱去认为“思想已经在那儿了（或许已先期抵达了），而我们只是去找寻它们的表达”（*PI* §335）。这里我们受了一幅图像的诱惑，即我心灵中的某种东西的图像，这种东西是我把握到的逻辑内容，而我还得用适合于它的语词把它装扮起来，以便让它在公开场合露面。

维特根斯坦要求我们更加仔细地查看特殊的情形，以便对这种诱惑做出回应。如何劝某人放弃一种表达而采纳另一种呢？让一种东西符合于另一种东西的想法在这里起不起作用呢？维特根斯坦做了一个比较，以使我们摆脱关于**符合**的想法：“考虑一下数学难题的解法同它们所处场合之间的关系，以及它们最初被提出来的场景：一方面是人们正试图用直尺和圆规三分一个角时的那个三分角的概念，另一方面是已经证明了不存在这么一种东西。”（*PI* §334）

226 在进行证明之前，数学家为自己出了一个难题——用直尺和圆规三分一个角——他试图通过某种构造来解决它。表明不可能有这样的构造的证明，将问题转换成了：某个等式是否有解。在表明这个等式无解的证明被给出之后，原先那个难题就被解决了，但不是以数学家期待的方式被解决的：他已将某种别的东西当作其难题的解答。新解答让他早先的活动告一段落，他现在认为那是得不到什么结果的。他不再寻求一种构造，而满足于这样的结论：“没有……这么一种东西。”尽管他承认这是对原有难题的解答，却没有任何关于符合的想法出现在这里，因为他原来以为解答会是完全不同的形式。这一比较以一种不同的方式来设想我们劝某人放弃一种表达，并以另一种表达取而代之时会发生什么事情。

关于符合的想法，是否会在为思想找寻正确表达的情形中起作用呢？维特根斯坦承认，在某些情形下，这一图像或许是合适的。例如，我有一个用英语表达的思想，想在法语中为它找到一个对等的表达。这里，将我的思想进行翻译——找到对应于由英语句子表达的思想的法语词——的想法显然是合适的。但别的情形呢？假定我在写信，想找到词语表达我收到礼物的那份高兴劲儿。设想"我屈从于某种情绪，这种表达就**来了**"（*PI* §335）。或者，我做出一个姿势，想着找到词语来表达这个姿势所表达的东西。在这些情形中，都可以说我是在寻找我的思想的正确表达。可是，在这些情形中，将我所做的事情描画为试图为某种已经存在的东西寻求语词表达，是不是合适呢？或者说，这些情形是否更像三等分角的例子：我接受某种东西为我的难题的解答，但没有关于符合的想法进来。当我构造出令我满意的句子并停止寻找时，我的难题便解决了；这里不存在这样的想法：在某种意义上，我已经知道什么可算作一个解答，而我只是在找寻与之相符合的某种东西。

然而，即使我们承认，我并没有念我的言语从中而来的那些句子，或者，没有让它们同某种已经在那儿的东西相符合，我似乎 227
仍必须至少在说出这个句子之前对其进行思考，因为我必定意在说出完整的句子，而不只是开个头。我们似乎再一次被迫回到了关于在得到言语表达之前就已存在于我心灵中的某种东西的图像，而这种东西不知怎么就预示了或者符合了我说出的话。随后，维特根斯坦更详细地探讨了意图概念如何发挥作用的问题（见本书第七章），而他此时看出我们构造出了关于"意图"一词用法的错误图像。他接着写道：

一个意图嵌入某个场景中，嵌入人类的习俗和制度中。假如不存在下棋游戏的技艺，我便不可能意图下一盘棋。就我确实意图事先构造一个英语句子而言，这件事之所以可能，是因为我会说英语这一事实。

（*PI* §337）

我之意图事先构造这个句子，并不关乎在我说出它之前就存在着某种类似于其意象的东西，而这种东西就是说出的句子所符合或匹配的东西。我可以意图去做我会做的事情，而我会做的事情有赖于我所掌握的技艺，有赖于我所进入的人类习俗和制度。要是我有说英语的能力，我就可以意图说出一个英语句子。我是否意图说出完整的句子而不只是它的一部分，这一问题（通常）不会出现。我是否在说出这个句子之前设想过它的问题，也不会出现。我们的"意图"概念并不是这样起作用的：在我做某事之前设想它的想法并没有进入它。只存在我能做什么的问题：正是参照这一背景，我才能谈及在说出这个句子之前意图构造出它来。

在《哲学研究》339的开头，维特根斯坦表达了一个思想，乍看之下，似乎可将其视作对他所做论点的概括：

思考并不是这样一个无形的过程，它将生命和意思赋予言说，而且可以和言说分离开来，颇似魔鬼将笨蛋的影子从地上捡走。

然而，紧接下来的一句话却就这一想法是什么意思提出了一个问题： 228

> 但怎么就“不是一个无形的过程”啦？这么说，我亲知到一些无形的过程，只是思考并不在其列？不；在我试着用原始的方式说明“思考”一词的意义时，我陷入了困境，于是便拿“一个无形的过程”这个表达式来救急。
>
> （*PI* §339）

试着用原始的方式说明“思考”一词的意义，这是什么意思？似乎是这么回事儿：维特根斯坦这里想到的是关于语言如何发挥作用的这么一种原始观念，亦即我们将语词的意义当成其所代表的对象的那种倾向。因此，我们被引导去将“思考”一词的意义描画为某种类型的过程，这类过程发生在心灵中而不是胃中。我们一直在考虑的这些评论所质疑的，并非我们是否正确地以为思考是这种而非那种过程，而是有没有任何清晰的观念同“一个无形的过程”连在一起。我们在试图将思考同像吃这样一个物理过程区分开时诉诸这个表达式，但却无法赋予其以真实的意义。维特根斯坦想让我们看清的是，我们所关注的并非这两种过程——有形的和无形的——而是一种语法区分：在如何使用“思考”和“吃”这些词之间的区分。于是，维特根斯坦接着写道：

> 不过，要是用“思考是一个无形的过程”将“思考”一词的语法同（比如）“吃”这个词的语法区分开，我们是可

> 以说这句话的。只是这让意义之间的差别看起来是微不足道的。……任何一个不合适的表达都一定会成为让我们陷入混乱的途径。事实上，它挡住了道路。
>
> （*PI* §339）

这附和了维特根斯坦早先（*PI* §149）的一个抱怨：用“有意识的”和“无意识的”来对比像听见嗡嗡声这样一个心灵状态和理
229 解一个词的意义的状态。“思考”一词并不是和代表物理过程的词以同样的方式被使用的，而且我们不是依据某个刻画了思考所是的过程的属性——“是无形的”这个属性——将思考同物理过程区分开的。将“有形的”和“无形的”用于区分两类过程，掩盖了“一种语法差异”。这个问题并不关乎代表不同类型的过程——或者两种不同的状态——（这些过程或状态可依据某个将它们区分开来的属性而被挑选出来）的语词，而只关乎语词被使用的方式上的某种差异。依据一个词代表某个“有意识的”或“无意识的”状态——“有形的”或“无形的”过程——来标示概念间的差异，让我们免除了澄清运用表达式时的差异这项任务。

我们一直在讨论的这些评论的目标，是帮助我们获得关于表达式如何被使用方面的差异的更为清晰的观点。通过关注这样一些情境——比如，我们在其中说某人有如此这般的思想或者某人突然明白如何继续下去，或者在其中我们劝某人放弃一种表达而采纳另一个，或者在其中我们力争找到我们思想的正确表达——我们逐步获取关于表达式的实际使用的更加清晰的观点。而且，我们所看清的是，关于出现在心灵或理解中的某个过程的观念在这里不起任何作用："思考"一词在我们凭语言而过的生活中所扮演的角色，与我们倾向于假定的大相径庭。

对自己说话

维特根斯坦的研究对如下想法提出了质疑：思想是赋予语言以生命的过程，而且还可以独自进行。他试图表明，“思考”一词并不是那样用的：我们并不用这个词去描述出现在心灵（或大脑）中的一个过程。在研究过程中，他提出这样的问题：是否存在这样一些情境，在其中，我们说某个既未大声地说也未对自己说出任何东西的人思考了如此这般的事情？他还注意到，存在着这样一些情境，在其中我们据以说某个没说话的人如此这般地思考的那些标
230 准，同某个过程之出现于其心灵中毫无关系。然而，也存在着对自己说话，或者在想象中告诉自己某种东西这样的事情，而且我们会觉得，这里肯定有某种东西出现于心灵中的情形。

维特根斯坦是这样开始研究的：追问在内心里对自己说话的概念，是如何同说话这个概念联系起来的。例如：“可否设想人们从未说过可听得见的语言，却仍然得以在想象中于内心里对自己说话？”（*PI* §344）这难道不就是他们总在做而我们偶尔在做的情形吗？可以同下面这个问题做个比较，即可否设想这样一些人，他们疼痛时从不表现出来：他们不也总是在做我们偶尔做的事情吗？这

里，我们将疼痛或对自己说话当成出现于内在领域中的某种东西，而我们每个人从自己的情形知道它。所表达的是这样的想法：可把对象同其表达分离开来，并将它视作要么存在要么不存在的东西，独立于它在我们语言中同某些独特的行为表现形式之间的联系。

在上一章里，我们看到维特根斯坦试图让我们看清这样的语言游戏，在那里我们将某人的“掩藏疼痛”或“假装疼痛”说成是某个更原始的语言游戏——在其中没有怀疑的位置——的复杂化。忍耐和假装的可能性，不应视作隐含在感觉观念本身之中的，而应视作我们凭感觉语词而过的生活中的某种独特的复杂化，这种复杂化在时间中发展而来，而且与同他人一起所过的日益微妙的生活联系在一起。同样，他也想让我们看清，对自己说话的语言游戏乃是某个更原始的语言游戏——在其中人们学会大声地说出自己的思想，亦即学会按语词的通常意思说话——的复杂化。于是：

> 我们用于判定某人对自己说话的标准，是他告诉我们的东西以及他的其他行为；而只有当某人在通常的意思上**能讲话**时，我们才说他对自己讲话。我们并不会这么说一只鹦鹉；也不会这么说一台留声机。
>
> （*PI* §344）

这并不只是发出对应于某种语言的句子的声音的事情，而是 231
关乎某人之学会按可视作“讲话”的那些独特方式运用表达式的事情。只有到了那时，他说出某种东西才在适当的背景下被认作表达了他如此这般的思想。而且，只有在这种意义上，学会说出或表达思想的人才能学会"对自己讲话"这些词的用法。学会这些词的用法，让说话者得以融入凭语言而过的一种更加复杂化的生活，而在这种生活中"对自己讲话"成了一种可能性。只有当某人对自己讲话在这种意义上成为可能时，我们才能基于他的言语和行动说他"正在对自己讲话"。

或许有人会反驳道，维特根斯坦这里是在否定某种似乎完全可想象的东西的可能性：

> "所有这些聋哑人只是学会了一种记号语言，他们每个人都在内心里用有声语言对自己讲话。"——嗯，难道你不理解这一点吗？
>
> （*PI* §348）

维特根斯坦并未直接断言我们理解不了这一点，反倒提出了这样一个问题："我怎么知道我是不是理解它?!"（*PI* §348）一方面，这确实是一个完美的英语句子，同其他英语句子有关联，而且他承认，这"让我们很难说一个人并不真正知道它告诉我们的东西"（*PI* §348）。另一方面，通常为"对自己讲话"这些词的用法提供背景的那些情境是缺乏的。因此，不存在有关该主体告诉我们他用有声语言对自己说了什么的问题，也不存在有关他实际做了我们描画为他在想象中所做的那些事情的问题。因此，我们无法赋予这幅图像以熟悉的应用，而仿佛只是在试图以原始的方式说明"思考"一词的意义。我们以为是在描画每个人从自己的情形知道的一个过程，而且，这个过程独立于其同外显能力和行为表达的关系而存在或不存在。

在《哲学研究》352中，维特根斯坦将我们想要说“一个意象 232
要么浮现要么不浮现在心灵中；没有第三种可能性”，同我们想要说数学中一个无法确定的命题要么真要么假相比较：“‘在 π 的无限展开中要么出现要么不出现“7777”这组数——没有第三种可能性。’那就是说：上帝看得见——但我们不知道。”（*PI* §352）他指出，这些说法“给了我们一幅图像”：关于一个延伸到无限的可见系列的图像，即使我们看不见这个系列，上帝也看得见，而且“7777”这组数要么在其中出现，要么不在其中出现。这幅图像显然可应用于有限情形中，但我们以为，它似乎也可用于确定关于无穷系列的命题必定所是的那种情形为真，即便在这一情形下，我们不知道该如何应用这幅图像：“这幅图像**似乎**确定了我们必须做些什么，寻找些什么，以及如何去做、去寻找——但它并没有这样做，恰恰就是因为我们不知道如何应用它。”（*PI* §352）

同样，关于一个出现或未出现的过程的图像，显然可应用于某人说话的情形中，而在我们看来，这似乎确定了一个人对自己说话要为真必定是怎样的情形，即便在这一情形下，我们不知道该如何应用这一图像。关键是要认识到，我们对“对自己讲话”和“在想象中讲话”这些词的使用，同我们对“讲话”“唱歌”“计算”这些词的使用完全不同。关于过程在其中发生或不发生的心灵领域的图像，忽略了这种语法差异，并妨碍我们看清“对自己讲话”和“在想象中讲话”这些词实际是如何被使用的。

我们如何将“对自己说某种东西”这一表达式的意义教给某个人呢？显然，我们确实会教这一表达式的用法，但维特根斯坦指出，并不是通过某人告诉我们“这里发生着什么”（*PI* §361）。就像上一章里所看见的，认为教师将学童带到了某个点上，到了那里他便给自己提供正确的实指定义了，这也是一个错误。维特根斯坦要求我们设想一个特殊的情形：“我们如何教某人对自己默读呢?”（*PI* §375）我们或许会说，这一过程是这么开始的：大人给孩子读
233 故事，并让他看书上的图画。渐渐地，孩子熟悉了书本以及阅读它们的活动。接下来，大人教孩子自己去阅读简单的词句。大人一边重复地读出词语，一边用手指着相应的书写记号。最终，孩子能可靠地自己这么做了，并慢慢推进到越来越复杂的词句。在这一过程的某个点上，孩子不再需要大声说出词语了。但是，当我们看到一个经过这种独特训练的孩子用眼睛扫过每一行，沉浸在故事里，而且能告诉我们故事情节时，我们便说“他在对自己阅读”。正是在这样的背景之下，孩子学会了这些词。这乃是这样一种活动，在其中，孩子学会了参与，而且，这里存在着判定他学会了参与的明确标准。这一解释中，没有哪里包含这样的意思：我们教给孩子某个看不见的过程的名称，我们无法向他指明这一过程，或者，只有他才能接触到它。

我们也可以设想这样的场景，在那里我们教一个孩子“对自己说如此这般的东西”这些词的用法。假定这个孩子已经学会了加减乘除这四种数学运算。他已学会各种笔算，现在教他心算。我们怎么教他？或许会从仅包含一两种运算的简单情形开始。渐渐地，我们会做越来越长的算式，其中包含越来越困难的运算。我们如何知道他会做了呢？显然，一个标准就是他最后得出正确答案。这便是这个孩子在其中学会“在头脑中做算术”的那类场景。关于某个

隐藏着的过程的观念并不会进入其中。如果问他："在头脑中做算术时发生了什么？"那么回答可能是："我首先把17和18相加，然后减去39……"然而，这并不是描述一个隐藏的过程；对于某个除数学过程之外的过程的描述并未出现。我们将看见孩子获得某些能力，并在发展这些能力的场景中学会"在头脑中做算术"这些词的用法。我们得忘掉描述一个看不见的过程这种想法。

234

想　象

在上述所有这些情形中，维特根斯坦都要求我们看清，孩子学会使用“我对自己说……”“我在头脑里做计算”“我在对自己默读”等词语的用法，均和他被教会去观察或描述发生在他内部的某个过程毫无关系。确切地说，在发展出这些独特能力的场景中，在通过特定途径同他的其他言行相适合的方式中，他学会了自发地使用这些词。维特根斯坦认识到，正是这些概念的第一人称用法给我们制造了最大的麻烦。就像我们已看到的，有着这么一个巨大的诱惑去认为，“我对自己说如此这般的东西”这些词的用法要被证明是正当的，就必须得有由这些词所描述的、发生在我心灵内的某种事情；要不这么想，似乎就会清空它们的所有意义。

通过仔细考察我们在其中学会这些词用法的那类情境的事例，维特根斯坦试图让我们看清，这里完全不涉及上述这类事情。在发展出某些能力的那一场景中，孩子学会毫不犹豫地直接说出他在头脑里做了一次计算、想象了一种颜色、对自己说了如此这般的话等，而且，在通常的情境之下，这便是他做了这些事情的一个标准。接下来，研究转向了有关想象的情形，因为在这一情形中，我们发现了一种新的诱惑之源让我们以为，必定有在我之内发生的某个过程为我所想象的东西做辩护，以便若是别人得以接近它（按说是不可能的），可认识到我的描述是正确的。维特根斯坦的目标，又是要向我们表明，这并不是“意象（image）”和“想象（imagine）”这些词实际被使用的样子。

重要的是要记住，维特根斯坦这里关注的，并不是作为一种现象的想象——描述想象某种东西是怎么回事儿——而是“意象”和“想象”这些词的用法。要是把他关于“想象红这种颜色”的用法所说的东西，同“我看见一个红色斑点”这些词的用法做个比较，将有助于我们把关注的中心放在探究的这一方面。在这两种情形下，描述都是我们“直截了当地”给出的，而且，在这两种情形下，“你是怎么知道的？”这个问题没有出现。再说了，要是这个问 235
题出现了，那么，在两种情形下“都会有这么一个回答：‘我学会了英语。’”（*PI* §381）不过，这两种情形之间有重要的语法差别。在描述一个红色斑点的情形中，当我用手指着并说“这个斑点是红的”时所做的事情，可在我已学会英语的背景下适当地描述为应用一条规则的情形。因此，按这类情形的本性，我可以期待其他掌握颜色语词的使用规则的人同意我的描述；就此而言，我们理解“我的描述是得到辩护的”是什么意思：它将被其他人承认为正确的。显然，这无法应用于我对“我想象红这种颜色”这些词的用法的情形。维特根斯坦问道，要那样的话，说我在描述我的意象时应用了一条描述规则，是什么意思？

让我们得以说在用颜色词描述（比如）一个对象的表面的情形中我们是在遵守一条规则的那些情境，在用颜色词说我们想象了哪种颜色的情形中是缺乏的。关键是要看清，我们这里有两类完全不同的语言游戏——语词的两类用法——而且描述对象颜色的那种语言游戏并不能为语词在第二类语言游戏中如何被使用提供一个适当模型。确证、核实、承认某一给定描述正确与否的那些可能性，提供了我们在其中将某人对“那是一个红色斑点”这些词的使用描述为一个应用某条规则或描述某个对象的情形的背景，但这些可能性在说一个人想象的颜色是什么的情形中是缺乏的。我们谈及描述我们想象的东西，但重要的是要看清，这里的描述完全不同于在描述一个对象时应用某条规则的情形，因为在前一个情形中，所出现的唯一问题就是说话者是否真诚；而说话者的真诚描述正确与否的问题并未出现。于是：

> 一个意象的红的标准是什么？当涉及的是另一个人的意象时，在我看来就是：他所说和所做的。当涉及的是我的意象时，在我自己看来就是：什么也没有。
>
> （*PI* §377）

236 这里，维特根斯坦的目的是指出两个语言游戏之间的语法差异。要是不注意这些语法差异，我们便会被引诱去认为描述我的意象不同于描述我所看见的东西，而就第一种情形而言，我的描述不可能是错误的：我不正确地描述我的意象的可能性从逻辑上被排除了。这样，我对我想象的东西的描述似乎**必定**是正确的：跟图像不同，意象是这样的东西，拥有它们的人必然地或不可错地知道它们是关于什么的意象。因此：

困难并不在于：我怀疑我是否真的想象了任何红色的东西。而是**这样**：我们应当就是能够指出或描述我们所想象的那种颜色，将这种意象映射到实在上没有任何困难。它们如此地相像，以至于可将它们混合在一起吗？——我可以从一幅图画中一下子认出他来。——嗯，但我可以这样问吗："关于这种颜色的一种实际的心灵意象看起来像什么样儿？"或者"它是怎样一类事物？"；我可以**学会**这一点吗？

（*PI* §386）

"一个心灵意象必定比任何图像都更像它的对象。因为不管一幅图像多么像它要表象的对象，它仍有可能是另一种东西的图像。但这是一个心灵意象的固有特征：它就是**这个**而非其他任何东西的意象。"这就是为什么人们会将心灵意象视作一种超级类似性。

（*PI* §389）

维特根斯坦的目标是让我们看清，这种关于作为"超级类似性"的心灵意象的奇怪想法，源自我们将"我想象红这种颜色"这些词的用法做如下描画的倾向：将其描述为我不可能对之做不正确描述的东西。他要我们看清的是，只有当我们按照描述一个对象的模型来看待描述一个意象时，这种奇怪的想法才会产生。一旦认识到我们所注意的乃是两种语言游戏间的语法差别，关于我们具有对这种意象是关于什么的意象的不可错知识的想法便消失了：这种描 237

述是否为真（是否正确）——不同于是否为真实的或真诚的——的问题在心灵意象的情形中没有应用；使得说“描述一个对象”成为贴切的那种语法在这里是缺乏的。“描述”一词在“描述我的意象”和“描述我的房间”中的用法，让这一差别模糊化了。只有通过关注我们如何实际使用这些表达式——我们如何被教会使用它们——的细节，从而更为明白地看清这些差别，我们才能抛开关于这么一个对象领域的图像；这一领域只有我才能靠近，其他人只有通过我对它们的不可错描述才能间接地知道其内容。

关于“意象”和“想象”等词如何被使用的这些观察结论，对我们在想象时或拥有关于红这种颜色的意象时，在我们之内发生或没有发生的事情，没有说任何东西。准确地说，它们告诉了我们关于“我有一个红的意象”这些词如何被使用的某种东西：它们并不是被用作关于某个对象的描述。“你有一个红的意象时内心里发生着什么?”是一个奇怪的问题，而且不易看出如何回答它，但重要的是看清，无论给予它怎样的回答，都不会对说明“意象”和“想象”这些词的意义做出任何贡献。当我们以为要澄清这些词的意义便要求我们回答这一问题，并且同时感觉到很难知道说些什么之时，难题便出现了。维特根斯坦指出，这些困难本来是不会出现的，要是我们问自己“我们（于哲学之外）在什么地方使用（比如）‘我能想象他处于疼痛之中’或者‘我想象……’或者‘试想象……’?”这些词的话。他接着写道：

> 例如，一个人对某个须在舞台上扮演一个角色的人说“这会儿你得想象这个人处于疼痛中而且在掩饰疼痛”——而

此时我们不给他任何提示，不告诉他**实际**要做的事情。也是由于这个原因，所给出的分析（想象是在你内部发生的某件事情）是不切题的。——那么，我们就来看这位正想象这一情景的演员吧。

（*PI* §393）

在这一情形中，想象就意味着扮演一个角色，**表演**某个人处于疼痛中并掩饰疼痛。看这位演员表演的观众，能说出他演得成功与否，而无论他演成功了还是演砸了，都无关乎他内心里发生的事情。假如某人出于某种原因提出了这个问题："你想象这个情景时内心里实际发生了什么?"所给出的回答或许会引起心理学方面的兴趣，但它并未告诉我们，是什么使得下面的描述成为正确的：将他的表演描述为想象一个真的处于疼痛中却掩饰了疼痛的人的情形。这个例子帮助我们看清，"想象"一词的用法，它在我们生活中的作用，远不像我们被引诱去认为的那样。通过将我们的注意力引向"想象"一词的用法，维特根斯坦又是想推翻关于内在过程——我们觉得，要使我们的言语不至于空洞无物，必定得有这样的过程在那儿——的图像对哲学想象施行的暴政。如果想想我们在其中学会"试想象……"这些词的用法的那类情境，再想想作为我们学会它们的用法的通常背景的那些独特的活动类型，我们便能看清，把孩子引导到对自己给出一个关于"想象"一词之意义的正确实指定义的想法，乃是我们语言的一个幻想：这个词并不是这么被使用的。 238

“‘我’不是一个名称”

维特根斯坦对“思考”和“想象”这些词用法的研究，集中关注我们倾向于持有的关于这些词的第一人称用法的那幅图像，并试图让我们从不同的角度看待这种用法。他通过将我们的注意力引向说话者在发展某些独特能力的过程中——以及在学会从事这些独特的人类活动形式的背景中——使用这些表达式的方式，对如下观念发起了攻击：这些词的第一人称用法作为关于我们所见证出现于内在领域的状态或过程的报告而发挥作用。其目标是让我们看清，这些词的第一人称用法是多么独特，并认识到当我们说（比如）“我对自己说如此这般的东西”或者“我有一个关于红这种颜色的
239 意象”时，所做描述是怎么回事，不要按照报告我们见证发生于内在领域的事情的模型加以理解。

在《哲学研究》410中，维特根斯坦在他关于心理动词的第一人称用法的独特本性的语法观察与他关于“我”这个词的用法的语法观察之间建立了一种联系：“‘我’并不命名一个人。”乍看之下，这么说话真够奇特的，因为“我”显然在句子中占据着与一个名称相同的位置，而且，我所说的“我疼痛”这个句子所说出的东

西，可以由另外一个人说的“MM疼痛”这个句子说出来。维特根斯坦并不是想说，这两个句子之间的逻辑关联不存在，而是想说，这种联系不应让我们看不清“我”和“MM”被使用的方式上的差别，而这种差别表明，“我”并没有一个人的名字所起到的作用。

在《哲学研究》402中，维特根斯坦写道：

> “我确实会说‘我此时有如此这般的视觉意象’，但‘我有’这两个词只是对**他人**而言才是记号；视觉世界由关于视觉意象的描述**完全地**描述。”

这些话似乎表达了对关于作为对象的某个意象的图像的拒斥，我们拥有这个意象，可以正确地或非正确地描述它。就此而言，存在着一种将它们解读为表达了维特根斯坦想要赞同的一个思想。然而，将它们放在引号里这种做法，表明维特根斯坦有意让自己与这些话保持距离。这说明他想把这些话当成他发现自己被引诱去说的东西，与此同时又指出他发现这种处理事情的方式是无法令人满意的或不可信的。

在随后的那些语句中，他接着去辨认他觉得这些话所表达思想的不令人满意之处：

> 你的意思是：“我有”这两个词就像“请注意！”一样。你倾向于说它确实应该以不同的方式表达出来。或许只是用手做个记号，然后给出一个描述。当一个人就像在此情形中那样不赞同日常语言的表达（它们毕竟有它们的本分）时，我 240

们便在头脑里形成了一幅不同于日常说话方式的图像。与此同时，我们受引诱去这样说：我们的说话方式，并不如其所是地描述事实。

（*PI* §402）

《哲学研究》402开头那些话所引出的难题是，它们暗示我们平常的表达方式出了问题：它们未能符合它们通常被用于陈述的那些事实。所给出的提议是，我们并非真的想说“我此时有如此这般的一个意象”，这些语词说了某种严格说来是错误的东西，因为不存在“我”所指称的任何东西，也不涉及任何具有关系（relation of having）。而且，即便因为没有更好的选择我们时常会用这些词说某种真实的东西，上面的说法也是对的。目的是让我们看清，维特根斯坦的语法研究并不是要攻击我们平常的表达方式，仿佛它们说错了什么似的。“我此时有如此这般的一个意象”这些词处在完备的次序之中。重要的是，不要被“我”和“MM”这些词用法间的类比，或者同“有”这个词的其他用法间的类比，引入关于这些词如何在“我此时有如此这般的一个意象”这个句子中如何被使用的错误图像。维特根斯坦的目标是让我们看清，“我”和“有”在这个句子中的用法，如何不同于“MM”和“有”在“MM在她的钱包里有三枚硬币”这个句子中的用法。

在《哲学研究》404中，维特根斯坦再次把一个想法放在了引号里：

“当我说‘我疼痛’时，我并不指向一个处于疼痛中的人，因为在某种意义上，我并不知道**谁**处在疼痛中。”

这些话所表达的想法，似乎非常接近于我们可能会当作维特根斯坦本人观点的某种东西，因为它说了某种关于“我”在“我疼痛”这个句子中如何发挥作用的东西：其功用并不是指向某个特定的人。关于这接近于维特根斯坦本人想就“我”这个词的用法所说 241
的东西的感觉，为他接下来对他刚刚表达的想法的评论所确证：

而且可以为这一点提供一种辩护。因为要点是：我并没有说如此这般的一个人是处于疼痛中，而只是“我是……”这样，在这么说的时候，我并没有提任何人的名字。就像我因疼痛而**呻吟**时并没有提任何人的名字一样。尽管别的人从呻吟声里，弄明白了谁处在疼痛中。

说如此这般一个人处在疼痛中，涉及要么借助名字要么借助描述辨识某个人，并依据标准将“……处于疼痛中”这个谓词用到他身上。句子“NN处于疼痛中”涉及对一个人的辨识性指称和依据标准对所辨识出的那个人的述谓。维特根斯坦认识到，《哲学研究》404开头放在引号里的那些话所表达的思想“可被给予某种辩护”，这一认识便是承认当我使用“我处于疼痛中”这些词时并不包含任何可与上述说法相比较的东西：没有辨识述谓主词这一步；也没有依据标准确认某个谓词可用这一步。

这里的论点不仅仅是：我可以直截了当地说“我处于疼痛中”，因为我在对某人明显的痛苦做出反应时，所说的“他处于疼痛中”

这句话可能是真的。确切地说，是这么回事儿：在前一个情形中，不存在任何对应于辨识某个主体和确认某个谓词可应用于他的东西：我只是用清晰的语言表达我所感觉到的东西。显然，维特根斯坦在“我”的非指称作用与如下想法之间建立了联系：心理学表达式的第一人称现在时直陈用法——至少就一大类情形而言——并不牵涉我们确认某个谓词可应用于一个主体，但牵涉我们拥有以符合我们的其他言行的方式主动使用心理学表达式的才能（capacity）。而这种才能对我们获取如下这些人类特有的能力（ability）是至关重要的：判断能力、思考能力、计算能力、阅读能力、想象能力等。

242 然而，重要的是维特根斯坦在《哲学研究》404的开头将这些话放在了引号里面。显然，他想以某种方式同这些话表达的思想保持距离。《哲学研究》404的最后两段提示了他持有的保留意见可能是怎样的：

> 知道**谁**处于疼痛中，意味着什么？例如，这意味着知道这个房间里的哪一位处于疼痛中：比方说，坐在那边的那位，或者站在那个角落的、满头金发的高个儿，等等。——我得到了什么呢？得到了这个事实：判定一个人的“同一性”有五花八门的标准。
>
> 那么，其中有哪一条标准引导我说**我**处于疼痛中吗？没有。

担忧集中于这一想法：知道**谁**处于疼痛中。我说“我处于疼痛中”时，又说“我不知道**谁**处于疼痛中”是正当的吗？还有，对谁处于疼痛中有个观念，意味着什么呢？这难道不意味着有一种办法去识别述谓主体吗？可是，如果这就是它所意味的东西，是不是可以正当地说：当我说“我处于疼痛中”时，我没办法识别这个主体，因此我仿佛只是说了“疼痛”而留待他人去识别到底谁感觉到了所说的这个疼痛。因为，当我说“我处于疼痛中”时，我确实说的是**我**处于疼痛中。就像他在最后一段中所察觉到的，关键点在于当我说**我**处于疼痛中时，并未牵涉任何同一性标准。并不是说我有独特的办法知道正是**我**在感觉这种疼痛，但也并不是说，说我不知道谁处于疼痛中——对于谁处于疼痛中没有概念——就是正确的。

这么一来，当我说“我处于疼痛中”时，我说**我**处于疼痛中是没有任何问题的。维特根斯坦提出的论点是关于这个句子中“我”这个词的用法的：它发挥作用的方式不同于一个指称表达式（一个辨识出某个述谓的主词的表达式），后者的用法依赖于某个同一性标准，而“我”的用法则不依赖于这样的标准。因此，当某人说“我处于疼痛中”时，追问“你指的谁?”或“你怎么知道的?”是没什么意思的，因为这里不涉及借某个同一性标准做出辨识，也不涉及进行告知的办法。就此而言，第一人称现在时直陈用法是自成一类的。“我”这个词的别具一格的语法，对于发展出以 243
第一人称使用心理学表达式的才能是非常关键的，而这种才能反过来对于发展出人类所特有的那些能力又是关键性的。

在《哲学研究》405中，维特根斯坦写道：

“但无论如何，你在说‘我处于疼痛中’时，是想把别人

> 的注意力引向某个特定的人。”——可以这样来回答：不，我只是想把他们的注意力引向**我自己**。——

可将引号里的这句话解读为对《哲学研究》404开头的那种思想的驳斥：我可能并未注意到某个特定的人，但我至少将别人的注意力引向了某个特定的人，比如“正在说这些话的那个人”。维特根斯坦反对以这种方式做出应对，他提出了另外一种：“不，我想把注意力引向我自己。”关于说话者在把注意力引向某个特定人的想法，再次引入了关于“我”的用法同某个同一性标准有关的想法，这种同一性可用“正说这些话的那个人”这一描述表达出来。维特根斯坦对这种应对方式的驳斥是：这里不涉及应用于说话的那个人的同一性标准。维特根斯坦给出的替代性应对方式，通过直接使用其反身形式保留下了第一人称代词的显著特征。其寓意是，除使用第一人称代词之外，没有别的什么途径去把握说“我处于疼痛中”这话的人说的是什么。当然，如果他所说的为真，那么，别人通过对他的辨识性指称针对他所说的“他处于疼痛中”也为真。但维特根斯坦争辩说，这不应让我们看不清这样一种语法区分：一旦我们关注于“我处于疼痛中”和“MM处于疼痛中”在用法上的差别，这种语法区分便一目了然了。

关于“我”这个词的独特用法的这些观察结论，可视作本章所考虑的这些评论的一个主要论题的巅峰之论。维特根斯坦对“思考”“对自己讲话”“想象”等词语之用法的研究，一再试图表明，
244 这些词语的那类用法大大不同于我们被引诱去假定的那个样子。他一次又一次地试图表明，描述内在过程的那幅图像，跟我们运用这

些词的方式以及我们被教会使用它们的方式，没有任何联系。我们在发展出人类特有的那些才能的过程中获得了使用这些词的能力，在这一过程中，最为关键的是，我们一直以适合于我们所说、所做的其他事情的方式，独立地、主动地和自信地使用这些词。我们获取这些才能及自发运用“思考”“想象”等词语的能力，是同获取以维特根斯坦描述的这种独特方式使用“我”这个词的能力，相携而来的。

因此，我们被引诱通过诉诸关于通向内在状态和过程的特殊通道的图像加以说明的那种不对称性，被表明为我们在掌握语言的过程中所把握的语言技艺之语法的一个方面。为理解这种不对称性的本性，我们需要获取关于我们心理学表达式之用法的清晰看法，尤其是获取关于第一人称现在时直陈用法与它们在其他曲折和时态形式中的用法间的差别，关于这些表达式的用法与描述客观状态和过程的表达式的用法间的差别的清晰看法。维特根斯坦澄清这些差别，是想实现这样的目标：松动关于内在状态和过程领域的图像的控制，将我们的注意力集中于发展我们参与某些有特色的语言游戏的才能，而这些语言游戏的独特语法揭示了困扰着我们的那种不对称性的本性。

相信：摩尔悖论

在《心理学哲学——一个片段》第十节中（这里讨论的是被称为“摩尔悖论”的话题），维特根斯坦探讨了相关的根据。维特根斯坦听到了摩尔于1944年向剑桥道德科学俱乐部宣读的一篇论文中提出的这个悖论。在那次会议之后写给摩尔的一封信中，他表达了对摩尔的评论的兴奋之情。这一悖论涉及“相信”这个动词的第一人称现在时直陈用法。摩尔注意到，比如，尽管天在下雨而我
245 不相信天在下雨，是可能的，但我要是说“天在下雨但我们不相信天在下雨”，就是荒谬的。

摩尔认为，只要有可能存在我无法不带荒谬地断言的关于我的真理，这一悖论就会出现。如何对此加以说明呢？摩尔本人对如何消除这一悖论所给出的提示是：要认识到需要区分开某人所**断言**的东西与他在断言它时所**暗示**的东西。因此，断言“天在下雨”的某个人，并不因此断言他相信天在下雨，但他断言它确实暗示他相信它。在摩尔看来，正因为某个断言天在下雨的人暗示他相信天在下雨，才使得他接下来断言他并不相信天在下雨成为荒谬的。

维特根斯坦显然认为，摩尔悖论揭示出了有关信念概念如何

发挥作用的某种重要的东西。然而，他的思考很快又让他以不同于摩尔的方式对他眼中真正的悖论做了阐述。摩尔集中关注这一事实：存在某种可能对我为真的东西——p可能为真而我并不相信p——但我却无法不带荒谬地断言它。相比之下，维特根斯坦对这一悖论的再阐述却把注意力指向了这一事实："我相信情形是这样"似乎在关于断言的语言游戏和关于假定的语言游戏中以不同的方式被使用。他写道：

> 摩尔悖论可表述如下："我相信情形是这样"这句话同"情形是这样"这个断言是以同样的方式被使用的；但关于我相信情形是这样的假定，却并不是像关于情形是这样的假定那样被使用的。
>
> （*PPF* §87）

对该悖论的这一独特阐述表明，摩尔指出了这样一种东西，它有可能揭示出对于信念概念如何发挥作用很重要的某种东西，但是，他相信摩尔本人对悖论到底出在哪里的理解是错误的。

摩尔对我断言"天在下雨但我不相信天在下雨"所包含的荒谬性的解释从如下这个假定开始："我相信天在下雨"这个表达式**并不是**以和"天在下雨"这个断言一样的方式被使用的。因此，摩 246
尔假定了：通过在命题前面加上"我相信……"，我便将论题从我的信念的主题转换成了关于我本人心灵状态的报告。摩尔认为，这一悖论的消除有赖于揭示为什么关于一个事态——由命题p描述的那个事态——成立的断言会暗示另一事态——我相信p——成立，即使第二个事态的存在并不为第一个事态的存在所逻辑地蕴涵。

显然，维特根斯坦并不赞同摩尔关于由该悖论引出的难题的看法。他关于这一悖论的表述清楚地表明，他相信在许多情境中，“我相信情形是这样”这个表达式和“情形是这样”这个断言，是以同样的方式被使用的。所以，需要加以说明的，并不是“p但我并不相信p”的荒谬性。更准确的说法是，正是这个句子的荒谬性至少部分地揭示了“p”和“我相信p”之间的等值性。于是，在第十节开头部分、先于对摩尔悖论的重新阐述的一个评论中，维特根斯坦指明了这样一个事实，即并不像摩尔假定的那样，“我相信”是作为关于我本人心灵状态的报告而被使用的：

> 人们如何就用上了“我相信……”这样一个表达式的呢？他们在某一时刻注意到了（关于相信的）某个现象吗？
>
> 他们对自己和他人进行观察，从而发现了相信？
>
> （*PPF* §86）

维特根斯坦并没有回答这一问题，但他对摩尔悖论的重新阐述清楚地表明他相信答案是“不”。这里的想法是，我们是在如下这样一些情境中学会“我相信”这几个词的用法的：在其中，“我相信情形是这样”这个表达式的用法，等同于“情形是这样”这个断言。“我相信”这几个词的用法，无关乎任何可能与内省话题有关的东西，也无关乎我们可能将其当作一种现象而注意到的东西，就像我们会注意到人们在转折时期会变得焦躁不安。因此，“p但我不相信p”的荒谬性，只是我们学会运用“我相信”这几个词的方式的一种反映。然而，也很清楚的一点是，维特根斯坦并不认为，仅凭这一观察结论便可消除悖论，因为还有另一种方式表达摩尔的困惑，亦即，一方面"'我相信情形是这样'这个表达式是以同'情形是这样'这个断言一样的方式被使用的……另一方面，关于我相信情形是这样的**假定**并不是和关于情形是这样的假定一样被使用的"。 247

维特根斯坦接着对他以为困扰着我们的东西做了解说：

> "我相信"这个断言，似乎并不是关于在"我相信"这个假定中被假定下来的东西的断言！
>
> （*PPF* §88）

此外，还似乎是这样：

> "我相信天将下雨"这个陈述，同"天将下雨"具有相同的意思，亦即具有相同的用法，而"我那时相信天将下雨"的用法和"那时天下雨了"的用法是不一样的。
>
> （*PPF* §89）

因此，就像维特根斯坦所看到的，真正的悖论存在于这一事实中："相信"一词被用在一个断言的语境中和一个假定的语境中时，所意指的东西是不同的。在前一个语境中，它在句子中的出现并未对它后面的那个命题所断言的东西增添任何内容；而在后一语境中，它在句子中的出现将论题从嵌入命题的主题转换成了我们自己的心灵状态。但我们确实觉得，就像“我相信”说了关于现在的事情，“我相信”必定说了关于过去的同样的事情。

维特根斯坦指出，正是这一点要求得到说明，或者准确地说，要求得到澄清。我们需要更清晰地把握信念概念的语法、更清晰地把握我们是如何运用“相信”这个表达式的。维特根斯坦以为，我们需要看清，我们对这一表达式的使用要比一开始假定的复杂得多。尤其是，我们不仅需要认识到“相信”这个动词的第一人称现在时直陈用法是多么地独具一格，而且需要认识到这一用法如何同它在其他构造中的用法联系起来。因此：

248 不要把如下这种情况看作理所当然的，而要看作最不同寻常的事情：“相信”“希望”“想要”这些动词展现了“切割”“咀嚼”“奔跑”所拥有的所有语法形式。

（*PPF* §93）

这就是说，不要假定用“我相信”去说用“她相信”去说的关于我的事情，就像用“我奔跑”去说用“她奔跑”去说的关于我的事情。

评论家们对维特根斯坦关于摩尔悖论的评论的关注，一般并不在他对这一悖论的重新阐述上，而在他对摩尔就原始阐述所做解答的批评上。换句话说，人们关注的是维特根斯坦和摩尔在处理“p但我不相信p”时的差异。阐释者们论证说，维特根斯坦在主张对“p但我不相信p”的断言等同于一个矛盾时是正确的，而且这表明在“我相信p”和⊢p之间有着相等关系。他们论证说，任何一种承认（就像摩尔所做的那样）“我相信p”是我本人心灵状态的报告的解释，都无法公正地对待摩尔式语句的明显矛盾。因为，如果“我相信p”是我本人心灵状态的报告的话，那么它的真或假就完全取决于我是否处于相关的心灵状态，从而完全独立于嵌入命题的真或假。由此可知，“p但我不相信p”这个合取式并不等于一个矛盾式，而这一悖论的根源，就像摩尔所认为的那样，充其量不过是语用的。

有人争辩说，对原悖论的这种语用解释，有违我们的这样一种感觉（维特根斯坦坚持这种感觉）：摩尔式语句是一个真正的矛盾式。我们承认该语句是个矛盾式这一事实，被用来表明，该悖论的根源必定在于我们用“我相信”这几个词所意指的东西，而不在于围绕断言动作的那些语用规则。有人论证道，确保摩尔式语句的矛盾性的唯一途径，就是像维特根斯坦那样宣称，“我相信p”并不是我的心灵状态的报告，而只是断言p的另一种方式。这里所表达的主张是，这要求抛弃关于信念就是心灵状态的想法，并认识到 249
任何将信念视作说话者内在状态的构想都是错误的。

尽管这些思考是有趣且重要的，但它们显然未能完全投入维特根斯坦认为困扰我们的东西的真正根源之中，因为它们未能消除维特根斯坦的经过重新阐述的悖论。因为，考虑到关于“我相信p”的假定不同于关于“p就是这样”的情形的假定，我们依然面对这个明显的悖论：“‘我相信’这个断言，似乎并不是关于在‘我相信’这个假定中被假定下来的东西的断言！”维特根斯坦感兴趣的是这个版本的悖论，而它显然不能仅仅通过指出“我相信p”和⊢p之间的相等关系，或者承认前者并不是关于我心灵状态的报告而被消除。因此，尽管维特根斯坦确实把摩尔式语句当作矛盾式，从而表明至少在许多情境下“我相信p”就等于⊢p，但这绝不是他关于摩尔悖论的讨论的终点。

若仔细查看维特根斯坦对摩尔关于原初悖论的处理的批评的细节，便可清楚地看到，当他到达那个点之后——在那里他觉得弄清楚了支撑摩尔式语句的矛盾性的那种相等关系——他便转向了他对该悖论的重新阐述，而此时这一阐述已被视作困惑的真正来源。而要消除这种源自这一事实——“我相信”所断言的，似乎并不是在“假定我相信”中被假定的东西——的困惑，所需要的不只是对“我相信p”等于⊢p的认可。维特根斯坦关于重新阐述的这一悖论的思考，进一步阐明了我与我自己言语的关系同我与他人言语的关系之间的不对称性的本性，就此而言，这些思考展现了他所关切的真正的核心问题。

维特根斯坦将摩尔对这一悖论的解决版本表述如下：

> “在使用‘我相信……’这些词的时候，我大体上是在描述我的心灵状态——但这种描述间接地是关于所相信事实的断言。”
>
> （*PPF* §90）

250 他随后对这一看法做了如下解说：

> 就像在某些情境下，我描述一张照片是为了描述它作为

其照片的那样东西。

（*PPF* §90）

这并不是关于摩尔对该悖论的解释的一个准确报告，但可将其视为确认了维特根斯坦以为是摩尔路径的主要错误的东西：它将“我相信……”当成我本人心灵状态的描述。这便是假定，“我相信”这几个词的作用，就是去描述带着某种表象内容的心灵状态。“我相信p”这个句子，断言我处在这样一种相信的心灵状态，其表象内容由“p”明确规定下来。

维特根斯坦指出，按这种对“我相信”这几个词如何发挥作用的理解，我可以间接地通过检查我本人的心灵状态看出事实是什么，很像我可以通过看一张照片而间接地看出事实。维特根斯坦这里并不关注于摩尔对该悖论的解决的细节，准确地说，他是在研究“我相信”这几个词如何作为对说话者的内在状态的描述而发挥作用的图像。其目标是表明，“我相信”这个表达式并不是这样被使用的。

维特根斯坦表明，如果“我相信”这几个词描述我内在的表象状态，那么，我追问我的信念是不是事实情况的可靠向导，就是有意义的。要是我可以从一张照片看出关于世界的事实，我必定也能够说，这张照片真好，它是实际情形的值得信赖的表象。同样，这么说也应该是有意义的：“我相信天在下雨，而我的信念是可靠的，所以我信赖它。”（*PPF* §90）他评论道：“要是那样的话，我的信念就会是一种感觉印象。”（*PPF* §90）但“我相信”这几个词实际并不是这样被使用的，因为“我们可以不信任自己的感觉，但不可以不信任自己的信念”（*PPF* §91）。说“我相信p”，等同于断言p是实际发生的事情，而且不是这样一个关于某个状态的报告：我可以从中读出p是实际发生的事情这一事实，还可以信任或不信任它。

251 维特根斯坦指出，这种相等关系在这一事实中表现出来：“假如有个动词意指‘错误地相信’，那么它便没有一种有意义的第一人称现在时直陈式。”（*PPF* §92）它同“看见”这个动词有明显的差别。因为“看见”有这么一种用法，大致相当于“错误地看见”，比如，当我说“我看见（似乎看见）每样东西都重影”，或者，我在看米勒-莱尔错觉图时说“我看见（似乎看见）两条线不一样长”：我在描述我看见（似乎看见）的东西，同时承认我的描述客观上是假的。维特根斯坦的论断是：一个意指“错误地相信”的表达式没有这样的第一人称现在时直陈用法。这又显现出了“我相信p”和“p是实情”之间的等值性：“我相信……”这几个词的出现，并没有将我断言的主题从我的信念的主题转换成我本人的心灵状态。

然而，维特根斯坦确实承认，我们可以将关于报告的语言游戏用作获取信息的一个途径，但这种信息不是关于所报告的事实的，而是关于给出报告的那个人的。他指出，（比如）当老师在考查一个学生时，便是这样的情形。他此时设想我们引入一个表达式——“我相信……”——它是这样被使用的：“它被放在用于提供说话者本人信息的那些报告的前面。”（*PPF* §95）在这里，“我相信”这几个词是要指明，报告的目的是让听话者获取关于报告者的信息。然而，维特根斯坦明确指出，即使在这个语言游戏中，

“‘我相信……而情况并非如此’仍将是一个矛盾式”（*PPF* §95）。即便这些词的目的是指明，接下来的断言意在向听话者提供关于说话者的信息，这些词也并不描述说话者本人的心灵状态：在这一语言游戏中，“我相信p”依然等同于说话者之断言“p是实情”。

上述比较的目的是让我们得以看清，并不是由说话者说出“我相信……”照亮了他的心灵状态——比如，可以就他将会如何行动得出结论——这一事实，才推论出了其言语是作为对其心灵状态的描述而发挥作用的。因为，正如维特根斯坦所注意到的，“如果说‘我相信事情是如此’照亮了我的状态，那么‘事情是如此’这个断言也做到了”（*PPF* §97）。这个心理学动词的出现并非必不可少，而且，并不是因为他在描述其本人的心灵状态，关于其行为 252
的结论才能从其表达中得出来，因为同样的结论也可基于“事情是如此”这个断言而得出来。这同样可应用于如下情形：在这里，“我相信……”这几个词被用于指明，这里存在着疑问，因为这一心理学动词的使用在此也不是必不可少的：在这一情形下，断言“我相信……”，就等于断言“事情或许是这样”，或者断言“事情很可能是这样”。

这些观察评论意在表明，“我相信……”这个表达式并不是按照摩尔提出的那种对悖论的心理学解决所假定的方式发挥作用的。而这也表明，真正的难题并不是对“p但我不相信p”的荒谬性做出说明——这样做实际只能揭示出“我相信p”与“p是实情”之间的等值性——而是以如下方式澄清“相信”这一表达式的用法：揭示出“我相信……”与“假定我相信……”之间的差异的本性。这种差异使得“我相信”这个断言，**似乎**并不是关于在“假定我相信……”中被假定下来的东西的断言，而这给我们带来了烦恼：我们觉得，“相信”这个词一定具有相同的意义，不管用在断言里还是用在假定里，也不管用现在时还是用过去时。

维特根斯坦指出，正是这一点诱惑我们“在动词的屈折变化中寻找第一人称现在时直陈式的某个变体”（*PPF* §101）。也就是说，它引诱我们设想“我相信”的一种用法，这种用法将它拉近该动词在别的曲折和时态形式中的用法，以使我们得以看清，第一人称现在时直陈式如何能被用于断言在假定中被假定下来的东西，或者，被用于断言由“我那时相信p，但p不是实情”这个句子所说出的东西。维特根斯坦想要表明，该动词的这种不同的发展——它按照“切割”“咀嚼”“奔跑”的模型来对待“相信”——是不可能的：第一人称现在时直陈式的别具一格的用法——根据这种用法，“我相信p”就等于$\vdash p$——反映了我们在判断的表达中学会使用语言时所发展出的那种才能；维特根斯坦试图表明，“相信”这个动词的其他时态和曲折形式，必须比照该动词的第一人称现在时直陈式的独特地位加以理解，而不是相反。
253 式的独特地位加以理解，而不是相反。

维特根斯坦对“我相信”这一表达式的用法的语法研究，从如下这个观察评论开始：

> 我就另一个人说“他似乎相信……”，而别人也这么说我。那么，我为什么从未这样说自己呢，即便在别人**正确地**这样说我的时候？——难道我没有看见、没有听见我自己

吗？——人们或许会这么说。

（*PPF* §99）

我学会了运用记号：做出描述，提供报告，进行推论，发布预言，如此等等。我从事这些活动时，没有同时观看自己，并得出有关我所相信的东西或者我会如何行动的结论。正是在这些活动的背景之下，我才以一种与学会“情形是这样”这个断言的方式一样的方式，学会了“我相信情形是这样”这些词的用法，而且这并不依赖于自我观察。因此，并不存在“我似乎相信”这个表达式；这一表达式，同基于观察某人的言行而获知他所相信的东西的可能性联系在一起。通常情况下，我能够不依靠对我的言行的观察而说出我所相信的东西，而“我似乎相信……”这一表达式在用“我相信……”进行的语言游戏中没有任何位置。

然而，如果我们倾向于认为“我相信”归与（ascribe）了一种心灵状态——无论它被用在第一人称现在时直陈式中、过去时中还是“假定……”的语境中，都是一样的状态——我们就要看清该动词的一种不同的发展，按这种发展，“我相信……”从来不等于“实情是……”这个断言，而毋宁说是关于说话者心灵状态的一个断言。维特根斯坦勾画出了如下这幅图像：

这便是我如何设想它的：相信是一种心灵状态。它持续存在着；而且，它的存在独立于（比如）其表达在一个句子中的存续。因此，它是持有信念的那个人的一种倾向。在涉及另一个人的情形中，他的行为向我揭示了这一点；他的言语也一样。因此，就像一个简单的断言那样，“我相信……”也可以。

（*PPF* §102）

254 根据该动词的这种不同发展，当我说出“我相信……”这几个词时，要把我理解为将一种倾向归与我自己，而我的信念状态被认为就在于这种倾向。按这一观点，“我相信……”并不等于“实情是……”这个断言，尽管关于我心灵状态的结论可基于这二者得出。“我相信p”这个表达式，等同于关于我处在某个倾向状态的断言。但这样的问题出现了：“我本人如何认识到自己的倾向呢？”维特根斯坦指出，想必“我得能做别人所做的事情——关注我自己、听我自己讲话、由我说的话做出推论”（*PPF* §102）。这一提议的荒谬性——由一个惊叹号的使用表达出来——表明，维特根斯坦认为，“我相信”这几个词并不是用来将一种倾向归与我自己的。

其目的是描述“我相信……”这些词的一种不同于日常用法的用法。按日常用法，它等同于“实情是……”这个断言。而“我相信”的这种备选用法是要表明，由“我相信……”这一表达式所断言的，恰恰就是当我说“假定我相信……”时所假定的东西。在这两个语境中，“相信”一词都被用来归与一种做或者说某些事情的倾向。但这意味着我必须认识到我具有这种倾向，而且除了通过观察我的言行，是不可能看清我如何能做到这一点的。而且这意味着我可以为“我似乎相信”这一表达式设想一种用法。于是：

只要我可以说“我似乎相信”，我便能找到该动词的那种变体形式。

（*PPF* §103）

然而，这一表达式是没有任何用法的。正如维特根斯坦所注意到的：“我对自己言语的态度完全不同于别人的态度。”（*PPF* §103）“相信”这一表达式的用法被编织进了某种断言实践——描述、报告、推论、预言等，而第一人称现在时直陈式的独特用法反映出了这一事实：做这个断言时，我是在**表达自己**。例如，当我断 255
言天在下雨时，我表达了**我的**关于天气的判断。这一断言并不是由“我相信”这几个词所归与的某个倾向的显现：这一断言是我的判断的公共表达。我们是在做出并断言判断——我们也表达为断言“这就是实情”——的语境中学会使用“我相信”这一表达式的。当我说“我相信……”时，我并不是识别出一个人并基于她所说和所做的事情将一种倾向归与她，而毋宁是做出了一个关于该信念之主题的判断。这里不涉及某种倾向的归与。我们在发展出判断才能的过程中获得使用“我相信……”这些词的能力，而在这一过程中，学会独立而自信地**表达自己**是至关重要的。

关于我在使用“我相信……”时将某种倾向归与自己的想法，错误地表现了我们被教会运用这些词的方式。它错误地将做出或表达关于世界的判断的一个动作，表现为关于某个特定的人的状态的描述。维特根斯坦承认，存在着某些情境，在其中，说“从我说的话判断，**这**便是我所相信的东西”是有意义的。这是这样一些情境，在这里我脱开通常的所处状态，试着从一种客观的视角看自己：试图像别人看我那样看我自己。在这些情境下，说“我相信……”不再等同于断言“实情是……”，而且，维特根斯坦注意到，我可能会说“在我看来，我的自我相信这一点，但它不是真的”（*PPF* §105）。在这些情境下，仿佛有两个人——一个我对他做思考的人和一个做着这种思考的人——用我这张嘴说话。然而，这并不是“我相信……”的通常用法，而维特根斯坦欲坚持认为，这是一种预设了通常用法的用法。

这些语法观察，如何帮助消除维特根斯坦声称由他对该悖论的重新阐述所引发的困惑呢？这一困惑是这么来的：我们觉得，我说“假定我相信……”时所假定下来的东西，一定和我说“我相信……”时所断言的东西是一样的。但在前一语境中，“我相信……”并不等同于“实情是……”，从而，“我相信……”这个
256 断言，当然也不可能等同于“实情是……”这个断言。所以，必须将前者理解为说了关于我自己的某种东西。它关于我所说的，就是当我说“假定我相信……”时被假定下来的任何东西。维特根斯坦的语法研究试图表明，这幅关于**必定**是实情的东西的图像，同我们被教会运用“我相信……”这些词的方式不一致。不仅我们确实以等同于断言“实情是……”的方式学会了使用这些词，而且它们所拥有的那种用法表征着构成语言掌握的那些才能：进行判断、描述、报告、预言、推论等的才能。要是将“我相信……”这些词的作用设想为将某种心灵状态或倾向归与说话者，我们便无法保留它们的这种独特用法。使用“我相信”这些词的独特方式，表征着我们做出判断的才能，并揭示出我们同自己的言语的关系。

维特根斯坦接着指出，我们参与关于假定的或者关于就某人

所信或所想的东西形成假说的语言游戏的能力，在获取顺序上要晚于用第一人称现在时直陈式使用“相信”这一动词的才能。因此，这种语法研究清楚地表明，事情同我们所假定的恰恰相反：并非被断言的东西预设了我们对被假定东西的把握；准确地说，被假定的东西预设了我们已在最初学会“我相信”这些词用法的语言游戏中掌握了运用它们的方式，而且，在这种语言游戏中，其用法等同于断言“实情是……”。

维特根斯坦将这一点总结如下：

> 即便是在**假设**中，这种型式也不是你所想的那样。
>
> 你用“假设我相信……”这些词预设了“相信”一词的整个语法，亦即，你已掌握的日常用法。——你并非在假设这样一个事态：一幅图像将它毫不含糊地呈现给你，以至于你能为这一假设加上一个不同于日常的断言。——要是你并未熟知“相信”的用法，你就绝不会知道你这里所假设的东西（比如，可由这一假设推出的东西）。
>
> （*PPF* §106）

被假定下来的日常用法，就是说话者借以表达关于世界的判 257
断的那种用法。他们还基于这种用法进行推论、做出预言、形成意图、采取行动等。正是对凭语言而过的生活的熟悉，赋予了“假定我相信……”这一假说以意旨（significance）或意义。

因此，“假定我相信……”这几个词并未让人联想起某种内在表象状态，而是让人联想起做出判断和采取行动的才能，以及用

“实情是如此这般”或“我相信实情是如此这般”这样的陈述形式表达判断的才能。这里存在着，关于做出假定的语言游戏的聚焦点从说话者的判断之主题到做出判断的说话者的转换，但不要把这理解为，从对世界中的事情的关切向对内在领域中的事情的关切的转换。准确地说，是从判断做出判断的人到思考做出判断的人的转换，而只有在如下情况下，才能做出这种转换：我们熟知具备做出和表达判断的才能是怎么回事儿，熟知从说话者所做出或表达出的判断中可得出关于其行为的哪样一些结论。对于我们假定它之所是的理解，预设了对于说话者们如何运用对“我相信……”这些词的把握、对于他们对这一表达式所做的那种使用的把握，以及对于它如何被编织进他们所说所做的其他事情中的把握。因此，断言和假设之间的差异是这么一种东西，我们现在可承认，它既揭示了“相信”这个动词在以第一人称被使用时的独特语法，也揭示了这种独特语法同表征着我们对某种语言的掌握的那种才能之间的关联。

参考文献及进一步阅读材料

Anscombe, G.E.M., 1981a, "The First Person"(《第一人称》), in G.E.M. Anscombe, 1981:21–36

——, 1981b, "Events in the Mind "(《心灵中的事件》), in Anscombe, 1981:57–63

Arrington, R.L., 1991, "Making contact in language: the harmony between thought and reality"(《在语言中接触：思想与实在的协调》), in R.L. Arrington and H.-J. Glock, eds, 1991:175–202

——, 2001, "Thought and Its Expression"(《思想及其表达》), in S. Schroeder, ed., 2001:129–49

Budd, M., 1989, *Wittgenstein's Philosophy of Psychology*(《维特根斯坦的心理学哲学》)(London: Routledge)

Child, W., 2011, "Wittgenstein in the First Person"(《第一人称的维特根斯坦》), in O. Kuusela and M. McGinn, eds, 2011:375–401

Collins, A.W., 1996, "Moore's Paradox and Epistemic Risk"(《摩尔悖论 258
与认知风险》), *Philosophical Quarterly*, vol.46:308–19

Hacker, P.M.S., 1993, *Wittgenstein: Meaning and Mind Part I: Essays*(《维

特根斯坦：意义与心灵》)(Oxford: Wiley Blackwell)

Heal, J., 1994, “Moore’s Paradox: a Wittgensteinian Approach”(《摩尔悖论：一个维特根斯坦式的研究进路》), *Mind*, vol. 103:5–24

Linville, K. and Ring, M., 1991, “Moore’s Paradox Revisted”(《再论摩尔悖论》), *Synthèse*, vol. 87:295–309

Malcolm, N., 1995, “Thinking”(《思考》), in von Wright, G.H., ed., *Wittgensteinian Themes: Essays 1978–1989* (Ithaca: Cornell University Press), 1–15

Schroeder, S., 1995, “Is Thinking a Kind of Speaking?”(《思考是一种言说吗?》), *Philosophical Investigations*, vol. 18:139–50

——, 2006, “Moore’s Paradox and First-Person Authority”(《摩尔悖论与第一人称权威》), *Grazer Philosophiche Studien* vol. 71:161–74

Schulte, J., 1993, *Experience and Expression: Wittgenstein's Philosophy of Psychology*(《经验与表达：维特根斯坦的心理学哲学》)(Oxford: Oxford University Press)

Strawson, P.F., 1966, “Review of Wittgenstein’s *Philosophical Investigations*”(《维特根斯坦〈哲学研究〉述评》), in G. Pitcher, ed., 1966:22–64

Wittgenstein, L., *BB*(《蓝皮书与棕皮书》)

——, “Thought. Thinking”(《思想。思考》), *BT*, pp. 164–82

——, *LWPP1*(《关于心理学哲学的最后著述》)

——, *RPP I* and *II*(《关于心理学哲学的评论》第一卷和第二卷)

第七章

意向性：思考、期待、意图

《哲学研究》428—693

导 言

在《哲学研究》428和429中，维特根斯坦重新捡起了他在本书开头那些批判其早期工作的评论中首次讨论的一个主题。《哲学研究》428以引号中的这些词句开头："思想——多么神奇的一样东西！"这些词句是对《哲学研究》94和95开头所引的那些词句的直接回应。在这些较早的评论中，这些词句所表达的思想，同"我们关于逻辑的整个解释的崇高性"以及"假定命题记号与事实之间的某种纯粹中介的倾向"关联在了一起。（*PI* §94）《哲学研究》95将后一种倾向刻画如下：

> 我们说并**意指**实情如此这般，随后，带着所意指的东西，我们不在任何缺少事实的地方停下来，而是要意指：**这件事情——是——如此这般的**。

维特根斯坦将他这里表达的思想描述为一个"悖论"——某 260
种荒谬的东西——但他在括号里又评论说它"带着某种自明之理的形式"。这表明，这一思想尽管荒谬，却又让我们觉得明明是个真理。他注意到，同样的思想"也可这样来表达：我们可以思考并非实情的东西"（*PI* §95）。悖论在于我们将思想描画为实在要么与之相符合，要么与之不相符合的表象；跟句子不一样，思想并非可用不同的方式加以阐释的东西；它是事态的独一无二的表象，某种已经确定好什么与之相符、什么与之相悖的东西。

《哲学研究》428和429将思想当作"如此这般的表象"的图像分解成两个部分。一方面，存在这样的观念：当我具有（比如）关于某个特定的人的思想时，这种思想是指向那个人的，即使我用来表达我的思想的那个名字并不是他所独有的。而这让我们感到很奇怪："一个思想是如何可能处理**这个**对象的？仿佛我们用这个思想捕获了实在。"（*PI* §428）另一方面，存在这样的观念：一个思想必然是关于可以是实情的东西的，亦即关于思想与实在之间的某种特定的"一致"或"协调"的。这是关于思想作为"世界的独一无二的、有相应特点的图像"的观念（*PI* §96），亦即这样的观念：存在一种"世界和思想必定共同拥有的**可能性**的次序"（*PI* §97）。这让我们以为，可思考的东西——不仅可以说而且可以**意指**的东西——必定是可以为实情的东西。而这种独特的协调一致迫切需要得到说明：它到底在于什么？它何以得到保证？在《哲学研究》429中，维特根斯坦并未提出他在《哲学研究》428中表露过的"如何可能"的问题，而只是提到我们凭语言而过的生活的一个熟悉的方面：

> 思想与实在之间的协调一致在于这一点：如果我错误地说这是**红色的**，那么，它依然不是红色的；还在于这一点：

> 如果我想向某人说明“那不是红色的”中“红色”这个词，我就得通过指着某个红色的东西而这样做。

“如何可能?”的问题，要求我们对思想与实在之间奇特的协调一致给出说明。维特根斯坦的评论避开了对说明的关切，而将注意力指向并非超出语言自身的东西。维特根斯坦反对关于作为实在的影子的思想表象可能事态的图像，而把注意力指向使用某个表达式的实践，这种实践构成该表达式在任一场合的用法的背景。例如，“这是红色的”这个句子有一种用法，而如果我对着某个并非红色的东西说“这是红色的”，这便与我对它的使用相冲突。而如果我说“这不是红色的”，这并不指向“这是红色的”的一个影子般的或未实现的可能性，而指向我们在实践中称作“红色的”的东西。如果我们要教某人这是什么，我们无须让他设想一种并非现实的可能性，而是要向他表明我们称作“红色的”的东西，亦即，向他表明我们是如何使用这个词的。 261

这种针对我们倾向于将思想描画为某种“奇怪的”东西——某种关于某个可能事态的难以理解的表象——而做出的转变，乃是维特根斯坦在接下来关于思考、期待、希望和意图的评论中一再重复的一种转变的模型。我们倾向于将这些活动设想为将实在捕获在网中或者实在可与之符合或不符合的“奇特心灵动作”（*PI* §38），而这种倾向反复不断地遭到维特根斯坦的反对，所借助的就是旨在表明“这里没有任何不同寻常的东西”（*PI* §94）的语法研究。

在上一章里，我们看了维特根斯坦的这样一些评论，在那里他集中考察了关于某个心灵状态与用来表达它的言语之间的符合的观念。我们看到了维特根斯坦是如何致力于克服这种关于符合的观念的；当我们更仔细地查看我们于其中学会相关心理学表达式的那些情境时，我们发现这里并不涉及用于表达我们所思考或设想的东西的言语同发生于我们内部的状态或过程之间的某种符合的观念。通过表明相关表达式是如何被使用的，维特根斯坦旨在既克服一物符合另一物的观念，又克服关于由这些表达式的第一人称现在时直陈式用法所报告的内在状态和过程的图像。

在我们即将考虑的这些评论里，关于符合的观念再次成为维
262 特根斯坦研究的重心，只是在这一情形中，符合的方向是在我们的心灵状态与世界之间。他所考察的这些概念——思考、期待、希望、意图——都涉及被满足或未被满足的可能性。这便引出了关于心灵状态与满足它的事态之间的逻辑符合的观念。维特根斯坦的目标是想表明，一物符合另一物的图像，妨碍我们看清这些表达式实际是如何被使用的，尤其会引导我们错误地表现“思考”“期待”“意图”等词语的第一人称现在时直陈式用法。我们被引诱将其视作关于某个带着不可理解的表象内容的内在状态的报告，其存在为我们的第一人称陈述做辩护，而其内容决定了什么与之相符合、什么与之不相符合。维特根斯坦的目的是表明：这些表达式并不是这么发挥作用的。

思想：思想与实在之间的协调

在《哲学研究》430中，维特根斯坦清晰地表达了将思想描画为神奇心灵动作的诱惑：

> “拿一把尺子比着一个对象；它并不说出这个对象有多长。准确地说，就其本身而言——我们受诱惑这么说——它是死的，而且得不到思想所能得到的任何东西。”

这把尺子是个物理对象；其本身什么也没说；拿它比着一个对象——这本身不意指任何东西。相反，一个思想就其本性而言是具有某种意义的；一个思想并不只是关乎出现在心灵中的死记号的事情，而是关乎我**思考**某种东西、我在思想中将某种东西表象给自己的事情。物理对象、物理记号可用不知多少种方式加以阐释或使用，而思想是无法被阐释的；一个思想具有它所具有的那种意义。因此，我们将思想描画为这样一个心理过程，在其中，没有记号只有表象出现在心灵之前：一个思想“不在任何缺少事实的地方停下来，而是要意指：**这件事情——是——如此这般的”**。这幅图像将

263 死记号与心灵的神奇动作分割开来，后者完成了任何物理记号都无法完成的事情：将某种东西表象成**如此这般**。

维特根斯坦提出了如下这个我们受诱惑去做出的转变的比较：

> 仿佛我们将一个活人最本质的东西设想为其外貌。然后，我们把一块木头做成人形，又由于看到这块同生命体毫无相似之处的、了无生气的东西而觉得尴尬。
>
> （*PI* §430）

这里所指出的是，我们将思想描画为可得到物理记号得不到的东西的神奇心灵动作，部分是因为我们以错误的方式看待物理记号。这一对比表明，我们忽略掉的是一个动态的方面，因为一块人形木头所缺少的活人的相貌，乃是表征着一个活着的人的那些行动和反应方式。

这里所表明的是，我们将尺子看作死记号时，忽略了将尺子比着对象的方式是属于一个测量实践的，而这一实践同无数个人类活动交织在一起。放在我们的测量实践这一语境中看待，这么做就是我们所称的测量一个物体的长度。当我们查看在一个测量实践中运用尺子的实际做法时，尺子告诉我们物体有多长的说法似乎并不神秘。维特根斯坦的看法是，克服思想作为神奇心灵动作的图像的一个关键步骤就是，提醒自己我们是如何运用记号的；当我们从学会用记号做什么的角度看待思考时，它便不会像是一种非同寻常的成就了；我们将不再会被引诱去认为，思想取得了某种无法在心灵之外取得的东西。

在《哲学研究》431中，维特根斯坦进一步描述了这样的倾向：忽略我们凭记号而过的生活，从而感觉到在所说出的物理记号可取得的东西与理解它们的动作所取得的东西之间存在着根本的差异。在理解所说出的语词的动作中，我们不再仅仅处理记号，还处理它们所表象的东西：

> “命令与执行之间存在着缝隙。必须通过理解的过程来弥合这一缝隙。” 264
>
> “只有在理解的过程中，命令才意指我们要去做**这个**。**命令**——啊呀，那不过是声音，不过是墨迹罢了。——”

当我们忽视构成说出语词之背景的下达和执行命令的实践时，在下达命令时所说出的语词与命令所命令的事情之间的缝隙感便产生了。维特根斯坦要指出的是，正因为没有在发出和执行命令的实践的语境中——运用语词的实践的语境中——来看这些词的说出，我们才倾向于认为必定存在着只是理解记号的过程。我们将理解描画为获取某种东西，这种东西是说出或听到语词时无法获取的，而且是非同寻常或独一无二的。

维特根斯坦将忽视我们凭记号而过的生活的倾向概括如下：

> **就其自身来说**，每一记号似乎都是死的。是**什么**给了其生命？——它**活在**用法中。难道不是在那里它才拥有了内在的生命气息？——或者说，用法岂不就是它的气息？
>
> （*PI* §432）

只有当我们不是去看记号本身，而是去看一者有而另一者没有的用法时，才能看出是什么将一个活的（有意义的）记号与一个死的（无意义的）记号区分开来。要是去关注我们凭记号而过的生活，我们便能看清，一个记号要具有意义所需的一切都是在公共领域内完成的。它没有什么神奇的；它也并不是只出现在心灵中的戏法。在思考某件事情时所获取的任何东西，也都是在我们凭记号而过的生活的公共领域中获取的，例如，在下达和执行命令的实践中，在测量的实践中，等等。我们现在可以看清该评论最后的那两个问题的用意了。因为，并不是说话者在思考中使用一个命题记号时，将生命投射进了或者注入了这个记号，从而将它从纯粹的记号
265 转变成了进行表象的一个东西。这里所涉及的所有东西，就是我们对记号的**使用**，就是我们运用它们的方式。在使用记号的实践中，说话者给了它们生命："这里没有任何不同寻常的东西。"

《哲学研究》433继续探讨我们以为思考或理解的过程会获取纯粹记号无法获取的东西的倾向：

> 我们下达一道命令时，仿佛这道命令所寻求的终极之物一定是未表达出来的，因为命令和执行之间总存在着一道缝隙。

我们下一道命令时，所说出的记号可用不知多少种方式加以阐释，但这道命令本身一定是某种确定的东西。在我们看来，就我们的语词是可阐释的而言，它们必然像我们设想的那样，无法表达

这道命令。即使我们“试图用更进一步的记号补充这道命令”，接到命令的人依然无法知道我想要他干什么：“他如何知道拿我给他的无论怎样的记号干什么呢?”（*PI* §433）似乎只有在理解的领域内，这道命令才能作为一道命令而存在，而且“仿佛这些记号在没有把握地试图在我们这里唤起理解”（*PI* §433）；这一记号“**试图**给出预示，但无法做到”（*PI* §433）。

维特根斯坦通过问如下问题，对设想思想——如我所理解的这道命令——可获取纯粹语词无法获取的东西的倾向做出回应：

> 可是，要是我们现在理解了（这个记号），我们又是用什么样的一些记号来这么做的呢?

我们这里正设想的到底是些什么呢？我们是在设想作为记号出现在心灵中的理解吗？如果是这样的话，它们又是哪种类型的记号呢？它们是无法以不同的方式进行阐释的记号吗？但那又是什么类型的记号呢？在《哲学研究》138及以后的评论关于理解的讨论中，我们已经穿越了这块地面。

如果我们倾向于对“句子是如何得以进行表象的?”（*PI* §435）这一问题感到困惑，那是因为我们忽视了凭语言而过的生活，并将表象（representing）描画为只有无法阐释的思想或者理解的动作才能获取的某种东西。然而，当我们试图抓住这种无法阐释的思想时，它一直躲避着我们，因为我们所产生出来的东西只是进一步 266
的记号：“这里很容易陷入做哲学的死胡同，在这里人们相信，问题难就难在：我们不得不去描述那些难以捕捉的现象。”（*PI* §436）

当我们去查看我们实际如何运用记号的时候，所有的东西都清楚地呈现在眼前，而思想或理解的感觉作为不可表达的、隐藏在背景中的东西，消失不见了。

思想：将实在捕获入网

在《哲学研究》最后的那些评论里，维特根斯坦开始讨论《哲学研究》428提出的那个问题："一个思想如何可能处理**恰好这个**对象?"在《哲学研究》661中，他问当"我记起意指的是他"时，"我是不是正记起一个状态或过程"？如果是的话，"它是何时开始的？如何继续下去？如此等等"。在维特根斯坦的研究中，关于某种形式的心灵指物（mental pointing）的观念一直反复受到关注。在《哲学研究》36中，维特根斯坦谈及我们将"指着形状（比如，相对于颜色）"描画为"一种**心灵的**、**精神的**过程"的倾向。关于某种形式的内在指物（inner pointing）或者在想象中指物的观念，对于他关于私人实指定义观念的研究也非常重要。在所有这些情形中，维特根斯坦都致力于表明，关于指向这个而不是那个的心灵活动的图像——可比之于用手指指这个而不是那个——乃是一个幻象。

始于《哲学研究》661的讨论，从另一个方向探究了同一领域的问题，而且再次着手表明，"'意指某物'这一动词的语法如何不同于'思考'这个动词的语法。而且，将意指某物称为心灵活动，简直荒唐透顶”（*PI* §693）。从语法上看，仅就如下情况而言思想才是一个心灵过程：至少在某些语境中，说某人在思考如此这般的事情，就是说他在心灵中拥有某种东西，也就是说他的思想全神贯注于某种东西，而他可通过说出某些语词将这种东西表达出来。说从语法上看意指不是一个心灵过程，就是指出，像理解而不
267 像思考，意指并不在于某种东西出现在心灵中。以为意指是关乎某种东西之出现于心灵中的事情，就是受诱惑去搜寻怪物：这样的意指过程，在其中，我们所意指的东西“不在任何缺少事实的地方停下来，但（我们）意指：这个**东西——是——如此这般的**”。

在用手指指物与在想象中或用想象指物之间所做的那个诱人的类比，在《哲学研究》662中被明确地提到了：

> 在一个略微不同的情境里，他不再默默地示意，而是对某人说：“让N到我这里来一下。”

示意手势物理地指向N而不是M；同样，我们觉得，当一个人说“让N来一下”时，意指N的心灵动作是心理地指向N而不是M的。维特根斯坦还特别提到，“我要N来我这里一下”这些词“描述了我那一刻的心灵状态”。然而，他加了这么一句：“不过，也可以不这么说。”（*PI* §662）

在什么意义上，可以说我们用这些词描述了我那一刻的心灵状态？又在什么意义上，不可以这么说？考虑到维特根斯坦就“思考”和“意指”这两个动词的语法差别所说的东西，自然会将他的论点理解如下。一方面，我们可以说“我要N来一下”这些词描

述了我那一刻的心灵状态，只要“要N来”包含我有关于N来的想法：“N来”是我全神贯注的一件事情。另一方面，我们不能说这些词在如下意义上描述了我那一刻的心灵状态：意指我要他来我这里的不是M而是N，从语法上看，完全不是我的一个心灵状态。也就是说，如果我们只关心是什么使得我们意指的是N而不是M，或者，谁是我思想的对象的问题，那么，我们就不应该在（例如）我对自己说“我希望N来”时，去寻找存在于我心灵中的某种东西。维特根斯坦宣称，正是这一想法“引起了混乱”（*PI* §693）。于是，他在《哲学研究》676中评论道：“‘我用那个词意指**这个**’是这样一个陈述，它被使用的方式，不同于关于心灵的某种情感的陈述。”

此处明显存在着与如下这种诱惑的相似性：将理解描画为这样的状态，在这种状态下，当我听到并理解一个词时便有某种东西 268
出现在心灵中。正是这幅图像把我们引入了对于这么一幅图像——或者某种类似于图像的东西——的徒然追寻：它可将这个词的某种应用“强加”给我。就像我们在第三章中所看见的，困难在于，当我听到并理解一个词时出现在我心灵中的任何东西，总是可以用不同的方式加以阐释（或使用）。摆脱这一困难的途径是，承认并没有任何可将一种用法强加给我的图像，并认识到，只有**在某些情境下**，某种东西出现在心灵中，才是理解的一个标准。出现在我心灵中的东西，并没有什么神秘的力量把某种应用强加给我，不过，鉴于我已学会（比如）将某种线条画应用于立方体，当我听到“立方体”一词时，这种线条画之出现在我心灵中便是我用这个词意指立方体的一个标准。

针对“意指**他**乃是一个心灵动作”这一观念，维特根斯坦也提出了类似的观点：

> 如果我说“我意指**他**”，或许有一幅关于我如何看着他之类的图像会出现在我心灵中。但这幅图像只是像是一个故事的插图。单从它几乎不可能推出任何东西；只有当我们知道这个故事时，我们才知道这幅图是干什么的。
>
> （*PI* §663）

我们不要去追寻出现在我心灵中的东西借以指向一物而非另一物的那种神秘力量，而应该查看这样的语境，在其中，某幅特定图像出现在心灵中乃是我意指N的一个标准。只有在一个更大的叙述中——关于在该图像出现于心灵之前和之后所说和所做的事情的叙述——一幅特定的图像才具有它确实具有的意义；其意义并不在于心灵注入其中的神秘力量，而这种力量又将其投射到**恰好这个**对象上。于是：

> 是什么东西将我关于他的心灵意象变成关于**他**的意象呢？
>
> 并不是任何图像相似性。
>
> 就像应用于这个意象一样，同样的问题也可应用于“我看见他此刻鲜活地出现在我面前”这句话。是什么将这句话
> 269 变成了关于**他**的一句话呢？——并不是某种在它之中的东西，

或者某种与之同时出现的（隐藏在它后面的）东西。

（*PPF* §17）

如果现在问是什么将他的“我意指N”这句话变成了关于**他**的一句话，我们就需要查看这个实践以及构成说话者使用“N”这个名字之背景的那些情境。比如以下这些事实：其一，他熟悉“N”作为他所说到的那个人的尽人皆知的，而且拿来叫他他会答应的名字；其二，若被问到他意指谁，他会给出某种辨识性的描述；其三，“N”这个名字关联于大量为说话者所熟悉的历史事实，而且它们还构成进一步描述的源泉，而他在回答“你意指的是谁？”这个问题时随时可以提供这些描述；等等。

在《哲学研究》666中，维特根斯坦要我们设想这么一个情形：某人正处于疼痛中，同时听见隔壁在调试钢琴。他说“很快就会停下来”。他是意指疼痛还是意指调试钢琴，这显然是有差别的，但这种差别在于什么呢？在《哲学研究》678中，维特根斯坦开始探讨这一问题：“这种意指（疼痛或调试钢琴）在于什么呢？”他难道没有表明，出现在一个人心灵中的无论什么东西都没有“写入其中的”意义吗？因此，似乎“没有出现任何答案——因为貌似答案的那些东西都毫无用处”（*PI* §678）。那么，难道由此不可以推出我们无法说当他说“很快就会停下来”时意指一物而非另一物吗？对话者显然觉得能推出，因为他反驳道：“尽管如此，那一刻我还是**意指**一物而非另一物。”（*PI* §678）维特根斯坦回应道：

> 嗯——你此时只是在强调性地重复没有谁会反对的东西。
>
> （*PI* §678）

这一对话呼应了《哲学研究》187开头的那次交谈：

> “但我已经知道，当我给出这道指令的时候，他应当在1000之后写1002”——当然；你甚至可以说你那时**意指**它；
> 270 只是你不应该让自己受到“知道”和“意指”这两个词的语法的误导。

在这两个情形下，我们都想把知道或意指描画为一个心灵动作，在其中，心灵以某种独特的方式飞越了自身。问题是没有任何东西对应于这一观念。然而，并不是说维特根斯坦断言，说“在给出指令的那一刻我知道他应该在1000之后写1002”或者“我意指调试钢琴而不是疼痛”，就是不正确的或者没有意思的。确切地说，就像他在《哲学研究》187中所指出的，“你所说的‘我在那一刻已经知道……’就相当于‘如果那时有人问我他在1000之后应该写哪个数，我会回答“1002”’”。在某些情境中——比如这样的情境，说话者在其中学会了算术，并且熟悉为回应“加2”的指令而展开数列的技艺——他此时说“若那时有人问我……我会回答……”，乃是他在给出“加2”这个指令那一刻知道学童应该在“1000”之后写“1002”的一个标准。

依此类推，“我说出‘很快会停下来’这些词的那一刻，意指的是调试钢琴”，大致相当于“要是我说出这些词的那一刻有人问我意指的是什么，我会回答‘调试钢琴’”。在某些情境下——比如，说话者在其中学会了英语的那些情境——这便是他在那一刻意指调试钢琴而不是疼痛的一个标准。在面对“但你能怀疑你**意指**这个吗?”（*PI* §679）这个问题时，维特根斯坦回应道：“不；但我也不能确定它，知道它。”（*PI* §679）这里提示的是，我们之做出自发而自信的表达，属于“意指”一词的语法：不仅属于现在所意指的东西，而且也属于**过去意指**的东西；这里不涉及关于某个过程的知识的问题，从而也不涉及我们**如何**知道它出现了的问题。这是对“意指”一词如何被使用的一个描述。

维特根斯坦将这一点概括如下：

> “你说‘很快就会停下来’。——你想到了那个噪音或者那个疼痛吗?”如果他回答“我想到了调适钢琴”——他是在做出关于存在着这种关联的陈述吗？抑或，他是在用这些词建立起这种关联？——难道我不能**同时**说**这两者**吗？如果他所说的为真，这种关联就存在吗？——而且，尽管如此，他 271
> 难道不是在建立一个并不存在的关联吗？
>
> （*PI* §682）

是什么使得说某种关联确实存在成为正当的呢？维特根斯坦回应道：

> 嗯，（我的话）指向各种各样的东西，这些东西并不只是随我的话而突然显现出来；它们说，比如，要是有人要求我

> 给出一个答案，那么，我**会**做出某种特定的回答。而且，即使这是个条件句，它也确实说出了关于过去的某种东西。
>
> （*PI* §684）

如果他此时说“我想到了调试钢琴”，而且是在真实地——真诚地——说这话，那么，他所说的话便指向过去，而且说的是：要是有人问他，他便会在过去的那一刻给出一个特定的回答。他的话并不指向他说出“很快就会停下来”这些词的那一刻正在发生的一个过程。这种同过去的关联，促成了由“我在那一刻意指它”或者“我那样说时想到了他”这些词，同“要是那时有人问起……我便会说……”这个确实说了关于过去事情的条件陈述之间的联系。

然而，也存在如下的情形，即当他此刻说“我那时想到了调试钢琴”时，他所说的就是他过去想到的东西的一个标准：只有在某些非常特别的情境中，问他所说的是否正确，才是有意思的。因此，“我那时想到了调试钢琴”并不是一个假定或假说；这并不是这些词所具有的那类用法。维特根斯坦主张，我们不应该试图对这些词的用法进行说明或辩护：“关键不在于借助经验对某个语言游戏进行说明，而在于如何去考虑某个语言游戏。”（*PI* §655）在某些情境中，说“我意指如此这般的东西”“我想到了如此这般的东西”，乃是一个人意指某种东西或者想到了某种东西的一个标准；只有在某些情境下，他那时是否真的意指它或者他是否真的想到了它的问题，才能被提出来。这便是我们学会运用这些词的方法；而
272 且，它们的用法被以赋予其意旨（point）的方式，同我们所说和所做的其他事情交织在了一起。

希望与期待

维特根斯坦的目的是表明，当我们忽略凭语言而过的生活时，便会生出这样的诱惑：对具有特殊表象力量——以单凭语词无法做到的方式飞跃自身的力量——的心灵状态做出描画。他通过将注意力指向我们运用记号的方式，继续致力于克服这种诱惑。在那里，我们可以看到“一切都明摆在眼前”和“没有什么不同寻常的东西”。将思想描画为一种奇特的心灵动作的诱惑的根源之一，是它表面上具有的预见实在中可能的东西的能力：思想必然是关于**能够**成为实情的东西的。从本质上说，一个思想就是某种可以要么被实现的（真的），要么未被实现的（假的）东西。

因此，关于作为奇特心灵动作的思想的图像，同关于作为符合于或未符合于实在的思想的图像，密不可分地联系在一起。在《哲学研究》437中，维特根斯坦将注意力转向这一观念：心灵状态的表象内容与实现（fulfill）它的事态之间的逻辑符合。接下来的评论集中关注希望和期待这两个概念，但其基本主题是这一观念：一个意向性状态决定了什么东西满足或符合它。一个心灵状态对于符合它的事态的预期，是如何做到的呢？我们似乎又一次被迫将这一心灵状态描画为包含这样一种表象，它乃是满足它的那个特定事态的一个影子、一个预期。于是：

> 一个希望似乎已经知道什么将会满足它；一个命题、一个思想似乎已经知道什么使之为真——即使在不存在任何东西的情况下！这种对于尚不存在的东西的决定从何而来呢？一种专断的要求吗？（“逻辑必须［logical must］的坚固性。”）
>
> （*PI* §437）

括号里对逻辑必须的坚固性的提及，在维特根斯坦想要表明的是关于意向性状态的一幅神话图像这件事，同关于一条将某种应
273 用强加给我们的规则的神话观念之间，建立起了联系。一个希望或一个思想可比之于“被意指的那条规则”；似乎将来“以某种**独特的**方式被预先决定了、被预期了”（*PI* §188）。因此，似乎已经确定下来，将来什么算作是同一条被意指或被理解的规则相符合的，一如我们已经确定下来将来什么算作是满足一个希望或期待。在这两种情形下，都存在着这么一种诱惑：将对一条规则的把握同其应用之间的关联，或者，相关的心灵状态同实现它的事态之间的关联，描画为某个心灵状态（包括理解一条规则的状态）决定尚不存在的东西的神秘力量。就像理解的状态一样，意向性状态也被描画为指向自身以外的东西，指向尚不存在的东西。正是这种对于尚不存在之物的预期，被视作赋予了如下观念以内容：某物“符合于”所意指的那条规则，或者，某物“满足于”某个希望或某个期待。

在第三章里，我们看到了维特根斯坦的语法研究如何致力于

克服这样的诱惑：将理解或把握一条规则描画为这样一种状态，它以某种神秘的方式预见了什么算作一个表达式将来的正确用法。其目标是让我们看清，一方面，说我们听到并理解一个词时，出现于心灵中的东西“逻辑地强加了”它的某种应用，乃是空洞的；另一方面，使得（比如）一个数列的展开成为“逻辑的”而非“因果的”强制性的东西，并不在于某个掌握了该数列原理的人借以被神秘地强迫着继续下去的那种方式。关于逻辑强制性的观念其实是这么回事儿：只有做如此这般的事情，才算作我们所称的“遵守这条规则”或“展开这个数列”。一条规则同其应用之间的关联——通过说你**必须**做如此这般的事情（或者得到如此这般的结果）而表达出来——被视作存在于使用这条规则的实践中，存在于这样的事实中：只有做如此这般的事情（或者得到如此这般的结果）才算是展开了这个数列，或者，才算是求得了对于y的一个给定值“$x=y^2$”这个公式中x的值。

维特根斯坦对希望和期待这两个概念的研究，再现了这样一个根本的转变：从寻求某个心灵状态同满足它的事态之间的某种“奇特联系”或“逻辑符合”联系，到认识到这种联系是在语言中、 274
在我们语言的表达式所拥有的那类用法中、在我们被教会使用它们的方式中，建立起来的。这里，维特根斯坦再次试图表明，不仅关于预示将来的心灵状态的观念是一个怪物，而且“理解”“希望”“期待”等语词发挥作用的方式——我们在获取表征着我们的生活方式的那些才能的过程中被教会使用它们的方式——同这幅图像引导我们去设想的大相径庭。

维特根斯坦的研究从这个问题开始：“在什么意义上，我们可以说希望、期待、信念等是‘未被满足的’？我们的未满足状态的原型是什么？”（*PI* §439）因此，他并不拒绝关于作为“未被满足的”状态的希望或期待的图像，只是他想让我们弄清楚这幅图像如何被应用于这一情形：未满足状态的观念在这里意味着什么？如果我们想到一个空洞的空间和一个填充它的实物，这也只不过是个图像而已。我们依然需要把这种应用弄清晰了。我们会想到的一个应用是将未满足状态描画为一种感觉，比如饥饿感，并将满足它的东西设想为任何让它终止的东西。然而，维特根斯坦反对这种应用，只要它将（比如）一个希望同满足它的东西之间的联系设想为一种因果联系。他反对这种应用的依据是“说‘我想要一个苹果’并不意味着：我相信一个苹果会消除我的未满足感”（*PI* §440）。后者表达了一个假说，它可能被证明或未被证明是真的；而前者则表达了一个希望，它只能由我被给予了一个苹果来实现，即便一个苹果未能消除我的未满足感。我们可以这样来说：一个希望或期待同实现它的东西之间的联系是一种内在的而非外在的联系。

在《哲学研究》441中，维特根斯坦注意到，我们在某些情境中表达希望，而且倾向于既依赖于我们的天性又依赖于我们受到的训练来这样做：

> 本着天性，并出于某种训练、某种教育，我们倾向于在某些情境下表达希望。

275 于是，我们的注意力便被引向了我们在其中学会使用“我希望……”这些词的那类情境。维特根斯坦随后在括号里指出：“当然，一个希望并不是这样一个‘情境’。”这就是说，我们并不是将“我希望……”这些词当作出现在我们内部的某个过程的观察报告而学会使用它们的。确切地说，我们是在这样一些情境中——比如，当存在着对愿望的主动表达而且有备选者可供选择时，或者，当有某种令人愉快的事情在计划中时——被教会说“我想要……”，“我希望我能……”，等等的。维特根斯坦这时指出：

> 在这一游戏中，我是否在希望成为现实之前知道所希望的事情的问题，根本就不可能出现。而且，某个事件终止了我的希望这个事实，并不意味着它实现了它。或许，就算我的希望被满足了，我还是没有被满足。
>
> （*PI* §441）

应将这一评论理解为对“我希望”这些词所拥有的那类用法的语法研究。这一事实——这些词有这样一种用法，在这种用法里，在我的希望实现之前我是否知道我希望的是什么的问题，并不会出现——表明，这些词并不是用来表达一个假说的：当我说出“我希望……”时，我并不是在就什么会终止我的希望做一个预言。对这个希望的表达，其本身就是对什么会实现它的具体说明；正是就这层意思而言，我是否在我的希望实现之前知道所希望的东西的问题才不会出现。不过，维特根斯坦谨慎地指出，我们在其中学会使用“我希望”这些词的语言游戏，在欲望或冲动的原始形式中也有其根源：这些原始形式是完全自然的或自发的，而如果没有它们就很难设想我们如何能学会“我希望……”这些词的用法。这一游戏的根源，在如下这个事实中揭示出来：“‘希望’一词也以这样的方式被使用：‘我自个儿也不知道我希望什么。’”（*PI* §441）同时也在如下可能性中揭示出来：我们在某些情境下声称，某人表达出的希望，掩盖了他真正想要的东西。

因此，正是部分地“**出于本性**……我们才倾向于在某些情境
276 下自发地表达希望”。然而，如果我们本性中的某种东西是这个语言游戏的根源，那么，我们以这些语词所受的“特殊训练”就是这样一种训练，在其中我们学会自发地表达所希望的东西，这种表达不是作为对什么将终止这种欲望状态的预言，而是作为对所欲求的东西的具体说明。因此，当维特根斯坦指出“假定某人问‘在得到我所渴望的东西之前，我知道它吗’，要是我已经学会说话了，那我便真的知道”（*PI* §441）时，不要以为他是在宣称我绝对有把握什么会终止我的欲求感，而要将他看作是在做出一个关于“我渴望如此这般”这些词如何被使用的观察评论。

然而，正是在这一点上，我们受到了关于一个心灵状态同实现它的事态之间的“神奇联系”的观念的诱惑：

> 我看见一个人拿枪瞄准并说“我期待砰一声”。枪响了。——好家伙！——那就是你期待的吗？这砰一声不知怎么就存在于你的期待中了吗？
>
> （*PI* §442）

这显然是个奇怪的想法。枪响时那实际的砰一声怎么可能存在于你的期待状态中呢？那便意味着某个带着其所有独特属性的特

定事件，首先作为一种可能性存在于我的期待状态里，随后变成了实际的事件；仿佛这一带着其所有独特属性的特定事件已准备就绪，只待一声枪响赫然成真。可是，如果这一特定事件并没有在你的期待里被预示，或者没有以某种方式被包含在内，那么，它同期待之实现的联系就只是意外发生的，从而所发生的这个事件就只是这一期待之实现的一个偶然伴随者吗：

> 你的期待只是在某个别的方面同所发生的事件相符合吗？那一声枪响并不包含在你的期待里，只是在期待被实现时作为一个偶然属性而接续发生吗？
>
> （*PI* §442）

维特根斯坦反对这一提议，理由是：开枪时砰一声的出现这个事件，对于期待的实现并不是附属性的；准确地说，它**就是**实现 277
它的那个东西：

> 但不是这样的，要是枪声没有出现，我的期待就不会被实现；枪声实现了它；它并非这一实现的伴随者，宛若陪我期待的客人而来的另一位客人。
>
> （*PI* §442）

但要是那样的话，期待状态与实现它的事件之间的联系是怎么建立起来的呢？并不是说，带着其所有独特属性的这一特定事件，影子式地被包含在你的期待中，也不是说，这一特定事件的出现，是附属于你的期待之实现的。**那**一事件如何可能是被期待的东西（实现这一期待的东西）呢，要是在其出现之前期待状态同**那**一事件没有任何联系的话？我们看出，在期待与实现它的事件之间必定有某种联系，但又说不好是怎样的联系。

似乎有这么一条摆脱困境的出路，那便是指出，尽管实现我的期待的那一整个事件没有在其中被预示，但它的某个部分或某一属性却被预示了。因此，我们关注的这种期待由“我期待砰一声”这个句子表达出来了。实际出现的并满足了期待的那声枪响，有数不清的独特性质没有在期待的表达中被提及。或许，我们可以认为，这些未提及的属性并不是期待的一部分，是附属于期待之被实现的：“这一事件的不在期待之内的特征，是某种意外的、拜命运所赐的额外之物吗？”（*PI* §442）于是，我们会指出，尽管并不是对实际的砰一声为真的**每一样东西**的预示，但这一期待至少预示了实际事件的**某个**属性或方面，而后者正是凭着这一期待实现了它。

但我们怎么理解这一点呢？实际事件的任一特定属性都是我的期待的、在其中被预示的或被投影到其中的一部分吗：“可是，
278 又有什么东西**不是**额外之物呢？”（*PI* §442）假如我们坚持认为，某个特定属性必定是我的期待的一部分，“那么，什么**是**额外的呢？因为我难道不是在期待整个的一枪吗？”（*PI* §442）因为，如果我在期待一次射击，我所期待的肯定就是一次特定的射击，而它会具有一次实际射击所具有的所有那些难以数清的属性。而且，就像我们已经看到的那样，如果这并不是实际发生的那次射击——它还不存在——那么，这是否意味着：在我的想象中有另外一次射击，从而当我说“这砰一声不如我期待的那么响亮”时，便意味着在我的

期待中有更响亮的砰一声？于是，我们便被引导去设想，我们期待的枪响是一回事儿，而实际出现的枪响是另一回事儿，从而当我们说“我期待一声响亮的枪响”时，我们是在一种特别的意义上，将“一声响亮的枪响”这些词用作了对我们想象的某种东西的描述，而这种东西是我们的期待的一部分，或者就是它的内容。

维特根斯坦将这一点表达如下：

> 我们可能会有这样的感觉：在“我期待他来”这个句子中，我们是在这样一种意思上使用“他来”这些词的，而这种意思不同于它们在关于“他来”的断言中所具有的那层意思。
>
> （*PI* §444）

在第一种情形下，这些词描述了我正想象的并构成我的期待之内容的东西；而这些词则描述了一个实际事件。可是，如果这就是实情，我们怎么能说实际事件就是我所期待的呢？构成我的期待之内容的那砰一声，跟我此时听到的并不是同一个，那么，我听到的这一声怎么能是我所期待的，又怎么能实现我的期待呢？我们企图在期待状态与实现它的事件之间建立起联系，然后又在这些企图的引导下，说出似乎使期待不可能为实际事件所实现的话来。假如所发生的特定事件，或者它的任何部分，都没有为我的期待所预示或包含的话，那么，要是我的期待有某种内容的话，那必定是纯想象的东西：先于我的期待之实现而存在，却无法“变为真实的”。困难来自这么一种诱惑：以为实现某个期待的东西必定在其中被预

示了，因为没有任何真实事件，或者没有真实事件的任何属性，可
279 以作为这一期待的一部分而出现，而且，没有任何可设想作为期待的一部分而存在的想象性的东西能变为真实的。

只要我们被引诱去将期待与实现它的东西之间的联系，描画为对满足它的事件的那类期待，难题就来了。我们认为，在事件尚未发生的情况下使用“他来”这些词时，它们必定以某种方式创造了一个实际事件与之相融合的逻辑空间；它们必定以某种方式成了实际事件的影子或意象。但是，思考一下就能看出，一方面，关于实在的某个在事件发生时便成真的影子的观念是空洞的，另一方面，假如你期待的一个影子和发生的事件不是一样的，那么，所发生的事件便不是你所期待的。这一困惑根源于我们最初受到的这种诱惑，即依照一物适合另一物的模型，来描画一个期待与满足它的东西之间的实现关系：所发生的并且满足了这一期待的那个事件，被描画为适合该期待的内容。正是在这一点上，维特根斯坦重新将我们的注意力引向我们是如何运用这些词的。他指出，如果我想要说明“他”和“来”这些词在用于“我期待他来”这个句子时的意义，我将会给出同我在说明这些词被用于“他来”中时所用到的同样的说明和定义：“对这些词的说明，同样适用于这两个句子。”（*PI* §444）

如果我们想教某人“他来”在被用于“我期待他来”这个句子时的意义，我们无须让他描画或想象什么东西；我们必须向他表明“他来”这些词是如何被使用的。这些词在这一语境中的意义，并不指向某种影子式的可能性或者关于他来的意象，而指向在我们的实践中被称作“他来”的那件事情。这些词被用于“我期

待……”或“我希望……”这样的语境时的意义，并不比它们被用于“他来”或“他不来”这些句子时，更多地依赖于说话者想象某种东西。尽管正期待着某人来的人确实会形成关于他穿门而入的意象，但这并不是他赋予“他来”这些词的意义：期待他来并不是这 280
么回事儿。就像我们前面所看到的，我们是在某些情境中学会使用“我期待”或“我希望”这些词的，而且，这些情境同出现在我们之内的东西没有任何关系，但是同会发生或将要发生的事情，或者同某件事正在筹划中，有某种关系。正是在这些情境中，我们学会了对这些词的使用的一个方面——“他将会来”“将会有砰一声”“我将于明天到达”——而且正是在其中，我们学会了表达我们期待会发生的事情：

> 一个期待嵌入它由之而来的一个场景中。例如，对一声爆炸的期待可能生自这么一个场景，在其中**预期会发生**一次爆炸。
>
> （*PI* §581）

学会运用“我期待”这些词，是同学会要期待的是什么交织在一起的。期待某件事情发生，可能会有某些特定的感觉相伴随，但“期待”一词并不描述这些感觉；是这些情境而不是伴随说出“我期待……”这些词的某种东西，赋予了这些词以意义。当集中关注我们使用“我期待……”这一表达式的实践时，我们便能看清，一个期待同实现它的东西之间的联系，并不在于某个心灵状态之预示或符合实际发生的事情。准确地说，联系是在语言中建立起来的：实现我的期待的，是这么一个事件，它可以用我拿来表达期待的那些词，在做适当的时态变化的情况下加以描述。于是：

> “一道命令命令其自身的执行。”这么说，它在它的执行发生之前便知道它了？——但这是一个语法命题，而且它说的是：如果一道命令是“去做如此这般的事情”，那么，**做如此这般的事情**便被称作“执行这道命令”。
>
> （*PI* §458）

在《哲学研究》453中，维特根斯坦又回到了我们为什么会觉得仅仅考虑如何运用语词是不够的问题：语词可用不同的方式加以阐释，但我所**期待**的却是某种特别的东西：

281 任何觉察到我在期待的人，都会直接觉察到被期待的是**什么**。亦即，并非从他觉察到的过程**推出**它来。

这又回到了将期待当作为我说“我期待……”做辩护的一个内在过程的想法。假如某人可以直接觉察到这一过程，他便无须推出我所期待的东西——就像他只是听到我说的话时所做的那样——而是会直截了当地知道它。维特根斯坦对这一想法回应如下：

> 但是，说某人觉察到一个期待，是没有意思的。
>
> （*PI* §453）

我们又一次把期待当成了一个内在过程或状态，它拥有某种“被写入其中的”东西，这种东西将被视作对它的实现，而我们每个人都是从自身的情形知道这一过程或状态的。假如另一个人能像我一样觉察到我的期待状态，那么，他便会像我一样直截了当地知道我所期待的东西。然而，我们需要问自己，说某人觉察到了一个期待，会意味着什么。维特根斯坦指出，它相当于类似这样的事情：“（我们）觉察到了期待的显现。”（*PI* §453）但这显然并不是《哲学研究》453开头的那种想法所要表达的东西，因为它是在设想另一个人以跟我一样的方式直接觉察到我的期待。维特根斯坦反对“说一个满怀期待的人觉察到了他的期待，而要说‘他期待’会是对这些词的愚不可及的歪曲”（*PI* §453）。如果想到我们是如何实际运用“我期待……”这些词的，想到我们在其中使用它们的那些情境，想到我们基于它们描述某人期待如此这般的那些标准，那么，我们便能看清，关于他观察某个出现于其内部的神秘过程的想法并不会出现，而那些困难也都消失不见了。维特根斯坦将这一点总结如下：

> “所有东西都已经在那儿了……”这一箭头→怎么就**指着**什么东西了？难道它不是仿佛带着某种外在于自己的东西吗？——“不，并不是画在纸上的死线；唯有心灵中的东西，唯有意义，才能这么做。”这话既对又错。只有在一个活着的生命体对它的应用中，箭头才有所指。
>
> 这种指物动作**并不是**只有心灵才能操作的鬼把戏。 282
>
> （*PI* §454）

在《哲学研究》461中，维特根斯坦问道："在什么意义上，一个命令预示了其实现？"给出如下回答，似乎是再自然不过的事情："迄今为止，命令**那样一件事情**，随后都得到执行了。"（*PI* §461）但正是这样的回答令我们陷入了困难；它引导我们将这道命令描画为随后做出的行动的某种影子式的预示。维特根斯坦的目的是削弱这些词进行误导的力量，他的做法是：表明这道命令的意义并不依赖于那个人下达它，想象着他心灵中有某种东西，而随后的行动符合或匹配于它。他因此指出，我们实际上不得不说"那件事情随后被执行了，或者，又一次未得到执行"。他指出："而这并未说出任何东西。"（*PI* §461）就是说，这一思想不外乎就是这么回事儿：用于表达这道命令的那些词有某种用法；如果这道命令说的是"去做如此这般的事情"，那么便有我们称作"做如此这般的事情"的某种东西，而且，只有做我们所称的"做如此这般的事情"，才算是服从这道命令。没有什么在这道命令中埋下了伏笔；将来并没有被预示。

如此一来，通过认识到说"去做如此这般的事情"的一道命令的意义依赖于这样的事实——存在着这样一种实践，在其中，有这么一件事儿，我们在特定的情境下称之为"做如此这般的事情"——依赖于存在着这些标准，我们据以在特定情境下将某人描述为在"做如此这般的事情"，我们摆脱了作为随后发生的事情的影子的某种内容的观念。如果某人通过做我们在这些情境中所称的"如此这般的事情"而对这道命令做出回应，那么，考虑到他听到了这一命令、掌握了这种语言等情况，这便被视为他执行了这道命令。在这道命令与执行它的行动之间没有"奇特的关联"，而这道命令也没有“以一种奇特的方式”产生出这一行动；在一个期待与实现它的事件之间同样也不存在“奇特的关联”。而且，维特根斯坦的想法是，如果我们关注于我们使用表达式的实践，关注于我们通常据以判断一道命令被执行或一个期待被实现的标准，便可看清这一点：这里不涉及实在与决定什么会实现它的心灵表象之间的符 283
合；所有东西都是在公共领域中——在我们使用语言的实践中——被伴随的。

意图

维特根斯坦对意图这个概念的研究，是紧随着那些探讨自愿行动的评论而来的，而这些评论又是紧随着那些探讨意愿（willing）概念的评论而来的。总的来说，整个这一系列的评论是想澄清发生在我身上的事情与我**所做**的事情之间的区分。这里显然存在着一个重要的差别；问题是如何去理解它。关于意愿概念的评论始于对如下诱惑的讨论：试图以维特根斯坦在另一语境中所称的"一种原始的方式"去理解这种差别。在这一情形下，我们设想这种差别存在于身体运动被引起的两种方式之间。当我举起手臂时，我并不是等待手臂举起来，确切地说，是**我**举起了它。于是：

> 这里，人们将意愿主体设想为没有任何质量（没有任何惯性）的东西，设想为一台其内部没有任何惯性需要克服的发动机。所以，它只是推动者，而不会被推动。
>
> （*PI* §618）

根据这幅图像，同经受（undergoing）相反，做（doing）乃是一种直接的、非因果的引起（bringing-about）。于是：

> **做**本身似乎没有任何得自经验的容积。它宛如一个无广延的点，一个针尖。这个点仿佛是真正的施事者——而所有发生在现象界的事情都是这种做的结果。"**我做**"似乎具有确定的意思，独立于任何经验。
>
> （*PI* §620）

这里，我们试图通过指向对应于这些词的，并且为自愿行动和非自愿行动这两种活动间的区分奠基的某种东西，以一种原始的方式对"我做……"这些词的意义进行说明。这便是假定：造成这 284
种差别的是发生在行动那一刻的事件，但这一事件是同任何现象伴随物分割开的。维特根斯坦对这一想法做了如下更为充分的探讨：

> 但是，有一件事情不应被忽视：当"我举起我的手臂"时，我的手臂举起了。而且，这样的难题出现了：要是从我举起了我的手臂这一事实中减去我的手臂举起了这一事实，还剩下什么呢？
>
> （*PI* §621）

关于作为无广延的点的意愿主体的图像的关键就在于，它承认我并未做出另一行动——某个意愿动作——以促成我手臂的举起。然而，要是没有意愿动作，从我举起了我的手臂这一事实中减去我的手臂举起了这一事实，还剩下什么呢？我们能说出来吗？我们或许会指出，如果我举起了我的手臂，我在试图举起它，而如果我的手臂举起了，我则没有试图举起它。但维特根斯坦反对这种说法：

> 当我举起我的手臂时，我通常并未试图举起它。
>
> （*PI* §622）

例如，要是做出某个行动有困难，我们会在某些情境下使用“试图”一词。因此，要是我的手臂软弱无力或疼痛难忍，或者有什么东西掣制它，那么我可以试图举起它。然而，要是一切如常，我可以自如地举起手臂，一般不会涉及我试图举起它的问题。如果思考一下我们是如何使用“试图”一词的，我们便可看清，它并不是作为某个内在事件——这一事件可用于界定自愿行动——的名称而发挥作用的。

维特根斯坦一再通过展开某项语法研究来对他试图表明为毫无结果的如下企图做出回应：原始地或者通过关注发生在我们之内的事情，对某个心理学表达式的意义进行说明。他一次又一次地试图表明，我们所关注的那些区分——在这一情形中，是我所做的事情（自愿行动）和发生在我身上的事情（非自愿的活动）之间的
285 区分——是语法性的：它们在我们如何运用语词中被揭示出来。在《哲学研究》627中，维特根斯坦将我们的注意力从关于以一种特别的方式被引起的那些自愿行动的图像上移开，着手研究我们在其中称一个动作为“自愿的”或“非自愿的”那些情境。

维特根斯坦写道：

> 试考虑对一个自愿动作的如下描述："我决定5点钟拉铃；而在它敲响5点时，我的手臂做了这个动作。"——上面这个是正确的描述，而下面**这个**不是吗？——"……而在它敲响5点时，我举起了手臂。"

这里的提议是，"我的手臂做出了这个动作"这个表达式同"我举起了我的手臂"这一表达式，至少在某种程度上是相互排斥的：如果说"我举起了手臂"是正确的，那么，说"我的手臂做出了这个动作"便是不正确的，或者至少是引人误解的。维特根斯坦对这一点做了如下更为充分的阐述：

> 人们想着对第一个描述进行补充："看哪！它敲响5点时，我的手臂抬起来了。"而这个"看哪！"恰恰是不属于这里的东西。我举起手臂时，并不说"看，我的手臂正在抬起！"
>
> （*PI* §627）

我们关于自愿行动的概念，同一名说话者说出他在做什么的才能关联在一起，而不基于观察他的身体在做什么、它在做出什么动作。只要"当它敲响5点时我的手臂做出了这个动作"这个描述暗示，我对我的动作的描述是基于对它的观察的——"看！它动了"——那么，它便是不正确的或引人误解的。我们不再去追寻那种难以捉摸的引起形式——我们被引诱去设想可将自愿动作和非自愿动作区分开来的那种形式——而是要去查看由关于自愿行动的描述和关于非自愿动作交织而成的那些语言游戏之间的区分。

因此，施事者与其自愿行动之间的关系，大大不同于他同其286 身体的非自愿动作之间的关系，但这种差别并不是由关于他直截了当地、非因果地引起前者的图像所捕获的。确切地说，它明显地体现在他运用语言的独特方式上，亦即，体现在他的这种才能上：不基于对其身体的观察，从而波澜不惊地说出他在做什么，“所以人们会说：自愿动作的标志就是波澜不惊”（*PI* §628）。维特根斯坦补了这么一句：“而我并不是想要你问‘为什么人们在这里不会感到惊讶？’”（*PI* §628）关键是要去注意这个语言游戏和我们参与其中的才能，去查看我们在其中学会致力于它的那些情境，去比较我们在这一语言游戏中所受的训练同我们在学会其他相关语言游戏时所受的那些训练，等等；正是对说明的关切令我们陷入了混乱。

在《哲学研究》630中，维特根斯坦要我们设想如下两个语言游戏：

> （a）某人命令另一个人用手臂做特定的动作，或者采取特定的身体姿势（体操教练和学生）。这个语言游戏的一个变体是：学生给自己下命令，然后执行它们。
>
> （b）某人观察一些常规的过程——比如，不同的金属与酸的反应——并就某些情形下会产生的反应做出预言。

他指出，“这两个语言游戏有明显的亲缘关系”，但“也有一种根本的区别”（*PI* §630）。亲缘关系在于这样的事实：在两种情形下，说出的话均可叫作“预言”：所下达的命令和金属与酸的反应都描述了**将要**发生的事情——它们都说了关于将来的事情——而所发生的事情要么实现、要么未能实现这个预言。可是，那种“根本的区别”是怎么回事儿呢？为回答这一问题，维特根斯坦提出，我们需要“将培养出第一种技艺的那种训练同第二种技艺所需的训练加以比较”（*PI* §630）。

因此，这里所指出的是，如果我们思考要学会（a）和（b）中描述的技艺会涉及什么，这两种语言游戏的区别就清楚了。一名学 287
生在获取大量经验知识——什么是金属，什么是酸，什么是反应，酸对金属会产生哪些作用，等等——的背景下学会（b）中描述的那种技艺。在获取这一整套知识的同时，这个学生还学会了如何观察化学过程、如何描述所看到的现象。他被教会了识别他所观察现象中的规则性，并在此基础上形成假说，而这些假说随后又会被用作预言将来某些特定情形中会发生的现象的基础。

相比之下，（a）中所描述的那种技艺在其中被学会的那些情境则同一套经验知识的获取，或者，同发展出进行观察和形成假说的才能，没有什么关系。这个孩子致力于原始的自愿活动，而这些活动展现了欲望、意图、愿意、决心等的原始表达形式。正是在完成自发的自愿动作的语境中，他学会了对简单的口头指令做出反应：“扔！”“拍手！”“来！”等。慢慢地，这个孩子的原动控制（motor control）发展起来了，他获取了更为复杂的身体能力，而且新的口头指令形式与这种身体上的发展交织在了一起，于是，他便学会了对描述愈益复杂的行动的命令做出反应。下达和服从命令的技艺的取得，根源于自发的自愿行为、原始的表达形式以及对他人做出的反应。一旦孩子掌握了这项实践，我们便可设想他的这一发展：他向自己下达指令，并在下达完指令后做出行动。因此，（a）和（b）代表了两种大为不同的运用语词的方式；当我们思考获取它们时所涉及的不同训练类型时，这种区别便清晰起来了。

维特根斯坦接着把注意力转向了意图这个概念。学生给自己下达命令并接着执行它们的那个情形，显然类似于某人表达做某事的意图然后就去做这件事。意图的表达也就是关于将来的陈述，所以也可称之为“预言”；它也同语言游戏（b）既有“明显的亲缘关系”，又有“根本的区别”。在《哲学研究》631中，维特根斯坦
288 描述了这样一个情形，在其中这两种预言类型都涉及了：“我马上要服用两剂药粉，半个钟头后我会感到恶心。”这两个陈述都说了关于将来的某件事，但一者是对一个意图的表达，而另一者是关于药粉会对我产生的效果的预言。问题是：该如何理解这两个语言游戏之间的区别呢？维特根斯坦接着写道：

> 说在第一个情形里我是施事者，而在第二个情形里我只是观察者，这什么也说明不了。或者，在第一个情形里我从内部，而在第二个情形里我则从外部看这种因果联系。还有其他的一些说法，都只能带来一样的效果。

这里所指出的是，说我是这一行动的施事者，或者我是从内部而不是作为观察者知道这种因果联系的，也只不过是提供了一幅图像。这幅图像本该说出这两种情形的区别在于什么，但它并没有这样做，因为我们并未对所描画的这种对照到底是怎么回事获得更清晰的理解。我们又一次试图“以一种原始的方式”去说明这种区

别；我们试图具体指明某种对应于我们想做的这种区分的东西，它对这种区别在于什么做出说明。正是这种东西，把我们引向了对我作为其施事者的一个意向性行动（an intentional action）借以被引起的那种独特方式的毫无结果的追寻。尽管如此，在这两种预言之间，显然仍存在着区别。维特根斯坦指出，就像可以把语言游戏（a）和（b）之间的区别弄清楚一样，我们也可以用同样的方式把这种区别弄清楚：通过思考这两个关于将来的陈述中所涉及的技艺在种类上的区别——运用语词的不同方式。

于是，维特根斯坦接着写道：

> 我并不是基于对我行为的观察而说我将服用两剂药粉的。这两个陈述的前件是不一样的。我指的是会导向它的思想、行动等。
>
> （*PI* §631）

“我将服用两剂药粉”这个陈述的前件很复杂。一般情况下，
它们会包含我实现某个目标的需要（比如，治好因消化不良导致 289
的疼痛），连同我在做出如下这些自愿行动时所施展的一种实践知识：找到药粉、把它们溶进水里、喝下所得到的溶液等。正是这些前件使得“我将服用两剂药粉”这个陈述成为一种意图的表达：它是我说出的关于将来的某种东西，但我并非基于观察说出它，而是在我完成作为某种实践知识的施展和某个实践理由之结果的、一系列朝向某个特定目标的自愿行动的过程中说出它。

相比之下，“半个钟头之后我将会感到恶心”这个陈述则将有

关于某些药粉对人的消化系统的作用的经验知识当作其前件，而这种知识乃是我据以形成关于服下药粉会让我经受的非自愿动作的假说的基础。要是我们设想作为对“为什么?”问题的回应而给出的回答的种类，这种差别就变得更加明显了。在第一个情形里，所给出的回答将厘清这么一则实践推理，它把我将做的事情表现为应当做的（我有理由做的）：“我想摆脱消化不良症，而服用这些药粉是对它的有效治疗。”在第二个情形里，所给出的回答将会是诉诸某种规则性的经验说明：“这些药粉具有催吐效果。”

因此，维特根斯坦不再试图“以一种原始的方式”说这两种预言的区别在哪里，而是把关注点指向说话者运用语词的方式上的一个根本区别，指向他对语词的使用被编织进他凭语言而过的生活的方式上的一个区别。再者，发展出这两种不同技艺所涉及的那种训练，也是根本不同的。维特根斯坦要求我们不要在可被称作施事者－因果关系和物理－因果关系之间的固有区别中去寻找这两种预言之间的区分，而要在运用语词的独特才能中去寻找——这种才能表征着某一意图的表达，或者构成了这一表达的背景。这种做法将意图这个概念同关于心灵状态的观念分离开来，而将它放置在说话
290 者发展出做朝向某个欲求目标的自愿行动，并且在不观察自己行为的情况下说出其行动（“我在服用两剂药粉”）之意图的才能这个背景之中。维特根斯坦在《哲学研究》631的最后一句话中所表达的，正是这种将注意力从意图作为心灵状态的图像转移开来的愿望：

> 而这样说只会引人误解：“你的话语仅有的本质预设，恰

恰就是你的决定。”

这句话之所以会引人误解，是因为它诱导我们去关注关于某个心灵状态的观念，这一观念是某个意图之表达的本质伴随者或先行者，而且可说成是为它提供了辩护。它将是引人误解的，因为我们会发现“我们对自己说的”任何事情，都可用不同的方式加以阐释，而且不可能是具有某个意图所在于的东西（what having an intention consists in）。而这将再次促使我们去追寻关于心灵状态的奇思妙想：它向前飞行，预示未来。某个意图的决定或形成，并不在任何缺少事实的地方停下来，而就是去做**这个**的决定或意图。挣脱这种约束的途径，是查看“我意图……”“我将要……”这些词是如何被学会的，查看我们在其中学会它们的那些情境，查看我们被教会运用它们的方式，如此等等。

这便将我们的注意力转向了那些独特的才能——包括这样一种才能：不基于观察说出我们在做什么，而是以这样一种方式，它具体指明我们的行动所指向的目标，并出于实践理由将我们所做的事情同某种才能联系起来——它们揭示了意图的本性，从而克服了将其描画为某种奇特的心灵动作的诱惑。只有在这套复杂的才能之发展的背景中，“我将要……”这些词才获得了它们确实拥有的意义，才能被其他人用来预言我的行动。并不是说，一个意图的表达乃是其结果的原因，确切地说，是这么一个语言游戏，在其中一个意图的表达——使用“我将要……”这些词的技艺——是这样被编织进非语言活动中的，以至于“我们经常可以从某人对他的一个决定的表达，来预言他的行动”：这乃是“一个重要的语言游戏”（*PI*

§632）。

维特根斯坦的目的又是让我们看清心理学表达式——这一情形中的“我意图……”或“我将要……”——的第一人称现在时直陈式用法的某个独特方面。他要我们认识到，我们并不用第一人称
291 现在时直陈式去报告一个心灵状态；宁可说，在发展我们朝向某个目标行动的自然才能的过程中，我们被训练使用表达式去自发表达行动时的意图，从而在不基于观察的情况下，说出我们在做什么或将要做什么。这里不存在描述我的心灵状态的问题。不过，确实也会有如下的情形：在一些场合下，我们的行动会被打断，或者我们会被阻止做我们意图去做的事情，而在这些情境下，我们会说“我那时想要……”或者“我那时的意图是……”。用过去时描述未实现意图的这种用法，仿佛又一次将我们推向了关于意图作为一种心灵状态的图像：这种状态使得我们现在说我**过去一直想要**做如此这般的事情成为真的，即使我那时候实际上并未做如此这般的事情。当我记起我过去想要……的时候，我记起的是什么？

维特根斯坦在《哲学研究》633中提出了如下的问题：

> “你刚刚被打断了；你还知道想要说什么吗？”——要是我确实知道，并且说出了它，那这是不是意味着我先前已思考过它，只是没有说出它来而已？

他接着写道：

> 不；除非你将我把被打断的句子继续说出来时所带有的

那种确定性，当作思想已经在那时得以完成的一个标准。

（*PI* §632）

说我记得我过去想要说的东西，并不等于说我记得思考如此这般的事情，要是那意味着我对自己说了如此这般的事情的话；我可以记起我过去想要说的东西而无须记起在被打断之前我已经对自己说过它。想要说某种东西，并不意味着我们已经设想过说出它。

因此，仅当我们将我现在可以把这个句子继续下去的当下确定性本身当成我被打断之前具有这一思想的标准，我们才能说在说 292 出这个思想之前我已具有它了。但要是这样的话，记起我具有这一思想，只是等同于记起我那时想要说的东西，而不可能是为我说出它提供依据的东西。要是我描述在被打断之前经过我心灵的东西，维特根斯坦则指出“那个场景以及我所具有的思想，已经包含了帮助那个句子继续下去的所有东西”（*PI* §633），但“即便所有这些加在一起，也不能表明这一意图”（*PI* §635）。因为无论发生什么事情，总可以用不同的方式加以阐释。这是不是意味着，当我继续那句被打断的话时，我是在对这些细节进行阐释？维特根斯坦回应道：

……我并不在这些阐释之间进行**选择**。我**记起了**我那时想要说什么。

（*PI* §634）

设想所说的是这么一个场景：在其中，我在跟N说话，而正要提醒他参加一个会议时，我们的交谈被打断了。假定我被问及在我们被打断之前，我心里刚刚经历着什么。或许，我记起来想到了“明天那个会”，而且“N应该去”。显然，从这些想法中并不能推出我意图提醒他去，因为我可能没有想要他去做他应该做的事情。即使我们再加上“我真的想要他去”这个想法，也不能推出我意图提醒他，因为我可能想要他在没有被提醒的情况下去。即使我有“我必须提醒他”这个想法，也不能推出我意图提醒他，因为我可能并不意图做我应该做的事情。而且，即使我对自己说出了“我将提醒他”这些词，依然存在着我是不是拿它们当真的问题。所有这些细节均不能表明，我具有我记得具有的那个意图。

然而，这些细节并非完全无关乎我之具有提醒他的意图，确切地说，它们提供了这样一个语境，在其中我说“我正要提醒N参加明天那个会”就“类似于根据简要的笔记详细阐述一个思路”（*PI* §634）。我确信我正要说“你必须去参加明天那个会”，就意味
293 着我能把握住我发展出的这个思路的轨迹并将它继续下去。我并没有记起一个意图的状态或过程，但我确信能把我的思路继续下去，一如我们可以将我已开始做却被打断了的一个行动做到底。如果我们告诉某人“我正要提醒N去参加那个会”，我并未描述这些细节，但维特根斯坦指出，他填进这样一个背景的才能乃是“理解我告诉他的事情的一部分”（*PI* §636）。理解我所说的东西，并不意味着知道存在着一个我那时所处的心灵状态，这个状态就在于我意图做如此这般的事情，而意味着能在这些情境中将我关于我正要说的东西的陈述，看作一条轨迹的继续或一段历史的部分，这条轨迹或这段历史为提醒他的意图提供了一个背景，并使得它作为我那一

刻的意图成为可理解的，尽管我还没有践行它。

在《哲学研究》637中，维特根斯坦写道：

> “我确切知道我将要说的东西！”可我还是没有说。——尽管如此，我却不是从我现在记起的、过去发生的另一个过程中读出它的。
>
> 我也不是在**阐释**那一场景及其前事（antecedents），我毕竟既未考虑过也未判断过它们。

人们可能会说，在说我所意图的东西时，我是在**为自己说话**（speak for myself），就像在说我所意指的东西时，我是在为自己说话一样。但现在请设想，我说“有一会儿我想要欺骗他”。我们这里碰到了一个临时的、未被执行的意图的情形。我怎么能确定，在这么一会儿我意图欺骗他呢？维特根斯坦承认，至少在这类情形里，我们倾向于认为这种阐释在进行着。因为这里的证据太缺乏了，而以为“有一会儿……”这些词描述某个临时的过程，似乎也是相当错误的。

维特根斯坦提出了这一问题并对之回应如下：

> “你如何能确定，有一会儿你想要欺骗他来着？难道你的行动和想法不是太不沉稳了吗？”
>
> 难道不是因为证据可能太缺乏了吗？是的，当我们追寻它时，它就显得格外地稀少；但这难道不是因为我们没有考虑到这一证据的背景吗？假如有一会儿我意图对某人假装不 294

舒服，那便需要一个先行语境。

（*PI* §638）

设想这么一个场景，在其中某人要我去完成一项我不乐意接手的任务。假定我们记得当他要我干的时候，我心怀怨恨与不情愿，还有“为什么要我去?”的想法。当然，这些细节并不表明我有欺骗他的意图，而且在这一情形里，我并不是在接续一个被打断的思想和行动轨迹，因为这一意图只是临时性的。当我们考虑到这一证据的背景时，维特根斯坦以为我们加进了什么呢？是不是这个背景为这些缺乏的细节提供了这么一个语境，在其中的这一场景下，从这些初步的想法和感觉到做出欺骗的决定，成了自然而然的事情?

因此，有可能是这样的情形：我对说话者负有某种义务，但他最近拒绝了我的一项重要请求。在这些情境中，我所处的境况以及由它激发出的最初想法和感觉，有着某种特殊的意义，而我可通过填进这个背景更为详细地说明这种意义。正是整个这一故事使得如下这件事情成为可以理解的：在这一场合中，我如何能从这些想法和感觉转换到决定假装不舒服，即便由于突然觉得这样做不值得而直接放弃了它。维特根斯坦指出，并不是说“整个的背景就是我说‘有一会儿……’的证据”（*PI* §638），毋宁是说，这一背景提供了这么一个语境，在其中，所缺乏的细节同我说“有一会儿……”时所表达的那种临时意图之间的联系，可以被建立起来并被理解。其他人可在如下程度上理解我所说的话：我说的话让他们能够填进这一背景，从而看清我所处的境况与我的意图之间的联系。赋予我的话以意义的，不是某个临时的过程，而是这一小插曲的整个背景。

于是，维特根斯坦再次试图表明，关于由心灵状态和过程构成的某个内在领域——心理学表达式的功用就是描述它——的图像，错误地表象了我们运用这些表达式的方式。“意图”这一表达 295 式被使用的方式，大大不同于我们被引诱去假定的。关于由“意图”一词指称的内在状态和意图动作的图像，只会误导我们并促使我们去寻求某种内在经验，这种经验总是消隐在现象伴随物的背后：“关于意图的‘内在经验’似乎又消失不见了。”（*PI* §645）他试图表明，当我们注意语言游戏，注意我们运用“我意图”“我曾意图”“有一会儿，我曾意图”等这些词的方式时，这些困惑和悖论便消失了。于是，我们会问：“人类何曾做出过可称之为‘报告一个过去的希望’或‘一个过去的意图’的那类言语表达呢？”（*PI* §656）就像我们所看到的，这并不是关乎回忆起对自己说了某种东西，或者报告那一刻穿过我心灵的那些缺失的细节的问题。维特根斯坦指出，要是说“这样一个报告的目的或许是让某人熟悉我的反应”（*PI* §657），就会不那么引人误解了。这就是说，我们可将这些陈述不是看作关于那一刻发生的状态或过程的报告，而是看作我们在描述过去事件的意义，或者我对它们的态度时为自己而说话的一种才能的表达。

在《哲学研究》659中，维特根斯坦写道：

> 为什么我在告诉他我所做的事情之余，还要跟他说起某个意图呢？——并不是因为这种意图也是那一刻正发生着的

> 某件事情。而是因为我想要告诉他关于**我自己**的、那一刻发生之事以外的某种事情。
>
> 当我告诉他我想要做什么的时候，我向他展示了关于我自己的某种东西。——然而，并不是基于自我观察，而是借助于某种反应（也可称之为某种直觉）。

我告诉某人我过去的意图时运用这些词的方式，大大不同于试图给所发生的事件做一个准确的描述。在后一情形下，在真的和真诚的之间有某种区分，而且存在着为其他人所确证的可能性。而
296 在前一情形下，则没有真的和真诚的之间的区分，而真诚性的概念是同性格观念而不是理智能力相关的。某人是否接受我所说的，取决于相信我的话之意愿，而要是我的反应看起来是自私自利的，或者表达了某种幻想，这种意愿就会被大大地削弱。我们可以称这些陈述为“某种直觉”，不仅因为它们并非基于观察，而且因为我在一个为自己而说话的叙述中，无须任何引导而“直截了当地”做出了它们。而事实是，我们对这些叙述超级感兴趣；它们对我们有很大的吸引力；它们乃是我们同他人的共同生活的一个重要组成部分。

参考文献及进一步阅读材料

Anscombe, G.E.M., 1963, *Intention,* second edition（《意图》第二版）（Oxford: Wiley Blackwell）

——, 1981c, "Intention"（《意图》）, in G.E.M. Anscombe, 1981:75–82

Budd, M., 1989, *Wittgenstein's Philosophy of Psychology*（《维特根斯坦的心理学哲学》）（London: Routledge）

Hacker, P.M.S., 1996, *Wittgenstein, Mind and Will*（《维特根斯坦、心灵与意志》）（Oxford: Wiley Blackwell）

Hyman, J., 2011, "Action and the Will"（《行动与意志》）, in O. Kuusela and M. McGinn, eds, 2011:451–71

Kenny, A.J.P., 2003, *Action, Emotion and Will,* second edition（《行动、情绪与意志》第二版）（London: Routledge）

McDowell, J.H., 1998c, "Intentionality and Interiority in Wittgenstein"（《维特根斯坦那里的意向性与内在性》）, in J.H. McDowell, 1998A:297–324

Meldon, A.I., 1961, *Free Action*（《自由行动》）（London: Routledge）

Schroeder, S., 2001a, "Are Reasons Causes? A Wittgensteinian Response to

Davidson”（《理由是原因吗？对戴维森的一个维特根斯坦式的回应》）, in S. Schroeder, ed., 2001:150–70

Scott, M., 1996, “Wittgenstein’s Philosophy of Action”（《维特根斯坦的行动哲学》）, *Philosophical Quarterly*, vol. 46:347–63

Shanker, S., 1991, “The Enduring Relevance of Wittgenstein’s Remarks on Intentions”（《维特根斯坦关于意图的评论的持久意义》）, in J. Hyman, ed., *Investigating Psychology: Sciences of the Mind After Wittgenstein*（London: Routledge）, pp. 48–94

Strawson, P.F., 1966, “Review of Wittgenstein’s *Philosophical Investigations*”（《维特根斯坦〈哲学研究〉述评》）, in G. Pitcher, ed., 1966:22–64

Wittgenstein, L., “Expectation, Wish, etc.”（《期待、希望，诸如此类》）, in *BT*, pp. 263–98

——, *LWPP 1*（《关于心理学哲学的最后著述》第一卷）

——, *RPP I and II*（《关于心理学哲学的评论》第一卷和第二卷）

Wright, C., 2001e, “Wittgenstein’s Later Philosophy of Mind: Sensation, Privacy and Intention”（《后期维特根斯坦的心灵哲学：感觉、私人性与意图》）, in C. Wright 2001:291–318

——, 2001g, “On Making Up One’s Mind: Wittgenstein on Intention”（《论下定决心：维特根斯坦论意图》）, in C. Wright 2001:116–42

第八章

297

看见与看见面相

《哲学研究》398—401；

《心理学哲学——一个片段》第十一节，111—160

导　言

在第四章和第五章中，我们看到维特根斯坦是如何致力于克服如下这种观念的：关于私人对象的概念可用于说明，比如，“疼痛”一词的意义与“哭叫”一词的意义之间的区别。就像我们所看到的，维特根斯坦企图克服关于私人对象的哲学神话，而他的这一企图的一个重要主题就是提醒我们：在我们关于人及其他动物的经验与我们关于机器及其他无生命对象的经验之间，存在着质的区别。他试图表明，我们的语言所做出的本体论分割，并不存在于身体之内——私人疼痛与公共行为——而存在于两类不同的身体（物体）之间：其行动与回应方式使之可做心理学描述的那些身体，以 298 及跟心理学概念没有关系的那些物体。

我们在语言中做出的这种在可进行心理学描述的事物——活人及与之类似的东西——与不可进行这种描述的事物之间的基本划分，包含着一个重要的方面，那便是我们经验它们的方式上的质的区别：言语和哭叫声、生命体的姿势、移动和面部表情，都具有一种进入了我们关于所看见和听见的东西的描述中的意义。于是，我们听到“痛苦的哭叫声”“高兴的尖叫声”“恐怖的大喊声”；看见

“友好的微笑”“愤怒的皱眉”“无聊的表情”；等等。然而，这些提示物一方面有助于我们抵御将心灵状态同表达它的行为分离开来的诱惑，另一方面，却又似乎直接同源自我们语言游戏的一个不同区域即以知觉经验概念为中心的那个区域的强烈直觉相冲突。我们确实会觉得，在看一个对象时，真正被看见的，是可解释为客观物质世界的直接感觉结果的东西，亦即对象的形状、颜色、组织和运动。同样，真正被听见的，是不同音高、音频和音量的声音。任何出现在关于所看见和听见的东西的描述中的进一步性质，都必定是通过对这些感觉进行阐释而得到的，或者从实际经验到的东西中推论出来的。

维特根斯坦将这种直觉清晰地表述如下：

> “我真正看见的，必定是由于对象的作用而在我这里产生出来的东西”——那么，在我这里产生出来的东西就是一种复制品，这种东西反过来可被观看，可出现在我们面前；几乎就像是某种**灵魂显形**（materialization）。
>
> 而且，这种显形就是某种空间之物，必定可用空间术语加以描述。例如（如果它是一张脸的话），它可以笑；不过，友好这个概念在关于它的描述中没有位置，和这种描述**不相干**（即使对它也许有所帮助）。
>
> （*PPF* §158）

这种关于视觉经验的构想，将所看见之物描画成了由在空间
299 中关联起来的有色形体构成的领域，这一领域是由于物理对象作用

于感知主体的感官表面而在他那里产生出来的。物理对象被当成，在主体那里产生出了某种东西——一种视觉印象——这种东西只有他意识到了，并且构成了其视觉经验的本质内容。这样，我们便得到了关于视觉经验之本质的一幅图像，并形成了这样的观念：视觉经验有“某种内容”，任何看见它的人都亲知到的东西，亦即关于视觉主体所经验到的有色形体的纯视觉印象。而正是这幅关于视觉经验之内容的图像——关于经验之本质或“真正被看见的东西”的观念——此时促使我们想这样说：“你说看见了一个友好的微笑，但你如何能看见这种友好呢?”突然之间，整个一类看似对我们所看见之物的日常描述的东西，就显得迷雾重重了，因为，我们仿佛时时处处都在谈论，看见了我们关于视觉经验之“内容”或本质的观念此时促使我们认为无法真正被看见的那些东西。

那么，关于视觉经验之本质的这种观念由何而来呢?显然有一种强烈的诱惑促使我们认为，我们的观念植根于某种知觉理论，而这种理论又利用了关于眼睛及刺激它的光的类型所载带的信息的科学理解。然而，维特根斯坦却要把这幅图像的根源，追溯到关于“视觉经验”“看见”和“所看见之物”这些表达式如何被使用的模糊认识，以及这样一种诱惑：假定我们可以通过苦苦思索看见是怎么回事，来更清楚地了解这些表达式所意指的东西。维特根斯坦认为，这幅关于视觉经验之本质的图像引出了一系列难题，而我们觉得，只有通过进一步思考视觉经验真正在于什么，才可望解决这些难题。维特根斯坦想让我们看到的是，由我们关于视觉经验之本质的图像所引出的这些难题，并不能借助于内省或某种科学的知觉理论加以解决，而是需要对它们做一种概念的或语法的研究。

他相信，只有当我们回到困惑的根源，并弄清“看见”“所看见之物”和“视觉经验”这些表达式实际如何被使用之时，才可望解决我们的难题。因为他相信，除非通过描述出现在我们描述视觉
300 经验并表象所看见之物的语言游戏中的那些概念的语法，否则便无从理解视觉经验的本性或本质。我们这里所看到的，又是关于这样一类特别的问题——那些在没有谁问时我们还知道，但在被要求给出某种解释时，却又不知道了的事物——的一个情形，而这样一些问题是借助于语法研究来回答的。一种语法研究不仅会为我们提供所寻求的理解，而且会表明，我们受引诱去构建的关于看见和所看见之物的那些图像，如何完全不符合这些概念发挥作用的方式：

> 日常的语言游戏就得**接受**下来，而关于它的**虚假**解释，就得刻画为**虚假的**。孩子们最初被教会的语言游戏，无须辩护；欲行辩护的企图需加以拒斥。
>
> （*PPF* §161）

维特根斯坦关于“看见”“视觉经验”“所看见之物”等概念如何发挥作用的研究，出现在少量几个评论中，这些评论散见于《哲学研究》和《心理学哲学——一个片段》最长的那一节中。《哲学研究》中的那些评论同前面各章的关切密切相关，因为它们都是针对这种诱惑的：将视觉印象描画为一个主体在知觉某个对象时出现在他内部的东西；而且，他是通过内省而知道它的。《心理学哲学——一个片段》第十一节的那些评论写于1947—1949年间，集中考察“看见”“视觉经验”和“所看见之物”这些表达式在我

们日常语言游戏中实际是如何被使用的。维特根斯坦后来这些评论的目标是，通过密切注意我们语言游戏的详细运作过程，驱散笼罩在“看见”这一概念上的迷雾。因此，他集中考察了我们使用看见及看成（seeing-as）概念和关于所看见之物的描述的许多事例，以使我们认识到，看见和视觉的概念发挥作用的方式，比我们倾向于设想的要复杂得多：

> 不要以为，你事先（知道）“看见**状态**”在这里意指什么！让用法**教给**你意义。 301
>
> 我们之所以感到关于看见的某些东西令人迷惑，那是因为我们尚未充分认识到，关于看见的整个事情是多么令人迷惑。
>
> （*PPF* §§250–251）

视觉房间

我们先来看《哲学研究》里的几段评论，它们集中关注这种诱惑：将视觉经验描画为只有感知主体才能接近的某个视觉印象的出现。我想仔细考察的这几段评论出现在《哲学研究》398—401中。这些段落主要讨论“视觉空间”这个概念，其晦涩难解是出了名的。这几段话的目的是表明，关于只有知觉主体才能接近的某个视觉印象的观念，一旦被具体地应用，便会露出破绽。如果我们认为，视觉经验的内容是感知者所拥有的，而且只有他才能接近的一个视觉印象，那么，我们就得更准确地说出，这些印象是什么类型的事物，以及主体同它们有什么样的关系。维特根斯坦在关于视觉房间的讨论中试图表明：当我们被迫把关于“我的视觉印象”——被理解为只有我才能接近——的观念弄得更准确些的时候，便会发现，不知该如何设想它或者我们与它的关系。

《哲学研究》398一开始便表达出了依据拥有某些私人意象或印象去设想视觉经验的内容的诱惑：

“可是，在我设想某种东西，甚或实际**看见**一些对象时，我**得到了**某种我的邻人没有得到的东西。”

对话者这里给我提供了这样一幅图像：知觉一个对象或物理景象涉及我拥有可向别人描述，却只有我才意识到或接近了的某些视觉印象。如下这种考虑，会有助于让这幅图像成为非信不可的。如果让一个视觉正常的人和一个红绿色盲同时看一个含有许多红色 302
和绿色对象的景象，那么，他们各自看见的东西会是不同的。但是，由于他们看的是同一个景象，所以，差别必定在于他们关于它的视觉经验，亦即在于他们每个人对这一景象所具有的印象。这样，我们便被引导去把他们中的每一位描述为意识到了他自己的视觉印象，另一个人只能通过描述而间接地知道它们，仿佛每个人私自得到了另一个人永远别想得到的东西。维特根斯坦充分意识到了这幅图像的吸引力，并这样回应对话者：

> 我懂你的意思。你想环顾左右并说：“不管怎么说，就我得到了**这个**。”
>
> （*PI* §398）

然而，他接着便质疑，我们感到不得不说这些时，到底想要表达什么意思：“说出这些话是要做什么？它们不适用于任何目的。”（*PI* §398）他接着写道：

> 我们难道不可以再加上这样的话吗？“这里不存在关于某次‘看见’——从而不存在关于某次‘拥有’——的问题，

也不存在关于某个主体的问题，从而也不存在关于‘我’的问题。”

维特根斯坦为什么要说，不存在关于某次“看见”的问题？假如我们在我说“我看见了远处的一座塔”时的那种意义上使用“看见”一词，那么，显然不能说我“看见”了我的视觉印象。我没有一双内眼（inner eye）守着这些印象，宛如我的一双肉眼（physical eye）守着我正凝视的物理景象。假如我谈及“看见”了被理解为只有我才能接近的视觉印象，那么，我便不可能是在通常的意义上——在这种意义上，所看见之物乃是存在在那里供人看的东西，而且不光我能看见别人也能看见它——使用“看见”一词。

或许，正是出于这个原因，维特根斯坦才说不存在关于某个主体的问题，因为显然不存在**我**看见某个别人可能也看见了的东西的问题，亦即，同他看见它相对的我看见它的问题。但是，假如我
303 的视觉印象并不是我所看见的东西，维特根斯坦就要问了：在何种意义上，我可被说成“拥有”它；在何种意义上，存在着我与之处在一种“拥有”关系之中的“某种东西”呢？我们受引诱去依据我之拥有某个视觉印象来设想视觉经验，可是，只要这一印象被描画为只有我才能接近的东西，则无论说我“看见”它还是说我“拥有”它，都是没有意思的。维特根斯坦并不怀疑这幅图像对我们来说是十分自然的，但他对我们会对它做的应用提出了质疑。

接下来，维特根斯坦对这样一幅关于视觉经验的图像——作为我们每个人可以接近，但其他任何人都不可以私自接近的印象——做了进一步的思考：

> 我难道不可以问：在何种意义上，你**得到了**你正在谈论的，而且还说只有你才得到了的东西？你拥有它吗？你甚至没有**看见**它。但难道不真的得说，没有谁得到了它？而这一点也很清楚：假如你从逻辑上排除了他人拥有某种东西的可能性，那么，说你拥有它也就没什么意思了。
>
> （PI §398）

对话者说，他“得到了”他的邻人没有得到的东西，他是什么意思？他在何种意义上“拥有”它？说我“拥有一个视觉印象”（在“拥有一个只有我才能接近的对象”的意义上）是没什么意思的，因为拥有这一概念的这种用法，要求这样一个语法对象：其同一性不依赖于所有权，从而，对它的拥有可以从一个个体传递给另一个。关于某个语法对象的这种观念，并不适合于关于某个视觉意象或视觉印象的概念，因为，和我看见的某个物理对象不同，我的视觉印象并不是可以传递给另一个人的东西。那样的话，关于我“具有某个视觉印象”的谈论，便无法指谓我处在同一个对象的某种特定关系中，因为这一对象并不是可独立于这种关系而被识别出来的东西。

我们已开始看到：当我试图应用关于视觉印象作为我看见某物时就拥有的东西的图像时，这幅初看之下如此直观和不成问题的图像便崩溃了：关于某个对象和某种拥有的观念，根本就无法应用到这里。那么，当对话者说他看见某物时“得到了”某种他的邻人没有得到的东西，他指的是什么？维特根斯坦承认：“我确实说了，304
我在心底里知道你意指的东西。”（*PI* §398）可是，他此时却对这一评论做了这样的注解：

> 但这意味着，我知道一个人如何想着去设想这个对象，去看见它，去使他的观看和指物动作意指它。我知道一个人如何在此情形下，向前盯视和环顾四周——以及其他的事情。我认为我们可以说：你是在谈论（比如，要是你正坐在一个房间里的话）“视觉房间”。
>
> （*PI* §398）

“视觉房间”这个概念被引入，是作为一个术语去指称我关于物质房间的视觉印象的。视觉房间并不就是物质房间，而只是关于物质房间的视觉印象；它被当成当我看后者时，在我这里产生或出现的某种东西；它是某种只有我才能接近的东西。上一段里的思考已经表明，将视觉房间当成我此时与之处于特定关系中的对象，是没有意思的，因为这一对象无法独立于我的看见经验而被设想：视觉房间是“没有所有者的”（*PI* §398）。

就像我们所看到的，视觉房间不是我们可以观看，或可以看见，或可以指着的某种东西：“我不能拥有它，就像我不能在里面走来走去，不能看着它，不能指着它。它不可能属于其他任何人，也同样不可能属于我。”（*PI* §398）只要我想把我的视觉印象当成某种特别的对象——我的经验的私人内容——只有我才能接近，那么它便不可能是某种属于我的东西。正如我们刚才所看到的，我与之处于某种关系中的对象的语法，无法被给予我们想要对它做的那种应用。物质房间是一个对象，不过，物质房间是我可以在里面走来走去，可以观看，可以指着的某种东西，对它的所有权可以从一个人转给另一个人，以至于要是它没有所有者，那么便需要为它明确指定一个所有者。然而，如果我正在描述一个视觉房间，我便无须提到某个所有者，因为我所描述的东西无法转给另外一个人。但 305
是，维特根斯坦接着指出，要是这样的话，“视觉房间便不可能有任何所有者。‘因为’——人们也许会说——‘它既没有住在外面的所有者，也没有住在里面的所有者’”（*PI* §398）。

维特根斯坦为什么说这个视觉房间“没有主人，不管是住在外面的，还是住在里面的”？要回答这一问题，我们得先看一下维特根斯坦此时用到的在视觉房间与图示表象（pictorial representation）之间的一个类比。他要我们“想象这样一幅风景画，画面上是一处想象的风景，里面有一栋房子”（*PI* §398）。重要的是，这一处风景是想象出来的，因为视觉房间不是真实房间，它是出现在我们心灵中的一个表象，只是同真实房间相类似。因此，他要求我们想象作为一处风景的表象的某种东西，这种东西因而只是类似于，亦即，描画了某处有一栋房子在里面的风景。他接着这样写道：

> 有人问：“那是谁的房子？”——这么说吧，回答可能是：“它是那个农夫的，就是坐在房前那条凳子上的那位。”可他却无法（比如）走进他的房子。
>
> （*PI* §398）

很难看出维特根斯坦这里要表达什么意思。这些思考是如何被用来帮助我们看清，将我的视觉印象当作每当我看见某种东西便出现在我心灵中的东西的想法，错在哪里的呢？一种可能是，他在强使我们更为仔细地思考包含在关于某物的视觉表象的观念中的东西。这幅图像乃是有一栋房子在里面的一处风景的一个视觉表象，但它并不依赖于任何东西同另一个东西之间实际拥有一栋真实的房子与一处真实的风景之间的那种关系。因此，如果想到我们如何去回答维特根斯坦关于这栋被表象的房子的问题，那么，我们便会清楚地看到，我们并不是在问任何类似于关于谁拥有一处真实风景中的一栋真实房子的问题。

我们对这一问题的任何回答，都不会描述一个真实的人对一栋真实的房子的那类真正的拥有关系，而将会建立在围绕这幅图像展开的一个故事的基础之上。当我们谈论被描画的对象（“[那位农夫] 无法 [比如] 进入他的房子”）时，日常生活中界定所有权
306 的标准没有任何应用。如果我们不把视觉房间当作我所看见的一幅物质图像的类似物，而只是当作在我看见物质房间时出现在我内部的物质房间的一个表象的话，那么维特根斯坦便指出，“视觉房间的所有者必定同它具有同样的本性”。他接着写道：“但他不在它里面，而且也无所谓什么外面。”（*PI* §399）我们想要将其置于同视觉房间的某种关系中的主体是经验主体，是看见东西的人，但维特根斯坦指出，他不在这一表象之中，而且，我们所能理解的被表象对象间的关系，只能是被表象的关系。我们也不能将视觉房间的所有者当成处在它“外面”的人：视觉房间不占据物理空间，无所谓“外面”。

一方面，我们并不想说视觉房间是我看见的某种东西，因为

那要求关于看见私人对象的内眼的观念。另一方面，如果将视觉房间当成同物质房间类似，从而对它进行表象的内在表象的话，那么，我们便发现无法说清我同它的关系。当我们被要求更准确地说出一个主体同他的视觉印象的关系时，我们便会发现无法为之提供一个满意的模型。维特根斯坦想要我们看清的是，如下这种想法是错误的：以为对“我的视觉印象”或我“具有如此这般的一个视觉印象”的谈论，为我们引入了一种新实体，亦即，每当我看见一个对象便在我内部出现的某种东西，同我所看见的对象相关联但与之不同的某种东西。维特根斯坦想要我们看清，关于视觉印象的讨论，实际不过是描述我之所见的另一种方式：他指出，“视觉空间看似一个发现，但它的发现者所发现的，乃是一种新的说话方式，一个新的对比”（*PI* §400）。

维特根斯坦这里所指的“新对比”，就是我关于这个房间的视觉经验与它的一幅图像之间的对比。我们觉得，这一对比简直妙不可言，因为一幅图像把我们的注意力引向了关于视觉经验的某种独特的东西，亦即它特有的透视本性（perspectival nature）。然而，这 307
种发现也促使我们将客观房间同我关于它的视觉印象分离开来。因为，比方说，我看到的一张桌子是方形的，而假如我想把看见的画下来，却得画一个不对称的东西。所以，我的视觉印象似乎具备某些特征，而它们并不是我所看见对象的特征。我们此时面对的诱惑，是将我看见的对象划分为这样两个部分：一部分是某种视觉印象，其特征镜现了这一景物的某种图示表象的特征；另一部分是我的经验作为**其**经验的那种东西，亦即，导致视觉印象在我这儿出现的那个物质房间。维特根斯坦一直试图表明的是，在试图将视觉印象当作一个对象来对待时，我们因此弄出了一头大怪物。

这里没有什么新对象——视觉印象——被发现；我们只是找到了一种表象或描述我们之所见的新方式。这种方式在如下意义上是主观的：它旨在描述事物给我造成的印象，而并不宣称事物给我造成的印象乃是对事物的实际状况的正确描述。例如，我对关于一块纯红色表面的印象的描述，可能会是一幅由红色、白色高光和深色阴影等拼接起来的画面。维特根斯坦想要我们看清，这只是描述我之所见的另一种方式；它既不是对一个对象的描述，也不是只有我才能接近的一个表象。我们这里完全可以谈及一种“新经验”，但这种想法其实就是描述所看见之物的一种新方式，而这种描述方式的独特之处在于它是主观的。维特根斯坦在《哲学研究》401中对这些论点做了更详细的阐述：

> 你有了一个新构想，并将它阐释为看见一个新对象。你把你自己做的一个语法转换，解释为你正观察的一种准物理现象。(例如，想一想这样的问题：“感觉材料是不是构成宇宙的材料?”)
>
> 不过，对于我说你做了一个语法转换，可提出一点异议。你本来发现的，就是一种新的看事物方式。就好比你发明了一种新的绘画方式；或者，一种新的格律、一种新的歌曲。

维特根斯坦之所以质疑称之为一种“语法转换”的正当性，
308 是因为这样会让人觉得，我们发明了一种新语言游戏或者设想视觉经验的一种新方式，而我们真正做的，不过是想到了表达我们之所见的一种新方式："一种新的看事物的方式。好比（我们）发明了一种新的绘画方式。"以一幅完全由有色形状构成的二维图画来表达我们的视觉经验，这种做法之所以给我们留下深刻印象，是因为它似乎抽象出了我的视觉经验的本质，提供了对从一个特殊视角看某一景象确切是怎么回事的间接描述。维特根斯坦一直试图表明，我们可不要受此误导，以为存在着这幅图像的某个心理类似物，它同我看见的物质房间一道存在，而且只有我能直接知道它，其固有特征由这幅图像描绘出来。这种表象视觉经验的方式，正是描述我之所见的一种方式，但它并不指向一类构成视觉经验的私人内容或本质的新对象。

显然，维特根斯坦这么批评我们被引诱构造出的这幅同视觉印象概念相关的图像，并不是想否认视觉经验具有独特的感觉内容。不过，关于视觉经验的这种独特感觉内容的观念，并非关联于只能为我所接近的某物的观念，而是关联于对象的那些只能为视觉所把握的可感性质。只能为视觉所把握的可感性质，在任何意义上均不只属于我；例如，"红色"这个概念，并非沿一个方向指着某种公共的东西，沿另一方向指着我内部的某种通过内省得知的东西。

维特根斯坦警告说，我们一定不要"把颜色**印象**同对象拆分开来，就像扯下一层薄膜"（*PI* §275）。让他感到奇怪的是，我们怎么"可能被引诱去认为，我们一会儿用这个词**意指**人人皆知的那种颜色——一会儿又用它意指**我此时**正得到的'视觉印象'"（*PI* §277）。他指出，正是当我们不再留意我们所见之物，并关注我们关于这种颜色的经验的时候，当"我沉浸于这种颜色"（*PI* §277）

的时候——我们生造出了关于“我的红色”的哲学幻象。所以，并
309 非说，维特根斯坦否认视觉经验有一种独特的感觉内容，甚至不存在注意这一内容而没有想到我们看见的物理对象的属性这么一回事儿。错误在于，以为在这样注意我关于颜色的视觉印象时，我是在以某种方式指着视觉经验的、构成其私人“内容”的私人本质，而在指向它时我定义了“红色”的一种特别的意义。

所有这些论点都完全是否定性的。它们表明，假如我们通过苦苦思索，(例如)看见一个房间是怎么回事来处理如何理解视觉经验的难题，那么，我们势必会被引导去依据只有知觉主体才能接近的印象来设想视觉经验。我们被引导以内省似乎呈现它的方式去设想视觉经验：作为对纯粹可见之物的一种私人表象，作为这么一种独特的经验性质，我们每个人都由自身情形知道它，并试图通过向前凝视并说出“**这个**”而指明它。关于视觉房间的那些评论揭示出，这种关于作为私人对象的视觉印象的观念是空洞的，我们既无法说出这种对象为何物，也说不出我们同它的关系会是怎样的；被当成经验的私人本质的视觉印象，乃是一种哲学幻象。

维特根斯坦对如何理解“视觉经验”这一概念实际怎样发挥作用的难题做了独出心裁的处理：对我们这一语言区域中的表达式——“看见”“所看见之物”“关于所看见之物的表象”等——是如何被使用的展开一种语法研究。他在收入《心理学哲学——一个片段》第十一节的那些评论中，严肃认真地做着这种语法探讨。这些评论的主要目标是：第一，克服那种关于内省对于理解视觉经验之本性的重要性的言过其实的说法；第二，试图澄清我们所称的对所看见之物的描述，以及我们所称的对所看见之物的阐释。

看见与看成

《心理学哲学——一个片段》第十一节开篇便对“看见”一词的两种用法做了区分：

> 一种是：“你在那儿看见了什么?”——“我看见了**这个**。” 310
> （接下来，给出一种描述、一幅图画、一个复制品）另一种是：“我在这两张脸上，看见了一种类似性。”
>
> （*PPF* §111）

“看见”一词的这两种用法之间的区分，显然和本章开头提到的那个难题有联系，因为在这第二种用法中，有另外一种情形，在那里，我们说是“看见了”某种东西，可哲学思考却使我们想说，我们无法真正看见这种东西。理由之一是，未能看见一种类似性，就像未能看出一个微笑是友好的一样，并不意味着某个主体的视力有缺陷，或者他的眼睛出了毛病。维特根斯坦注意到，确实会有这样的人，他可以把两张脸十分准确地画下来，却未能看见另一个人一下子就注意到的某种类似性。这样，关于“看见”一种类似性的观念，在我们关于视觉经验之本质的图像中，根本就没有任何位置。这么一来，我们说“看见”了这种类似性，是不是**弄错了**？我们该不该否认，注意到了这种类似性的人，和没有注意到它的人，以不同的方式“看见”了这两张脸？维特根斯坦则指出，我们需识别出“两种视觉‘对象’之间的范畴差异”（*PPF* §111）。他正是通过研究“看见”一词的第二种用法的一些实例，来探讨是什么让我们得以恰当地将“看见”的这些情形或注意到某种类似性称作关于“所看见之物”的一种描述。

讨论从如下这一情形开始：“我注视着一张脸，突然间注意到它同另一种脸的类似性。”（*PPF* §111）维特根斯坦注意到，在这个情形中，“我**看见**它并未改变；而我却仍以不同的方式看见了它”（*PPF* §111）。他把这种现象——在这里，我既看见一个对象并未改变，又仍然以不同的方式看见了它——称为“注意到了一种面相”（*PPF* §111）。我看见了同一个对象——这张脸——但此时我也看见了此前没有看见的东西：“一个面相”，它突然给了我印象。这个例子把我们带入了我们由以开始的那些生自视觉经验概念的难题的核心，因为即使我们发现可以完全自然地说我们此时以不同的方式“看见”这些面孔，我们或许还是会感觉到，在第二种情形下谈及“看见”是错误的。当我也看到了我所看见的对象并没有改变时，我如何能够谈及“看见”了类似性，或者以不同的方式“看见”了
311 这一对象呢？我突然注意到一个面相时，发生了什么？如果对象本身没有改变，改变的是什么？通过研究看见或注意到一个面相的现象，维特根斯坦试图表明，我们的视觉经验概念是多么的复杂，以及，我们对“看见”一词的使用，如何不同于关于视觉经验之本质

的图像，而我们却发现这幅图像如此难以抗拒。

为便于我们进一步研究看见面相（aspect seeing）的现象，维特根斯坦要求我们考虑下面这幅他从贾斯特罗（Jastrow）那里借来的鸭兔图（*PPF* §118）：

这幅图是模棱两可的：它要么被看成一只鸭子，要么被看成一只兔子。如果我看着这幅画，一会儿以这种方式，一会儿以另一种方式看它，那么，我们显然又有了这样一个例子：在这里我想说，我以不同的方式看见这个图，却也看见这幅图并未改变。在第一种情形下谈论“看见”是正确的吗？维特根斯坦问，难道不可能是这样的情况：这幅图出示给我，我却从未把它看成关于一只兔子的图之外的任何东西，我根本就没想到看见这幅图的另一种方式？他把这种情况称为“持续地看见面相”，以区别于一种面相的“闪现”（*PPF* §118）。在这种情形下，若被问起看见了什么，我会毫不迟疑地回答：“我看见一幅兔子图。”我们会发现，在某张卡通画中就用到了这幅图，或是讲个故事，或是给某人以指导，或是告诉他人兔子来了；要是在这些语境下被看见的话，这幅图的鸭子面相，或许就不会被注意到。

维特根斯坦称这些图画为“图画－对象”，而且他注意到，我们同它们所处的关系，有点类似于我们同它们所表现的对象的关系。于是：

> 312 这里引入图画－对象的观念是有益的。例如
>
> 
>
> 就是一张“图画－脸”。
>
> 就某些方面而言，我同它所处的关系，类似于我同一张人脸的关系。我可以琢磨它的表情，可以像对人脸的表情那样，对它做出反应。一个孩子可以对图画－人或图画－动物说话，可以像对待玩具娃娃那样对待它们。
>
> （*PPF* §119）

那么，我们就假定，我一直都把贾斯特罗的鸭兔图看成“图画－兔子”。如果有人问我：“那是什么？”我就会回答“一个图画－兔子”，而且会通过谈论兔子，来回答更进一步的问题：描述它们及它们的习性，拿出它们的其他图画，等等。维特根斯坦注意到，在这种情形下，我们不会通过说“我把它看成一个图画－兔子”来描述我所看见的东西，而只是“描述我的知觉：就如同，我说‘我看见那边的一个红色圆圈’”（*PPF* §121）。不过，知道这幅图模棱两可的人，会这样说我：“她正把它看成一个图画－兔子。”“看成”这样一个表达式不会被用在我们只是报告一种知觉，

或者描述我们所看见之物的情境中；“我正把它看成……”并不是关于所看见之物的一种简单报告：

> 对我而言，说“我现在正把它看成（一个图画－兔子）”是没有意思的，就如同在看见一副刀叉时，说“我现在正把这看成一副刀叉”是没有意思的一样。这样说话，没有人听得懂。就像说：“它现在对我来说是一把叉子”或者“它也可以是一把叉子”。
>
> （*PPF* §122）

> 如果某人说“现在我看出它是一张脸了”，人们就可以问：“你指的是怎样一种改变？”
>
> （*PPF* §124）

这么一来，这种情况——看见贾斯特罗鸭兔图并用“一只兔子”来回答“那是什么？”的问题——表明，我并未注意到这幅图的模棱两可性：我只是在报告我的知觉。然而，如果我知道给我看的是一幅模棱两可的图，那么，我会以两种不同方式中的一种来回答这一问题。我可能会说“那是鸭－兔”。维特根斯坦指出，这也是一个知觉报告，亦即，关于我看见的是什么（在视觉“对象”的第一种意义上）的报告。但是，我也可能这样回答说：“现在我正把它看成一只兔子。”就像我们已看到的，这就不能简单地理解为关于我的知觉的报告了，或者理解为关于我所看见对象的描述了。而如果面相现在变了，我可以把这种改变报告如下：“图画变了。 313

我现在正把它看成一只鸭子。”我描述所看见之物的改变，“似乎对象就在我眼皮底下变了”（*PPF* §129），仿佛每次都真真切切看见了不同的东西。然而，我用于描述这种改变的话语中，也还会带着这种认可，即这个图（对象）没有变：图画完全不同了，可它还是同一个东西。

假如我们这里根本不想谈及第二种情形下的“看见”，我们就应该回想一下同持续地看见面相的情形的关联；在那种情形下，“是一只兔子”，就是描述所看见对象的一个明确的知觉报告。维特根斯坦还要求我们设想这样一个情形，在这里，“我们看见两张图画，在其中的一张中鸭兔图周围有一些兔子，在另一张中鸭兔图周围有一些鸭子。我并未注意到它们是一样的。由此能不能**推出**，我在两种情形下，**看见**了不同的东西？——这让我们有理由在这里使用这一表达式”（*PPF* §125）。但是，要是我看见的东西是不同的，而且已知对象本身没有变，那么所不同的到底是**什么**？是不是“我的印象？我的观点？——我可以说出来吗”（*PPF* §129）。

一种诱惑是，试图诉诸所看见之物的某种准客观改变，来**说明**面相转换时出现的变化。例如，假定我在看一幅智力测试图，并试着找到“隐藏”在一些枝枝杈杈中的一张人脸。突然间我看见了这张脸。先前我只看见一堆杂乱无章的枝杈，而此时，我却识别出了表现一张人脸的独特轮廓和五官。这种情况会诱使我们去依据这
314 幅图“构图方式”方面的改变，来说明所发生的这种变化。这样，当我在这幅智力测试图中看见这张脸时，我不仅看见了一些特定的形状和颜色，还看见了它们的一种特定的构图方式。我们试图以此让构图方式成为我所看见之物的某种准客观性质，与颜色和形状相

提并论。

但现在假定，我被要求画出我在看出这幅图的奥妙前后所看见的东西。如果我画的东西是准确的，那么，我两次肯定得画出**同样的东西**。我们为说明我的视觉经验的差异，而被引诱去诉求的关于某种特定的构图方式的观念，在这里一点也帮不上我们，因为我不知道如何使这种构图方式成为所看见之物的一个客观性质。并非说，关于组织构造上的某种变化的概念，并没有在某种意义上描述我突然在智力测试图上看见这张脸时所具有的经验，而是说，这一概念并不能以我们此时想应用它的方式加以应用：作为对这幅图的某种堪比颜色和形状的客观性质的描述。

由于这幅图的构图方式无法作为它的一种客观面相被记录下来，此时又出现了这样的诱惑，即把这幅图的视觉印象当成某种不同于图本身的东西，某种唯独我才可接近的东西："我的视觉经验毕竟不是**画出来的东西**；它是**这个**——我无法将它出示给任何人。"（*PPF* §132）由于未能在外在图画中记录下我们经验到的变化，我们这里便被引诱去构思一幅"内在图画"。我们以外在图画为模型进行构思，但我们也设想，这幅内在图画把"构图方式"这种难以捉摸的性质，也吸纳为它的客观特征之一。但是，维特根斯坦反驳道，我们依然没有弄清楚，如何把这种让一切保持原样的差异描述为"内在图画"的一个视觉性质；我们无以使之成为客观绘图之组成部分的东西，此时只是被设定为内在图画的一个构成性要素。

我们迫于无奈，才弄出了"这么一头怪物；一个幻来化去的构造物"（*PPF* §134）。这与其说解决了我们的困难，不如说吞没了我们的困难。我的视觉印象，确实不是绘出来的图，但维特根斯坦 315

看到，“它也不是我内心之中任何与之同范畴的东西”（*PPF* §132）。诉诸既类似于又不同于外在图画的某种内在图画，也无济于事；它不过是一种哲学幻想，貌似解决了我们的难题，殊不知，那只是因为我们没有足够仔细地考察它。我们一旦做更仔细的考察，便可看出并没有外在图画的内在类似物；而即便有，我们也不知道如何把那种构图方式弄成它的一个客观特征。

这么一来，我就无法凭据两种不同的视觉对象——可通过指着两个不同事物，或者，画出两张不同的图画加以区分的对象——来把握我说“此时它是一只兔子”时所具有的经验，以及我说“此时它是一只鸭子”时所具有的经验之间的差异。我们看到的，是这样一个情形，在这里，存在着由“此时它是一只兔子”和“此时它是一只鸭子”这些词所表达的视觉经验之间的一种区别，但我们无法像理解不同的直接知觉报告——记录了在第一种意义上被理解的视觉“对象”上的区别——那样去理解这种区别。这样，我们所看到的，便是关于某个视觉“对象”的第二种范畴的情形。维特根斯坦似乎急于通过（比如）与持续看见面相的对比促使我们相信，谈论“看见”和“视觉对象”是恰当的，但在承认这一点的同时暗暗认可了我们对“看见”一词的使用的复杂性：

> “它是一个**真正的**视觉经验吗？”这个问题是：在什么意义上它是一个真正的视觉经验？
>
> 这里**很难**看清，所争论的是概念的确定问题。
>
> 将自己强加给我们的是一个**概念**。（一定不要忘记这

一点。)

(*PPF* §§190–191)

这并不是关于出现在我们心灵中的东西的问题，而毋宁是关于我们如何使用——觉得被迫使用——“看见”一词的问题。“看见”一词的第二种用法，揭示了我们的视觉经验概念的某种复杂性；维特根斯坦指出，它同所看见之物与另外一种东西的**对比**联系在一起。于是：

> 如果我把鸭-兔看成一只兔子，那么我便看见了如此这般的形状和颜色（我详细地说出它们）——此外，我还看见了类似这样的东西：而且，我这里还指着许多不同的兔子图画。这表明了概念间的区别。 316
>
> (*PPF* §137)

在其第二种用法中，“看见”一词并不是被用来给出一个直接的知觉报告——这种报告同对象本身的某种客观变化相关——而是被用来表达这样一种经验，它同如下这种关于比较的观念本质地关联在一起：“我看见了跟这类似的东西”（指着其他的兔子图画），或者，“我看见了跟那类似的东西”（指着其他的鸭子图画）。借助于“看见”一词的第二种语法表达出来的这两种经验之间的区别，无法通过指着两个不同的对象加以记录，而只能通过主体一会儿把它联系于这些对象，一会儿把它联系于那些对象加以表现：“我在一种面相的闪现中知觉到的，并不是该对象的一种性质，而是它同别的对象的一种内在关系。”（*PPF* §247）维特根斯坦认为，我们应该如何理解由“现在它是一只鸭子”和“现在它是一只兔子”这些词所表达的经验间的区分上的这种差异，揭示出了看见和看成乃是两个虽相关却不同的概念：“‘看成……’并不是知觉的一部分。因此，它既类似于，又不同于看见。”（*PPF* §136）。“我将它看成……”并不是一个直接的知觉报告，但“看成”是一个视觉经验概念，其表达本质上包含着“看见”一词的某种用法。

这里所指出的是，对“看见”一词用法的这种复杂性的关注，纠正了如下这种诱惑：将视觉经验视作把颜色和形状向感官表面的某种投射。我们认识到，有这么一种我们称之为视觉经验的东西，它无法根据这幅关于投射的图像加以理解，而且，它是同描述所看见之物或对之做出反应的某种方式内在地关联起来的，这种方式本质上包含了将所看见之物同别的东西进行比较的观念。就这样，关于看成的情形竭力反抗根据对象对某种接受官能的作用来看待视觉
317 经验的倾向，并将我们的注意力引向这样的事实：存在着另外一种我们乐意称之为视觉经验的东西，其表达乃是对我们所看见之物的典型言语反应：“现在它是……”“我现在将它看成……”等。

看见与描述你之所见

我们至此所考察的情形，集中关注的是图画与面相的出现，或者是与两可图形相关的某个面相的典型转换。接下来，维特根斯坦对视觉经验概念的研究给出了一系列的进一步事例，他意在用这些事例展现各式各样不适合关于视觉经验之本质的构想的情形。他写道：

> 我看着一只动物；某人问我："你看见什么啦？"我回答："一只兔子。"——我看见一处风景；突然间有只兔子跑过。我喊道："一只兔子！"
>
> （*PPF* §136）

维特根斯坦指出，在第一种情形下，我说的话是对我所看见之物的直接报告；而在第二种情形下，我的话也是一声惊呼或喊叫，表达出了我对所见之物的吃惊或惊喜。他认为，"这两种东西，均为知觉及视觉经验的表达。不过，惊呼是如此，乃是就一种不同于报告的意思说的：它是我们强加的"（*PPF* §138）。他指出，惊呼与经验的关系，“有点像喊叫与疼痛的关系”（*PPF* §138）。他将这两种经验的区别进一步描述如下：

> 某个看着一个对象的人，无须思考它；但是，无论谁正具有由这声惊叫表达的视觉经验，他同时也在**思考**所看见的东西。
>
> （*PPF* §139）

在这一情形中，就像在一会儿看见两可图形的这一面相、一会儿看见另一面相的情形中一样，由这声惊呼表达的视觉经验概念
318 “并不是知觉的一部分”：“一只兔子！”不是一个直接的知觉报告。由这声惊呼表达出的视觉经验，不能纯粹依据所看见之物加以理解，不能在“视觉对象”的第一种意义上加以理解；视觉经验被表达的方式——依据一声惊呼或某种惊讶的表达——对于它是其所是的经验是本质性的。我们无法独立于表达它的这声惊呼，来识别与“一只兔子！”的惊呼联系在一起的那种经验。我们这里看到的又是这样一种情形：在这里，具有某种特定的视觉经验，与对所看见之物的反应方式有内在联系。用于判定由“一只兔子！”这声惊呼所表达的视觉经验的标准，乃是这声惊呼本身。而这再次将我们的注意力引向了这一事实：我们关于视觉经验的概念，比我们关于经验之本质的图像所暗示的，要复杂难懂得多。

维特根斯坦还要求我们考虑一系列这样的情形：在这里，我们突然间识别出我们持续盯看了一段时间的某个对象。他提出了这样的问题，即在这样一些情形里，我们是否也应该说，某个第一眼

没认出一个对象的人突然认出了它的经验，同某个立即就知道它的人的经验是不同的：

> 某人突然间看见一个他识别不出来的现象（它可以是一个熟悉的对象，却处在某个不同寻常的情境或光照下）；识别不出来的状态或许只持续几秒钟。可否正确地说，他具有某种不同于某个立即认出这一对象的人的视觉经验？
>
> （*PPF* §141）

> 我碰见一个多年未见的人；我清楚地看见了他，却没有认出他。突然间我认出他了，我在这张历经了沧桑的脸上，看见了那张旧面孔。
>
> （*PPF* §143）

但要是这种经验是不同的，那这种经验又在于什么呢？维特根斯坦再次要求我们抵御如下诱惑：试图通过关注发生在“我们之内”的事情来描述这种区别，并集中注意我们对这一对象做出回应 319
的方式的改变。于是，他要求我们思考，在认出之前和之后我们会如何描述或画出这个对象。在第一种情形下，尽管我眼前的对象没有变，关于突然看见它之所是的经验，是同我对该对象做出反应的方式的改变联系起来的，而这又表达在这样的事实中：我此时会更自信、更准确地画出或描述出我所看见的东西，而且有些错误我在描述中不会再犯了。

在第二种情形下，关于在已改变的容颜中看见原来的面孔的经验，也是同我的反应的改变联系在一起的，可这样加以表达：我画出一张完全不同的肖像，要是我可以作画的话。同突然识别相关的视觉经验差异，并非关联于对象的任何客观变化，而是由主体对该对象做出反应的方式上的改变，或者，主体描述或表象它的方式上的改变表达出来的，亦即，是由维特根斯坦所称的“行为的细微之处”（*PPF* §210）的改变表达出来的。就像在关于突然注意到某个对象的例子中一样，维特根斯坦认为，我们受诱惑去把做出识别的现象，视作某种并非纯粹视觉的东西，而是由知觉和思想混成的东西。这样，我们便以为，我们用于描述这些经验的话语，不只是直接的知觉报告，还是某种别的东西：“一声识别的惊叫。”（*PPF* §145）重要的是要承认，在这些情形中视觉经验概念的这种用法也似乎是恰当的。

我们所考察的每个例子都类似于维特根斯坦一开始举的那一个，因为它们全都涉及我一直称作“视觉‘对象’”的第二种意义。在所有这些例子中，维特根斯坦都在试图表明，看见概念在这里被强加给了我们：它们全都涉及一种独特的视觉经验——面相转换、面相呈现、突然认出——在这种经验中，所看见之物以不同的方式被看见，即便我们在另一种意义上看见我们所看见的那个对象并未改变。这样，“看见”一词在这些事例中的这种用法表明，我们的视觉经验概念，比起关于视觉经验之本质的图像所暗示的，要
320 更为复杂、更有弹性。因为这些独特的视觉经验，并非关联于第一种意义上的视觉对象的某种客观变化，而是同我们对所看见之物做出反应的方式——或者对其进行描述和表象的方式——上的某种突然的或独特的变化联系在一起的。于是，维特根斯坦指出，我们的

视觉经验概念的复杂性，是同我们关于所看见之物的某种表象的概念的“灵活性”关联在一起的：

> 关于所看见之物的某种表象的概念，就像关于某个复制品的概念一样，是很灵活的，而关于所看见之物的概念，也**随之**而是如此。这二者是紧密关联着的。（这倒**不是**说它们是类似的。）
>
> （*PPF* §147）

我们关于所看见之物的概念，紧密关联于关于所看见之物的某种表象的概念，因为，判定一个主体所看见之物的一个标准，就是他对所看见之物的表象或描述。就像我们刚刚所看到的，存在着这样一些我们称作视觉经验的东西，它们本质上关联于表象所看见之物或对其做出反应的那些特殊的、独特的方式。正是出于这个原因，我们需要承认关于所看见之物的某种表象的概念的灵活性，从而也需要承认我们关于所看见之物的概念的灵活性。我们关于所看见之物的某种表象的概念，并不局限于关于我们所看见之物的精确复制或直接知觉报告，还包括由知觉和思想混成的描述，以及本质上表达了并非知觉的一部分的某种视觉经验的描述。可以认为，后者包括这样一些表象，它们以我们一直在观察的那些方式，表达了这样一些经验：它们依赖于主体之**参与进**他所看见之物：“现在它是一只鸭子”，“一只兔子！”，如此等等。

维特根斯坦指出，如果我们问自己，我们是如何知道人们是三维地看见事物的，或者他们的视觉经验的这种面相如何能被表达出来或被捕捉到，我们就可以看出关于所看见之物的某种表象的概念的这种灵活性来。表象它的最自然的方式，并非企图提出关于“三维地看见事物是怎么回事”的某种表象，而是用姿势去表象我们所看见的东西，这些姿势利用了我们自身嵌入空间的状态。在这种情形下，自然地表达于姿势中的那种对所看见之物的直接反应，
321 其本身成了关于所看见之物的某种表象，从而，这种视觉经验便在身体的移动中被表达出来：

> 何以能说，人们是三维地**看见**事物的？——我询问某人他能看见的（那边的）那块地的地势。“它是不是像**这样**？”（我用手跟他比划）——“是的。”——“你怎么知道的？”——“又不是雾天，我看得很清楚。”他并不是为这种**假定**提供理由。对我们而言，唯一自然的事情，就是三维地表象我们看见的东西；要进行二维表象，得经过特别的实践和训练，无论是画画，还是形诸文字。（孩子们的画怪怪的。）
>
> （*PPF* §148）

我在本章开头提出，维特根斯坦关于看见面相的讨论将清楚地表明，我们为什么会不满意于先前关于看见一个微笑的友好的讨论。我们这就来看看关于一张笑脸图画的情形。我们可以设想，某个看着这幅图的人，会看不出这是一个微笑。维特根斯坦问，他是以不同于另一位看见它并将它理解为微笑的人的方式，看见这张脸（或者，这张图画－脸）的吗？如果是这样，那么我们所看到的，显然又是一个关于第二类视觉对象的例子，因为这两位感知者

所看的是关于一张脸的同一幅图。由此可知，他们的视觉经验的差异，不能通过第一种意义上的视觉对象的差异而被捕捉到。确切地说，他们的经验之间的差异，是在他们每个人对所看见之物的反应方式，亦即对它们进行表象的方式上表现出来的："例如，他以不同的方式进行模仿。"（*PPF* §149）

一旦我们认识到关于所看见之物的表象的概念所显现出的这种额外的丰富性或灵活性，将这两种视觉经验区分开来的标准便清楚了。我们先前感觉到，严格说来，一种面部表情——例如，一张脸的友好——不可能是我们视觉经验的构成部分，而必定包含关于它的某种"阐释"，而我们可将这种感觉视作是同我们的如下倾向关联在一起的：只考虑到第一类视觉对象，并假定视觉经验的所有差异（相对于关于它的阐释），必定可追溯到所看见之物的某种客观变化。通过让我们意识到关于视觉经验及所看见之物的表象的概 322
念中的某种意料之外的复杂性，维特根斯坦致力于克服这样一些偏见：它们阻止我们接受作为我们日常语言游戏一部分的某种描述形式。我们可以看出，为什么说我**看见**了一个微笑的友好是恰当的。

然而，下述考虑仍然会诱使我们认为，一种面部表情严格说来无法被看见：假如把一幅关于一张脸的画倒着拿，我们就不再能认出它所表达的东西了。而我们颠倒过来的这幅图，仍是一张脸的准确的视觉表象。假如这种面部表情真的被看见了，那么它不可能仅仅由于这个图被颠倒了方向而消失掉。为看出这里有什么不对的地方，维特根斯坦要我们考虑如下这两对例子：

图形（a）是图形（b）的翻转。

正如（c）是（d）的翻转。

他注意到，不仅从（c）到（d）的改变比从（a）到（b）的改变更惹人注目，而且“我关于（c）和（d）的印象之间的差异，也不同于我关于（a）和（b）的印象之间的差异”（*PPF* §151）。尽管在每一情形下，对对象所做的是同样的事情，但是，这种翻转对于第二对图形有一种它对第一对图形所没有的影响。显然，这种影响上的差异并不关联于某种更大的客观变化，因为这两对图形各自处在同样的相互关系中。确切地说，这两种情形的差异，同第二种情形中出现了我们对图形做出反应的方式上的变化有关。

323 于是，“例如，（d）看上去比（c）更整齐……（d）容易摹写，（c）难以摹写”（*PPF* §151）；正是我们在每一情形下对翻转图形的反应上的这些差异，将我们关于（a）和（b）的经验同关于（c）和（d）的经验区分开来。这是第二种意义上的视觉对象上的一种差异，而且关于这两对图形的经验上的差异，内在地关联于当每幅图被翻转时我们对所看见之物的反应方式上的差异。我们在（c）和（d）情形中所经验到的那种变化，乃是第二种意义上的视觉对象上的变化。由第一种意义上的视觉对象的方向上的改变所引起的经验上的变化是不可预见的，而取决于它是否同主体表象所看见之物或对其做出反应的方式关联在一起。在一张脸的图画被颠倒过来时所产生的视觉对象上的变化——在我正常地看见这张脸和看见它颠倒了时所得到的印象上的差异——在“行为的细微之处”的变化上被表达了出来。例如，当你把这幅画倒着拿时，“你就无法模仿这个微笑，或者，更准确地描述它的特征”（*PPF* §150）。

那么，就让我们承认，当我在一幅智力测试图中看出那张脸时，我就以一种新的方式看见了这幅图：“不只是说，你可以对它做一种新的描述，而且，注意到（这张脸）就是一种新的视觉经验。”（*PPF* §153）我们是不是要由此得到这样的结论：“这一图形的这个复制品，（是）我的视觉经验的**不完整的**描述？”（*PPF* §156）维特根斯坦显然不想让我们得出任何这样的结论，因为下面这种言外之意，明显是有疑问的：存在着关于某个视觉经验的**完整**描述或表象这么一种东西。关于我的视觉经验的某种描述是不是不完整的，取决于我为其提供这种描述的那个人是否理解我要传达的东西。关于这个图形的一幅画，“**可以**是不完整的描述——要是还留有疑问的话”（*PPF* §156）。

如果有人问我看见了什么，我也许能画出一张满足他好奇心的画来。假如我能做到这一点，那我们就不会说这幅画“不完整”，即使我记录不下，比如，我的目光扫视整个景象的方式——一会儿注意一个细节，一会儿注意另一个细节——而其具体样式我
多半已回忆不起来了。维特根斯坦想让我们看清的是，存在着无限 324
多种关于所看见之物的描述——例如，试想某人目光的移动如何在胶片上表象出来，或者，我们会如何表象某个对象乃是主要的兴趣点这一事实，或者，有一个不明对象正好快速掠过一个人的视野——其中的每一个描述都服务于一个不同的目的，没有哪一个算得上“这种描述的**那个真正**恰当的例子——其余的都只是模糊的，需要加以澄清，或者当垃圾一样扔在一边”（*PPF* §160）。

维特根斯坦就这样致力于揭示出，我们关于视觉经验的图像是如何基于关于视觉经验概念之语法的错误观念的，这幅图像把视觉经验描画为将空间世界向我们感官表面的一种特别的投射，或者描画为向意识的一种特别的呈现，而我在牢牢凝视前方时试图指明它。维特根斯坦的语法研究揭示出：一方面，视觉经验概念并不只是在同第一种意义上的视觉对象关联起来的情况下而被使用的；另一方面，视觉经验的标准比我们所设想的更加复杂多变。尤其是存在着这样一些我们将其描述为视觉经验的东西，它们并不独立于表象或回应所看见之物的那些典型的方式。我们在做哲学时所形成的下述观念，被证明是虚幻的：视觉经验的所有差异，都可追溯到第一种意义上的视觉对象的客观差异。

在随后的评论中，维特根斯坦考察了大量有关看见和看成的例子，这些例子进一步揭示出如下这些东西：视觉经验的内容与我们对某个对象的反应之间的关联、它在其中被看见的那种背景、我们对它的注意、我们对它所取的态度、我们应用到它上面的想象力或概念能力等。这一讨论中所出现的、我们视觉经验概念发挥作用方式上的复杂性，一方面用于抵御这样的诱惑：依赖内省去揭示视觉经验之本质，或者，依据主体对被给予感觉意识的某种东西的被
325 动接受去思考视觉经验；另一方面，它也用于凸显，存在于我们的看见和看成概念的用法与看见和看成在其中被表达出来的行为形式——包括姿势、口头描述、画画或模仿的能力等——之间的语法关联。我们所发现的是，就像所有其他心理学概念的情形一样，视觉经验概念所描述的东西，并不是通过内省或通过试图想象某种东西被澄清的，而是通过揭示出那些表征着我们的语言游戏的表达式

用法型式。这些用法型式所揭示出来的是，一个概念是内在地关联于做或有能力做某事的，而并非关联于拥有我们每个人只能从自己的情形知道的某种东西。这并不是说，在拥有一种视觉经验与表达出它之间没有任何区分，因为，就像其他任何心理学概念的情况一样，掩藏和假装的可能性乃是我们日常语言游戏不可或缺的组成部分。但这些情况均无损于这样的事实：我们用“看见”和“看成”这些词所玩的语言游戏，将这些概念同行为形式、同表象和回应所看见之物的方式联系了起来，而典型的视觉经验正是在这些形式和方式中被表达了出来。

一旦我们对视觉经验概念的理解实现了这种转变，那么，正如我们看到的，本章开头提及的那个难题便消失不见了。一旦认识到了我们日常用于判定看见和所看见之物的标准的复杂性，以及这些标准与“行为的细微之处”的关联，我们便摆脱了这种想法：真正被看见的东西“必定可以用纯空间术语加以描述”（*PPF* §158）；这样，我们便不再会被引诱去认为，我们真正能看见的东西，就是可用有色形状的某种空间型式表现出来的东西。因为我们的视觉经验概念，并非被看作指谓某种特别的经验性质，或者某种对意识的呈现，而是被看作关联于许许多多有关移动、姿势、表情和能力的特定形式；我们判断某人看见某物、注意到或认出某物、注视或观看某物、把某物看成某物等事情的标准，比我们想象的要复杂得多。我们关于所看见之物的构想——我们关于视觉经验之内容的观念——不再通过关于是什么构成了视觉经验之本质的沉思性解释而 326
被确立下来，而是通过对关于描述或表象所看见之物的错综复杂的日常语言游戏形成一种清晰化的观点。我们并未真正**看见**一张脸上的友好，或者说，“他报以友好的微笑”并不是一个真正的知觉报告——这样的感觉，被视为恰好就存在于关于视觉经验概念如何发挥作用的错误观念中。

参考文献及进一步阅读材料

Anscombe, G.E.M., 1981d, "The Intentionality of Sensation: A Grammatical Feature"（《感觉的意向性：一个语法特征》）, in G.E.M. Anscombe 1981:3–20

Baz, A., 2011, "Aspect Perception and Philosophical Difficulty"（《面相知觉与哲学困难》）, in O. Kuusela and M. McGinn, eds, 2011: 697–713

Budd, M., 1989, *Wittgenstein's Philosophy of Psychology*（《维特根斯坦的心理学哲学》）（London: Routledge）

Fogelin, R.J., 1987, *Wittgenstein*（《维特根斯坦》）（London: Routledge）

Hacker, P.M.S., 1993, *Wittgenstein: Meaning and Mind Part I: Essays*（《维特根斯坦：意义与心灵》）（Oxford: Wiley Blackwell）

Mulhall, S., 1990, *On Being in the World: Wittgenstein and Heidegger on Seeing Aspects*（《论在世：维特根斯坦与海德格尔论看见面相》）（London: Routledge）

Schulte, J., 1993, *Experience and Expression: Wittgenstein's Philosophy of Psychology*（《经验与表达：维特根斯坦的心理学哲学》）（Oxford:

Oxford University Press）

Scruton, R., 1974, *Art and Imagination*（《艺术与想象》）（London: Methuen）

Strawson, P.F., 1974, "Imagination and Perception"（《想象与知觉》）, in *Freedom and Resentment and Other Essays*（London: Methuen）, pp. 45–65

Ter Hark, M., 2011, "Wittgenstein on the Experience of Meaning and Secondary Use"（《维特根斯坦论意义体验与次级用法》）, in O. Kuusela and M. McGinn, eds, 2011:499–522

Wittgenstein, L., *RPP I and II*（《关于心理学哲学的评论》第一卷和第二卷）

——, *LWPP 1*（《关于心理学哲学的最后著述》第一卷）

Albritton, R., 1966, "On Wittgenstein's Use of the Term 'Criterion'", in G. Pitcher, ed., 1966:231–50

Anscombe, G.E.M., 1963, *Intention*, second edition (Oxford: Wiley Blackwell)

——, 1969, "On the Form of Wittgenstein's Writing", in R. Kiblansky, ed., *Contemporary Philosophy: A Survey*, vol. 3 (Firenze: La Nuova Italia) , 373–78

——, 1981, *The Collected Papers of G.E.M. Anscombe, Volume Two, Metaphysics and the Philosophy of Mind* (Minneapolis: University of Minnesota Press)

——, 1981a, "The First Person", in G.E.M. Anscombe, 1981:21–36

——, 1981b, "Events in the Mind", in G.E.M. Anscombe, 1981:57–63

——, 1981c, "Intention", in G.E.M. Anscombe, 1981:75–82

——, 1981d, "The Intentionality of Sensation: A Grammatical Feature", in G.E.M. Anscombe, 1981:3–20

——, 1992, "Wittgenstein: Whose Philosopher? ", in A. Phillips Griffiths, ed., 1992:1–10

Arrington, R.L., 1991, "Making contact in language:the harmony between thought and reality", in R.L. Arrington and H.-J. Glock, eds, 1991:175–202

——, 2001, "Thought and its Expression", in S. Schroeder, ed., 2001:129–49

Arrington, R.L. and Glock, H.-J., eds, 1991, *Wittgenstein's Philosophical Investigations: Text and Context* (London: Routledge)

Saint Augustine, 1961, *Confessions* (Harmondsworth: Penguin)

Baker, G., 1981, "Following Wittgenstein: Some Signposts for Philosophical Investigations §§143–242", in S.H. Holtzman and C.M. Leich, eds, 1981:31–71

——, 1988, *Wittgenstein, Frege and the Vienna Circle* (Oxford: Wiley Blackwell)

——, 2006, *Wittgenstein's Method: Neglected Aspects* (Oxford: Wiley Blackwell)

——, 2006a, "Philosophical Investigations section 122: neglected aspects", in G. Baker, 2006:22–51

——, 2006b, "Wittgenstein's 'Depth Grammar'", in G. Baker, 2006:73–91

——, 2006c, "Wittgenstein on Metaphysical/Everyday Use", in G. Baker, 2006:92–107

——, 2006d, "The Reception of the Private Language Argument", in G. Baker, 2006:109–18

——, 2006e, "Wittgenstein's Method and the Private Language Argument", in G. Baker, 2006:119–29

——, 2006f, "The Private Language Argument", in G. Baker, 2006:130–40

Baker, G. and Hacker, P.M.S., 1984, *Scepticism, Rules and Language* (Oxford: Wiley Blackwell)

——, 1985, *Wittgenstein: Rules, Grammar and Necessity: An Analytical Commentary on the Philosophical Investigations,* vol.2 (Oxford: Wiley Blackwell)

——, 2009, *Wittgenstein: Understanding and Meaning,* second edition (Oxford: Wiley Blackwell)

Bartley, W.W., 1977, *Wittgenstein* (London: Quartet)

Baz, A., 2011, "Aspect Perception and Philosophical Difficulty", in O. Kuusela and M. McGinn, eds, 2011:697–713

Binkley, T., 1973, *Wittgenstein's Language* (The Hague: Martinus Nijhoff)

Birsch, D. and Dorbolo, J., 1990, "Working with Wittgenstein's Builders", *Philosophical Investigations,* vol. 13:338–49

Boghossian, P.A., 1989, "The Rule Following Considerations", *Mind,* vol. 98:507–49

Bouveresse, J., 1992, "'The Darkness of This Time': Wittgenstein and the Modern World", in A. Phillips Griffiths, ed., 1992:11–40

Budd, M., 1984, "Wittgenstein on Meaning, Interpretation and Rules", *Synthèse,* vol. 58:303–24

——, 1989, *Wittgenstein's Philosophy of Psychology* (London: Routledge)

Cavell, S., 1966, "The Availability of Wittgenstein's Later Philosophy", in G. Pitcher, ed., 1966:151–85; reprinted in S. Cavell, 2002:44–72

——, 1979, *The Claim of Reason: Wittgenstein, Skepticism, Morality and Tragedy* (Oxford: Oxford University Press)

——, 1988, "Declining Decline: Wittgenstein as a Philosopher of Culture", *Inquiry,* vol. 31:253–64

——, 1990, *Conditions Handsome and Unhandsome: The Constitution of Emersonian Perfectionism* (London: University of Chicago Press)

——, 1995, "Notes and afterthoughts on the opening of Wittgenstein's Investigations" , in *Philosophical Passages: Wittgenstein, Emerson, Austin, Derrida* (Oxford: Wiley Blackwell) , pp. 125–86; reprinted in H. Sluga and D.G. Stern, 1996:261–98

——, 2000, "Excursus on Wittgenstein's Vision of Language", in A. Crary and R. Read, eds, 2000:21–37

——, 2002, *Must We Mean What We Say* (Cambridge: Cambridge University Press)

Child, W., 2011, "Wittgenstein on the First Person", in O. Kuusela and M. McGinn, eds, 2011:375–401

Collins, A.W., 1996, "Moore's Paradox and Epistemic Risk", *Philosophical Quarterly*, vol. 46:308–19

Connant, J., 2011, "Wittgenstein's Methods", in O. Kuusela and M. McGinn, eds, 2011:620–45

Crary, A. and Read, R., 2000, *The New Wittgenstein* (London: Routledge) 329

Diamond, C., 1989, "Rules: Looking in the Right Place", in D.Z. Phillips and P. Winch, eds, 1989:12–33

Edmonds, D. and Eidinow, J., 2001, *Wittgenstein's Poker* (London: Faber and Faber)

Engelmann, P., 1967, *Letters from Ludwig Wittgenstein with a Memoir* (Oxford: Wiley Blackwell)

Fann, K.T., 1969, *Wittgenstein's Conception of Philosophy* (Oxford: Wiley Blackwell)

——, ed., 1978, *Ludwig Wittgenstein: The Man and his Philosophy* (Hassocks: Harvester Press)

Finkelstein, D., 2000, "Wittgenstein on rules and platonism", in A. Crary and R. Read, eds, 2000:53–73

——, 2003, *Expression and the Inner* (Cambridge, Mass.: Harvard University Press)

Fogelin, R.J., 1987, *Wittgenstein* (London: Routledge)

——, 2009, *Taking Wittgenstein at His Word: A Textual Study* (Princeton: Princeton University Press)

French, P.A., Uehling, T.E. and Wettstein, H.K., eds, 1992, *The Wittgenstein Legacy, Midwest Studies in Philosophy*, vol. XVII (Notre Dame, Ind.: University of Notre Dame Press)

Gaita, R., 1992, "Language and Conversation: Wittgenstein's Builders", in A. Phillips Griffiths, ed., 1992:101–16

Gasking, D.A.T. and Jackson, A.C., 1978, "Wittgenstein as Teacher", in K.T. Fann, ed.,

1978:49–55

Genova, J., 1995, *Wittgenstein: A Way of Seeing* (London: Routledge)

Goldfarb, W.D., 1983, "I Want You To Bring Me A Slab: Remarks on the Opening Sections of the *Philosophical Investigations*", *Synthèse*, vol. 56:265–82

——, 1989, "Wittgenstein, Mind and Scientism", *Journal of Philosophy*, vol. 86:635–42

——, 1992,"Wittgenstein on Understanding", in P.A. French, T.E. Uehling and H.K. Wettstein, eds, 1992:109–22

Grayling, A.C., 1988, *Wittgenstein* (Oxford: Oxford University Press)

Griffiths, A. Phillips, ed., 1992, *Wittgenstein Centenary Essays* (Cambridge: Cambridge University Press)

Hacker, P.M.S., 1972, *Insight and Illusion* (Oxford: Clarendon Press)

——, 1993, *Wittgenstein: Meaning and Mind, Part I: Essays* (Oxford: Wiley Blackwell)

——, 1996, *Wittgenstein, Mind and Will* (Oxford: Wiley Blackwell)

Heal, J., 1994, "Moore's Paradox: a Wittgensteinian Approach", *Mind*, vol. 103:5–24

——, 1995, "Wittgenstein and Dialogue", in T. Smiley, ed., *Philosophical Dialogues: Plato, Hume, Wittgenstein, Proceedings of the British Academy* (Oxford: Oxford University Press)

Heller, E., 1978, "Wittgenstein: Unphilosophical Notes", in K.T. Fann, ed., 1978:89–106

Hertzberg, L., 1994, *The Limits of Experience* (Helsinki: Acta Philosophica Fennica)

——, 1994a, "Language, Philosophy and Natural History", in L. Hertzberg, 1994:131–51

——, 1994b, "The kind of certainty is the kind of language game", in L. Hertzberg, 1994:63–95

Hilmy, S., 1987, *The Later Wittgenstein: The Emergence of a New Philosophical Method* (Oxford: Wiley Blackwell)

330 ——, 1991, "'Tormenting Questions' in *Philosophical Investigations* section 133", in R.L. Arrington and H.-J. Glock, 1991:89–104

Holtzman, S.H. and Leich, C.M., eds, 1981, *Wittgenstein: To Follow a Rule* (London: Routledge)

Hughes, J., 1989, "Philosophy and Style: Wittgenstein and Russell", *Philosophy and Literature*, vol. 13:332–39

Hyman, J., 2011, "Action and the Will", in O. Kuusela and M. McGinn, eds, 2011:451–71

James, W., 1981, *The Principles of Psychology* (Cambridge, Mass.: Harvard University Press)

Janik, A. and Toulmin, S., 1973, *Wittgenstein's Vienna* (London: Weidenfeld and Nicolson)

Johnston, P., 1993, *Wittgenstein: Rethinking the Inner* (London: Routledge)

Kenny, A., 1984, "Wittgenstein on the Nature of Philosophy", in *The Legacy of Wittgenstein* (Oxford: Wiley Blackwell) , pp.38–60

——, 2003, *Action, Emotion and Will*, second edition (London: Routledge)

——, 2006, *Wittgenstein* (Oxford: Oxford University Press)

Klagge, J., ed., 2001, *Wittgenstein: Biography and Philosophy* (Cambridge: Cambridge University Press)

——, 2011, *Wittgenstein in Exile* (Cambridge, Mass.: MIT Press)

Kripke, S.A., 1982, *Wittgenstein on Rules and Private Language* (Oxford: Wiley Blackwell)

Kusch, M., 2006, *A Sceptical Guide to Meaning and Rules: Defending Kripke's Wittgenstein* (Cheshum: Acumen)

Kuusela, O., 2008, *The Struggle Against Dogmatism: Wittgenstein and the Concept of Philosophy* (Cambridge, Mass.: Harvard University Press)

Kuusela, O. and McGinn, M., 2011, *The Oxford Handbook of Wittgenstein* (Oxford: Oxford University Press)

Larsen, R., 1994, *Wittgenstein and Norway* (Oslo: Solum Farlag)

Linville, K. and Ring, M., 1991, "Moore's Paradox Revisted", *Synthèse*, vol. 87:295–309

McCulloch, G., 1995, *The Mind and Its World* (London: Routledge)

McDowell, J.H., 1998A, *Mind, Value and Reality* (Cambridge, Mass.: Harvard University Press)

——, 1998B, *Meaning, Knowledge and Reality* (Cambridge, Mass.: Harvard University Press)

——, 1998a, "Wittgenstein on Following a Rule", in J.H. McDowell, 1998A:221–62

——, 1998b, "Meaning and Intentionality in Wittgenstein's Later Philosophy", in J.H. McDowell, 1998A:263–78

——, 1998c, "Intentionality and Interiority in Wittgenstein", in J.H. McDowell, 1998A:297–324

——, 1998d, "Response to Crispin Wright", in C. Wright, B.C. Smith and C. MacDonald, eds, 1998:47–62

——, 1998e, "One Strand in the Private Language Argument", in J.H. McDowell, 1998A:279–96

——, 1998f, "Criteria, Defeasibility and Knowledge", in J.H. McDowell, 1998B:369–94

——, 2009, *The Engaged Intellect* (Cambridge, Mass.: Harvard University Press)

——, 2009a, "How Not to Read *Philosophical Investigations*: Brandom's Wittgenstein", in J.H. McDowell 2009:96–114

331 ——, 2009b, "Are Meaning, Understanding, etc., Definite States", in J.H. McDowell 2009:79–95

McGinn, C., 1984, *Wittgenstein on Meaning* (Oxford: Wiley Blackwell)

McGinn, M., 2010, "Wittgenstein and Naturalism", in De Caro, M. and MacArthur, D., eds, *Naturalism and Normativity* (New York: Columbia University Press) , pp. 322–51

——, 2010, "Recognizing the ground that lies before us as ground: McDowell on how to read *Philosophical Investigations*", in V. Munz, K. Puhl and J. Wang, eds, *Language and World. Part One: Essays on the Philosophy of Wittgenstein* (Frankfurt: Ontos Verlag) , pp. 147–68

——, 2011, "Grammar in the *Philosophical Investigations*", in O. Kuusela and M. McGinn, eds, 2011:646–66

McGuinness, B., ed., 1988, *Wittgenstein and His Time* (Oxford: Wiley Blackwell)

——, 2005, *Wittgenstein: A Life: Young Ludwig 1989–1921* (Oxford: Oxford University Press)

——, 2012, *Wittgenstein in Cambridge: Letters and Documents 1911–1951*, fourth edition (Oxford: Wiley Blackwell)

Malcolm, N., 1966, "Wittgenstein's *Philosophical Investigations*", in G. Pitcher, ed., 1966:65–103

——, 1984, *Ludwig Wittgenstein: A Memoir With a Biographical Sketch by George Henrik von Wright* (Oxford: Oxford University Press)

——, 1986, *Nothing is Hidden: Wittgenstein's Criticism of His Early Thought* (Oxford: Wiley Blackwell)

——, 1989, "Language Game (2) ", in D.Z. Phillips and P. Winch, eds, 1989

——, 1995, "Thinking", in von Wright, G.H., ed., *Wittgensteinian Themes: Essays 1978–1989* (Ithaca: Cornell University Press) , pp. 1–15

Meldon, A.I., 1961, *Free Action* (London: Routledge)

Minar, E., 1995, "Feeling at Home in the Language (What makes reading the *Philosophical Investigations* possible?) ", *Synthèse*, vol. 102:413–52

——, 2011, "The Life of the Sign: Rule-Following, Practice and Agreement", in O. Kuusela and M. McGinn, eds, 2011:276–93

Monk, R., 1990, *Ludwig Wittgenstein: The Duty of Genius* (London: Jonathan Cape)

Mulhall, S., 1990, *On Being in the World: Wittgenstein and Heidegger on Seeing Aspects* (London: Routledge)

——, 2001, *Inheritance and Originality* (Oxford: Oxford University Press)

Nagel, T., 1979, "What is it like to be a bat? ", in *Mortal Questions* (Cambridge: Cambridge University Press) , pp. 165–80

Pears, D.F., 1971, *Wittgenstein* (London: Fontana)

——, 1987, *The False Prison,* vol. 2 (Oxford: Oxford University Press)

——, 2006, *Paradox and Platitude in Wittgenstein's Philosophy* (Oxford: Oxford University Press)

Phillips, D.Z. and Winch, P., eds, 1989, *Wittgenstein: Attention to Particulars. Essays in Honour of Rush Rhees (1905–1989)* (London: Macmillan)

Pitcher, G., ed., 1966, *Wittgenstein: The Philosophical Investigations* (New York: Doubleday)

Redpath, T., 1990, *Ludwig Wittgenstein: A Student's Memoir* (London: Duckworth)

Rhees, R., 1978, "Wittgenstein's Builders", in K.T. Fann, ed., 1978:251–64 332

——, ed., 1981, *Ludwig Wittgenstein: Personal Recollections* (Oxford: Wiley Blackwell)

Ring, M., 1991, "'Bring me a slab! ': meaning, speakers, and practices", in R.L. Arrington and H.-J. Glock, eds, 1991:12–34

Rowe, M.W., 1991, "Goethe and Wittgenstein", *Philosophy*, vol. 66:283–303; reprinted in M.W. Rowe, 2004:1–21

——, 1994, "Wittgenstein's Romantic Inheritance", *Philosophy*, vol. 69:327–51; reprinted in M.W. Rowe, 2004:46–72

——, 2004, *Philosophy and Literature: A Book of Essays* (Aldershot: Ashgate)

——, 2007, "Wittgenstein, Plato, and the Historical Socrates", *Philosophy*, vol. 82:45–85

Savickey, B., 1990, "Voices in Wittgenstein's *Philosophical Investigations*", M Phil thesis, Cambridge University

——, 1999, *Wittgenstein's Art of Grammatical Investigation* (London: Routledge)

——, 2011, "Wittgenstein's Use of Examples", in O. Kuusela and M. McGinn, 2011:667–96

Savigny, E. Von, 1991, "Common behaviour of many a kind: *Philosophical Investigations* section 206", in R.L. Arrington and H.-J. Glock, eds, 1991:105–19

Schroeder, S., 1995, "Is Thinking a Kind of Speaking? ", *Philosophical Investigations*, vol. 18:139–50

——, 2001, *Wittgenstein and Contemporary Philosophy of Mind* (Basingstoke: Palgrave)

——, 2001a, "Are Reasons Causes? A Wittgensteinian Response to Davidson", in S. Schroeder, ed., 2001:150–70

——, 2006, "Moore's Paradox and First-Person Authority", *Grazer Philosophiche Studien*, vol. 71:161–74

Schulte, J., 1993, *Experience and Expression: Wittgenstein's Philosophy of Psychology* (Oxford: Oxford University Press)

——, 2011,"Privacy", in O. Kuusela and M. McGinn, eds, 2011:429–50

Scott, M., 1996, "Wittgenstein's Philosophy of Action", *Philosophical Quarterly*, vol. 46:347–63

Scruton, R., 1974, *Art and Imagination* (London: Methuen)

Shanker, S., 1991, "The Enduring Relevance of Wittgenstein's Remarks on Intentions", in J. Hyman, ed., *Investigating Psychology: Sciences of the Mind After Wittgenstein* (London: Routledge) , pp. 48–94

Sluga, H. and Stern, D.G., 1996, *The Cambridge Companion to Wittgenstein* (Cambridge: Cambridge University Press)

Staten, H., 1986, *Wittgenstein and Derrida* (London: University of Nebraska Press)

Stern, D.G., 1994, "A New Exposition of the 'Private Language Argument': Wittgenstein's Notes for the 'Philosophical Lecture'", *Philosophical Investigations*, vol. 17:552–65

——, 2004, *Wittgenstein's Philosophical Investigations* (Cambridge: Cambridge University Press)

——, 2011, "Private Language", in O. Kuusela and M. McGinn, eds, 2011:333–50

Strawson, P.F., 1966, "Review of Wittgenstein's *Philosophical Investigations*", in G. Pitcher, ed., 1966:22–64

333 ——, 1974, "Imagination and Perception", in *Freedom and Resentment and other essays* (London: Methuen) , pp. 45–65

Stroud, B., 2011, "Meaning and Understanding", in O. Kuusela and M. McGinn, eds, 2011:294–310

Ter Hark, M., 2011, "Wittgenstein on the Experience of Meaning and Secondary Use", in O. Kuusela and M. McGinn, eds, 2011:499–522

Thompkins, E.F, 1992, "The Money and the Cow", *Philosophy*, vol. 67:51–67

Walker, M., 1990, "Augustine's Pretence: Another Reading of Wittgenstein's *Philosophical Investigations*", *Philosophical Investigations*, vol. 13:99–109

Wall, R. and Matthews, T., 2000, *Wittgenstein in Ireland* (London: Reaktion Books)

Waugh, A., 2008, *The House of Wittgenstein: A Family at War* (London: Bloomsbury)

Witherspoon, E., 2011, "Wittgenstein on Criteria and the Problem of Other Minds", in O. Kuusela and M. McGinn, eds, 2011:472–98

Wittgenstein, L., 2003, *Public and Private Occasions*, ed. J.C. Klagge and A. Nordmann (Lanham: Rowman & Littlefield)

Wright, C., 1986, "Realism, Truth-Value Links, Other Minds, and the Past", in C. Wright *Realism, Meaning and Truth* (Oxford: Oxford University Press)

——, 1998, "Self-Knowledge: The Wittgensteinian Legacy", in C. Wright, B.C. Smith and C. MacDonald, eds, 1998:13–46

——, 2001, *Rails to Infinity: Essays on Themes from Wittgenstein's Philosophical Investigations* (Cambridge, Mass.: Harvard University Press)

——, 2001a, "Following a Rule", in C. Wright 2001:9–32

——, 2001b, "Rule-Following, Objectivity and the Theory of Meaning", in C. Wright 2001:33–52

——, 2001c, "Rule-Following, Meaning and Constructivism", in C. Wright 2001:53–80

——, 2001d, "Wittgenstein's Rule-Following Considerations and the Central Project of Theoretical Linguistics", in C. Wright 2001:170–214

——, 2001e, "Wittgenstein's Later Philosophy of Mind: Sensation, Privacy and Intention", in C. Wright 2001:291–318

——, 2001f, "Does *Philosophical Investigations* 258–60 suggest a cogent argument against private language? ", in C. Wright 2001:223–90

——, 2001g, "On Making Up One's Mind: Wittgenstein on Intention", in C. Wright 2001:116–42

Wright, C., Smith, B.C. and MacDonald, C., 1998, *Knowing Our Own Minds* (Oxford: Oxford University Press)

索　引

（索引页码为原书页码，即本书边码）

abstraction, in study of language，语言研究中的抽象，40，42—43，49—50，52，64，75

action, voluntary，自愿行动，283—86，289

addition function，加法函数，80—82，84，86—87，108

algebraic formulae，代数公式，104，109，111，220—21

analogies: alternative，可选类比，27；false，错误类比，15，106，195；in *Philosophical Investigations*，《哲学研究》中的类比，12，29，32；and understanding，类比与理解，25

Anscombe, G. E. M.，安斯康姆，28

assent, community of，同意共同体，90

assertability conditions，可断定性条件，85—87

assertions: criticism of，对断定的批判，29；in daily life，日常生活中的断定，86；and hypothesizing，断定与形成假说，257

asymmetry, first-person/third-person，第一人称/第三人称的不对称性，86，147，219，244，249

attention, directing，将注意力指向，168—69

Augustine: on inner states，奥古斯丁论内在状态，186—87；on language，奥古斯丁论语言，38—43；on language Learning，奥古斯丁论语言习得，55—56，62，69；on time，奥古斯丁论时间，20；Wittgenstein's critique of，维特根斯坦对奥古斯丁的批判，45—46，52，74—75

Austrian School Reform Movement，奥地利学校教育改革运动，3

beckoning，召唤，267

beetle in a box，盒子里的甲虫，190—92

behaviour, fine shades of，行为的细微之处，319，323，325

essence, private，私人本质，40—41

essence of language: attempts to describe，描述语言之本质的企图，52—53，56；Augustine on，奥古斯丁论语言之本质，39—40；and everyday use，语言之本质与日常用法，41—42，48；and expressions，语言之本质与表达式，29；theories about，关于语言之本质的理论，76

essence of meaning，意义之本质，43，50，64，96

evidence, criterial，标准证据，207—9

evidential relations，证据关系，206—8

exclamation，惊叫，143—44，221，317—18

expectations: perception of，对期待的知觉，280—82；in philosophy，哲学中的期待，20；satisfaction of，期待的满足，273—74，276—79，282—83

experimental method，实验方法，19

explanation: disappearance of，说明的消失，18—21，25—26；illusions and paradoxes in，说明中的幻象与悖论，23；and practice，说明与实践，44；in study of language，语言研究中的说明，40

expressions: ambiguity of，表达式的模棱两可，204—5；and behaviour，表达与行为，174；fitting，合适的表达，225—27, 229；functions of，表达式的功用，51—52；genuineness of，表达的真诚性，199—200；and inner states，表达与内在状态，57，145—46；and meaning，表达式与意义，60，94；natural reactions in，表达中的自然反应，219；patterns of use，表达式的用法型式，89—90，114—15；and philosophical questions，表达式与哲学难题，21，24；practice of use，表达式用法实践，16—17，22—23，31—33，136，282；primitive，原始表达式，38，287；rules for use，表达式用法规则，29—30，273；and speech，表达式与言语，231（*see also* facial expressions；psychological expressions，参见面部表情；心理学表达式）

facial expressions: ambiguity of，面部表情的模棱两可，196—97；in language，语言中的面部表情，38；meaning of，面部表情的意义，183；and naming，面部表情与命名，158；seeing，看见面部表情，321—23，326

facts, subjective，主观事实，139

fairy-tale descriptions，童话描述，177—78

family resemblance，家族相似性，xi

instructions, verbal，口头指令，287
intensity，强度，106，166
intention: expression of，意图的表达，287—91；in past tense，过去时态的意图，291—95；and physical action，意图与身体行动，184；use of term，意图这个术语的用法，147—49，227
intentional concepts，意向性概念，x–xi, 137
intentional states，意向性状态，94，217，272—73
interpretation, regress of，阐释的后退，92—93
introspection: and definition，内省与定义，154，158；and belief，内省与信念，246；and pain，内省与疼痛，153；and psychological language，内省与心理学语言，139—42，157，161，165，171—72；role of，内省的作用，137，144；and thought，内省与思想，218；and visual experience，内省与视觉经验，300
intuition，直观，141，172，201，295—96，298
investigation, new form of，新的研究形式，14，23—24
investigation-independence，研究独立性，89

James, William，威廉·詹姆斯，139—40

knowledge: empirical，经验知识，287，289；as mental state，作为心灵状态的知识，108—9
Kripke, Saul: critique of，对克里普克的批判，88；onlanguage-games，克里普克论语言游戏，86—87；rewriting of Wittgenstein，克里普克对维特根斯坦的改写，x，8，79；sceptical argument of，克里普克的怀疑主义论证，80—85，95，97

language: ability to use，使用语言的能力，107；different regions of，语言的不同区域，203；establishing order in，在语言中确立次序，30—31；extended，扩展了的语言，48—49, 51；grammatical possibilities of，语言的语法可能性，58；incompleteness of，语言的不完整性，53—54；and intentionality，语言与意向性，286；intrinsic content of，语言的内在结构，56；learning，语言习得，62，64；logical structure of，语言的逻辑结构，36—37，52—53；mastery of，对语言的掌握，256—57；and meaningless signs，语言与无意义的记号，183；native，本土语言，47，69；

living beings: interpretation of signs，对记号进行阐释的活人，281；and pain，活人与疼痛，180—81；and psychological expressions，活人与心理学表达式，177—78，182，184，204，298
logic: propositions of，逻辑命题，35；and representation，逻辑与表象，53；Wittgenstein's ideas on，维特根斯坦关于逻辑的看法，2—5，14
logical behaviourism，逻辑行为主义，137，156，167
logical compulsion，逻辑强制性，104，122—23，126，128，273

Malcolm, Norman，诺尔曼·马尔康姆，6，156，206
material room，物质房间，304—8
mathematics: practice of，数学实践，112；proofs in，数学中的证明，226；training in，数学训练，223，233
McDowell, John: critique of Wright，约翰·麦克道尔对赖特的批评，91—92；on language-game，麦克道尔论语言游戏，131；on meaning，麦克道尔论意义，93—94；on sceptical paradox，麦克道尔论怀疑论悖论，88；Wittgenstein's influence on，维特根斯坦对麦克道尔的影响，8；and criteria，麦克道尔与标准，206，208—10；and deception，麦克道尔与欺骗，212
meaning: attributions of，意义的赋予，86—87；Augustine on，奥古斯丁论意义，39，49；commonsense conception of，关于意义的日常构想，93—95；constitution of，意义的构成，83—85；grammar of，意义的语法，266—67；and language，意义与语言，43，58，60，270—72，279—80；mythologizing of，意义的神话，120—22；normativity of，意义的规范性，90—91；objectivity of，意义的客观性，88—90；picture of，意义的图像，15，49，75—76，268—69；and public sphere，意义与公共领域，264；realist theory of，意义实在论，36—37；and use，意义与用法，95—98，130；verificationist theory of，意义的证实理论，137
mechanical systems，机械系统，103，106
memory，记忆，155，162—63，166
mental phenomena, as inner states，作为内在状态的心灵现象，136
mental processes, *see* inner processes，心灵过程，见内在过程
mental states, *see* inner states，心灵状态，见内在状态
metaphors，隐喻，27，127

译后记

玛丽·麦金的这部解读维特根斯坦《哲学研究》的著作，初版于1997年。广西师范大学出版社于2007年出版了我的中译本，台湾的五南图书出版股份有限公司又于2012年出版了中文繁体字版。2013年，作者对该书做了大幅度的修订，不仅增加了整整两章，还在原来的六章中补充了两节内容。此外，她还对原版本中的许多表述做了增删或调整，而且，解读底本也由安斯康姆1963年的英译版换成了经过较大修订的2009年德英对照本。因此，这个修订本确实给人以面目一新的感觉。

玛丽·麦金在第二版前言中承认，尽管做了这些增补或修改，这一版本还是未能完整地解读全书。当然，对于《哲学研究》这样一部涉猎广泛而又深奥难懂的哲学巨著，要顾及其所有论题并对其思想做充分的阐释，唯有像彼得·哈克尔那样，撰写出真正的鸿篇巨制来。不过，既然只是想做成关于《哲学研究》的研读指南，这个修订本还是相当成功的：除了对原版本做了篇幅和叙述方式上的改进，作者还将自己十几年来的研究心得融入其中，使之成为一部更具有学术内涵、更能发挥导读作用的入门书。

在翻译过程中，第一版中未改动部分的译文大多沿用，但同时也在词句上做了不少调整，意在增进可读性。新增内容的翻译也考虑到与原有部分的衔接与融通，以保证这一译本成为具有内在一致性的新作品。读过原译本的读者，若还有兴趣读这个译本，一定能看出二者的不同来。原书两个版本间相隔十六年，而新旧两个中译本恰好也相隔十六年。作者的创作心境发生了不小的变化，而且明显地体现在了新版本里。译者也经历了类似的变化，所以，译成的中文也有了相应的改变。维特根斯坦极力反对拿内心状态或过程说事儿，而主张从语言表达方式上去看一切与人相关的事情。翻译跟写作一样，也是人们使用语言的典型方式之一，跟日常的言语交流没有本质的区别，因而成了一些人凭语言而过的生活的一部分。无论是当下所处的心态，还是心境所经历的变化，都在语言表达中流露出来，而这恰恰让本以为是私人领域内的事情，在某种意义上，成了人人可察的公共现象。

这个新译本的推出，让我得以订正原译本中很多不尽如人意的地方，所以，我要感谢广西师范大学出版社给了我这个机会。同时也十分感谢梁鑫磊编辑对这套译著的精心策划和对本书的辛勤编辑工作。

这里，我要特别感谢陈嘉映老师，他曾通过邮件向我指出原译本中的一段漏译，我也曾在回复中表示再版时一定加上，而现在这个遗憾真的得到了弥补！陈老师是我在北京大学外国哲学研究所读书时的老师，我从他那里受教颇多。他翻译的《哲学研究》是我使用最多的中译本，而在重译这本指南的过程中，每当遇到拿捏不准的引文译法，我便会翻开这个译本进行比对，以便译得更为稳妥些。

就在这个译本即将完成之时，索尔·克里普克教授于2022年9月15日离世。他于1982年出版的《维特根斯坦论规则与私人语言》一书，对推进维特根斯坦学术（Wittgensteinian scholarship）的繁荣起到了巨大的作用。在本书中，玛丽·麦金对索尔·克里普克在维特根斯坦研究方面的非凡成就及其强烈反响，做了细致的阐述、公允的评价和商榷性的回应。这里，向这位杰出的哲人和学者表达敬意。

本译著是国家社会科学基金重点项目“维特根斯坦主要著作释义与研究”（编号：21AZX012）的最终成果之一。

希望读者从中受益，并期待同行们的批评之声。

李国山

南开大学哲学院

2022年9月